# 京都を楽しむ地名・歴史事典

森谷尅久

PHP文庫

○本表紙図柄＝ロゼッタ・ストーン（大英博物館蔵）
○本表紙デザイン＋紋章＝上田晃郷

# はじめに

京都は千二百余年の長い間、生き抜いてきた古都である。むろん、京都よりさらに古い歴史をもつ都市は存在する。大阪や奈良がそうである。しかし、この二つの都市は残念ながら途中で廃都になり、持続する形で今日まで都市の歴史を伝えてきたわけではない。これに対し、京都は平安京の成立以来、大都市として現代まで都市の命脈を受け継いできた。

現在、約一四六万人の人口を抱える近代的大都市である。日本の歴史の上では、実に稀有《けう》な持続する大都市であるといってよい。

こうした背景をもつ京都の歴史と文化はまことに深く、しかも重層的である。それを見事にわれわれの前に提示してくれるのが、ほかならぬ「京都の地名」である。

たとえば、この「京都」という都市名じたいが、歴史と文化の産物である。本来、「京都」というのは漢語系の「みやこ」を意味する普通名詞にすぎないが、それが十一世紀から十二世紀にかけて、平安京の解体と変化のなかで固有名詞化したという歴史がある。その「京都」という言葉も、決して多用されていたわけではない。むしろ、使用例は少ないといったほうが、より正確である。ここにも京都の歴史と文化の面白さ、重層性が浮かびあがる。

地名は文化である、と最近しきりにいわれるようになったが、まさしく、その意味では京都は典型的なモデルである。

本書の区分の方法として用いている「洛中《らくちゅう》」「洛外《らくがい》」も、中世以来、しだいに歴史的に使用されてきた京都の地域分けの方法である。ある時期は、「洛中」「辺土《へんど》」という区分も用いられていたが、ほぼ十五世紀頃までに「洛中」「洛外」という形でおさまったのである。十六世紀に入ると『洛中洛外図』という絵図に見られるように完全に定着している。

しかし、その中身は変化している。都市域の拡大によって「洛中」の概念は変化するし、それにつられて「洛外」もまた変化する。また逆の場合もある。戦乱によって都市域が縮小したりすると、これにしたがって「洛中」の範囲は縮小するし、「洛外」もまた変化する。時代で異なるのである。

本書では、現在いわれている「洛中」「洛外」の概念を用いている。大まかにいえば、江戸時代以来の旧市街、現在の行政区でいえば、上京区《かみぎょう》、中京区《なかぎょう》、下京区《しもぎょう》が「洛中」となる。「洛外」は大きく分けて「洛東」「洛西」「洛南」「洛北」の四つに分けられる。この「洛外」を四方向に分ける方法については、すでに江戸期にみられるが、著者によってその範囲は異なり、決定的なものはない。

この傾向は現在も続いており、確定したものはない。したがって、本書を編むにあたっては、関連する地名・地域で、多少恣意《しい》的に変えているところもあるが、大きくは、これまでに使用されてきた地域分けを踏襲している。

「洛東」は行政区でいえば、東山区《ひがしやま》・山科区《やましな》、「洛西」は右京区《うきょう》・西京区《にしきょう》、「洛南」は南区《みなみ》・伏見区《ふしみ》、「洛北」は左京区《さきょう》・北区《きた》である。さらに宇治《うじ》、八幡《やわた》、大山崎《おおやまざき》、向日《むこう》・長岡《ながおか》の地域を「洛外」として立項している。

京都の町を「地名で読む」ということになれば、すでに述べたように京都の歴史の古さと深さ、さらにその重層性から、その数は数万に達するから、それをいちいち取り上げるのは膨大な作業量になる。したがって本書では、比較的著名な地域名あるいは地名を取り上げ、そのなかで、古代から現代にいたる地名・町名・通り名・寺社名に言及し、その由来をたずねるという方法をとっている。

京都の地名は実に深い。一つの地域を取り上げても古代以来の膨大な蓄積があり、これを一書にまとめるのは、大変な仕事であることはわかりきっている。しかし、あえて一定の枠内におさめようとしたのが本書である。言及しきれなかったところもあるかもしれないが、御寛《かん》恕《じょ》いただき、どうぞ本書を片手に京都をゆっくり歩いていただきたい。

なお、本書の出版にあたっては、都市史研究・民俗研究・宗教文化研究の泰斗《たいと》である花園大学副学長、芳井敬郎をはじめ、大津市歴史博物館元副館長、中森洋、同次長、樋爪修の三先生にそれぞれ第一部の地名編のご執筆、ご助言を賜った。

また、本書の構成にあたっては、槇野修氏に一方ならぬお世話にあずかった。文庫化するにあたって、ここに厚くお礼申し上げる次第である。

平成二十三年二月

森谷尅久

# 京都を楽しむ地名・歴史事典　目次

はじめに

# 第一部〈歴史編〉京都千二百年の変遷

## 序章――「やましろのくに」の誕生



## 第一章――政治都市の成立

### 桓武天皇と平安建都



### 平安京の規格が変わる

## 第四章――近代都市の成立



## 終　章――現代の京都



# 第二部〈地名編〉京都を地名で読む

## 《一》――洛中エリア

## 《四》――洛西エリア

## 《五》――洛南エリア

## 《六》――洛外エリア

写真＝佐々木慶明　槇野修　小野久仁子
編集協力＝槇野修　森垣早恵

# 第一部〈歴史編〉

# 京都千二百年の変遷

# 序章――「やましろのくに」の誕生

## 京都の地形

「この国、山河襟帯《さんがきんたい》、自然に城を作《な》す」

延暦十三年（七九四）の遷都にあたっての詔《みことのり》に、京都はこう表現された。約三〇〇平方キロに達する京都盆地は、三方が囲繞《いにょう》される典型的な内陸盆地である。

京都盆地は、北では丹波《たんば》高原につらなる北山《きたやま》があり、東には比叡山《ひえいざん》・東山《ひがしやま》・醍醐《だいご》山地などの連峰があり、西では西山《にしやま》山地が広がるが、南は大きく平野部が展開する。

この盆地を流れるのが、北域では、鴨川《かもがわ》・高野《たかの》川、さらに桂《かつら》川である。南域では、木津《きづ》川・宇治《うじ》川が流れ、この北域と南域の河川は淀《よど》川で合流し、巨大な淀川水系として、大阪湾にいたる。

こうした京都盆地の形が出現したのは、数百万年の時間をへて、約八十万年前のことだったとされている。

この京都盆地の地形は、当然、気候に大きな影響を与えている。一般に京都の気候は夏は酷暑、冬は酷寒といわれるが、気候統計によっても、年間の真夏日（最高気温三〇度以上）が六十九日に達し、冬日（最低気温〇度未満）は五十七日になるというから、まことにその寒暖差は激しい。平均気温は一四・八度と日本中央部の平野と変わらないとされるが、この寒暖の落差が、生活文化に与えた影響は大きい。

近年の年間降水量は平均一六〇〇ミリ前後に達するが、丹波地域での一九〇〇ミリ前後の降水量と比較すると、京都盆地は、やや少ない。

しかし、この降水量によって、安定的な水量が保たれ、かつ豊富な地下水の存在によって、古代における盆地の開発が進むことになった。

## 山代・山背・山城

京都盆地の開発は、早い。

数万年前の旧石器が発見されており、その時代、すでに京都盆地人の生活の営みが存在したことが明らかにされている。これに続く縄文時代の土器・石器は、とくに北白川一帯で多く発見されており、その遺跡も多い。盆地の小河川を中心に営まれた先人の生活がしのばれるのである。

二千数百年前の弥生時代に入ると、盆地の桂川流域を中心に平野部の開発が進んだ。多くの集落遺跡が発見されており、さらに、弥生時代中期にかけては、西南部にも大規模な集落跡が見つかっている。

弥生時代の新しい開発は、盆地の集落を豊かにし、そこに強大な氏族を生みだしていった。しかも、この京都盆地の氏族は、強大な大和の大王政権によってしだいに掌握されつつあった。

四世紀の初頭には、盆地西南部に前方後円墳を中心とする巨大古墳が出現しているが、これは盆地の首長墓であり、副葬品である鏡などからみて、大和政権の支配がおよんだとみられている。

実際、京都盆地には「県《あがた》」が認定されており、いうまでもなく、大和王権の直営地ないしは、公領が存在したのである。これが、行政的な意味で「やましろ」の誕生といえるものだった。

「やましろ」とは、山の国という意味をもつが、五〜六世紀頃までは、ほぼ「山代」という字があてられている。七世紀後半になると、畿内国制の成立とともに、この「山代」は「山背」という字に変換するが、これは文字どおり、大和の重要な後背地という意味であった。

## 渡来系氏族の開発

応神《おうじん》天皇が詠《よ》んだといわれる国ぼめの歌がある。

千葉の葛野《かづぬ》をみれば
百千足《ももちた》る　家庭《やにわ》も見ゆ　国の秀《ほ》も見ゆ

この国ぼめの歌は、豊かな「やましろ」の国を詠んだものであるが、応神天皇の御製とはされているものの、実際には、早くから「やましろ」の農民たちの間で歌われていたものだろうとされている。事実、「やましろ」の開発は縄文期・弥生期・古墳時代にかけ大きく進んだことは間違いない。

ことに五世紀以降になると、この地に多くの人たちが、外国を含めて多くの地域から移住していた。北域では賀茂氏《かもうじ》・出雲《いずも》氏、さらに小野《おの》氏・秦《はた》氏・土師《はじ》氏・八坂《やさか》氏があり、南域には百済王《くだらのこにきし》氏・高麗《こま》（狛）氏などがあった。なかでもこの地域では渡来系の人々の入植が多く、小野氏・秦氏・土師氏・八坂氏・百済王氏・高麗氏は、いずれも渡来系の氏族集団であった。

彼らは、先進的な技術をもった氏族であり、この技術力によって、すでにこの地に土着していた人々とともに、「やましろ」のさらなる開発を進めていた。

そのなかでも大氏族集団であった秦氏は、盆地北域の桂川流域（西部葛野《かどの》）と白川流域（東部深草《ふかくさ》）にあって開発にいそしんでいた。桂川流域にあった秦氏は、持ち前の土木技術を生かしてさまざまの水利開発をおこない、葛野一帯を豊かな田園に変えていた。さらに養蚕と機織《はたおり》技術にもすぐれており、この地に新技術をもたらしたのである。

秦氏の伝承によると、彼らが居住した地域は「太秦」と書いて「うずまさ」と呼ぶが、絹織物を「うず高く積んだ」ところから、そう呼称されたという。

こうして、京都盆地にあった渡来系の氏族集団は、盆地開発に大きく貢献するとともに、大和朝廷の官吏として出仕し、それぞれの生活圏を拡大しながら、勢力をもち続けることになる。

# 第一章——政治都市の成立

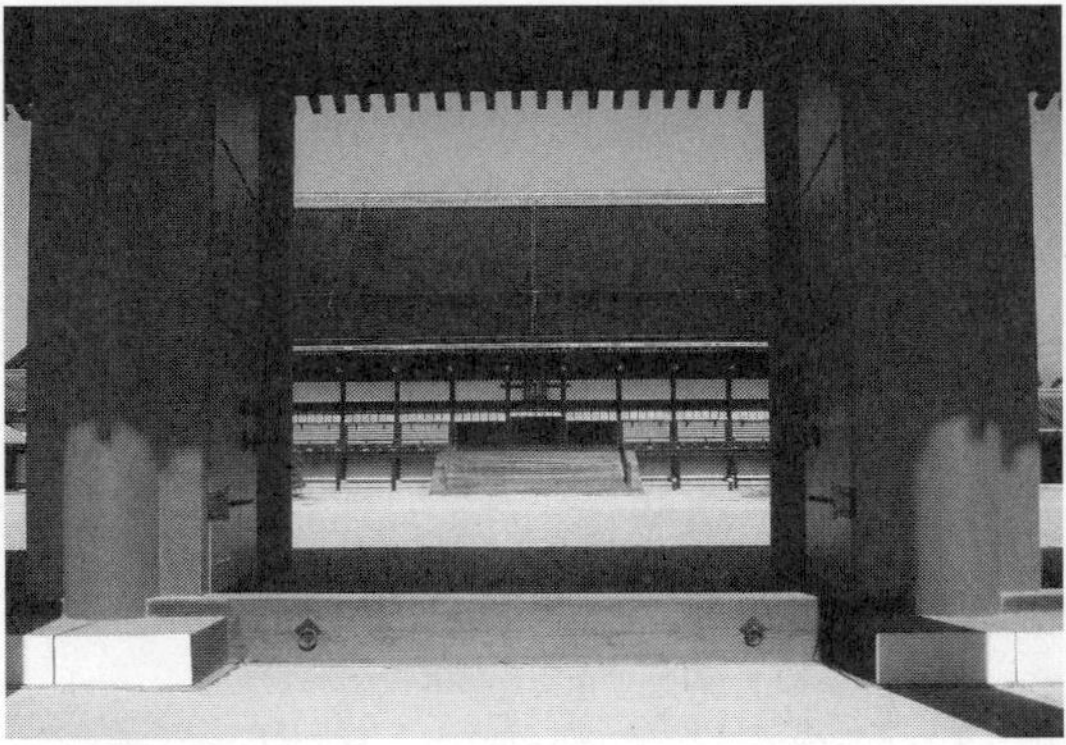
承明門と御所の正殿である紫宸殿(奥)

# 桓武天皇と平安建都

## 平安建都への曲折

京都盆地の北域、いまの京都の地域に平安京が建設されたのは延暦《えんりやく》十三年（七九四）のことであった。そのわずか十年前には、奈良京から長岡京《ながおかきょう》に遷都されており、まことにあわただしい都うつりといってよかった。

桓武《かんむ》天皇は、かなり専制的な志向をもつ天皇であったが、律令政治の革新をもとめ、長い間政治の中心地としてあった大和を思い切って離れて、大和の後背地として大きな役割をはたしていた「山背国《やましろのくに》」の長岡京にまず遷都したのである。延暦三年（七八四）のことであった。

これによって、政治の分野にまで入りこんでいた、巨大仏教勢力をはじめとする反桓武勢力を排除しようとした。だが、遷都後間もなく、桓武天皇のブレーンであり、革新官僚のリーダーであった藤原種継《たねつぐ》が暗殺された。延暦四年（七八五）九月二十三日のことである。犯人はすぐさま特定され、翌二十四日には、旧勢力の代表とされる大伴氏《おおとも》一族のメンバーが逮捕されている。

大伴氏の一族は、桓武天皇の皇太子である早良《さわら》親王の春宮坊《とうぐうぼう》に仕えていたから、春宮（皇太子）をはじめ、その官人全体が粛清の対象となった。早良親王は、廃太子され、乙訓寺《おとくにでら》に幽閉されたが、無実を主張する皇太子は、飲食をいっさい拒んでこれに応じた。そしてついには、その絶食がもとで皇太子は死去した。しかし、桓武天皇は、その罪を許さず、死後処刑を執行し、亡骸《なきがら》を淡路島に流すという、すさまじい行動に出ている。

この種継暗殺事件は、早良親王の廃太子、死後処刑という大政治事件を生みだしたが、このことは桓武天皇に大きな心理的負担をつくりあげた。

「怨霊《おんりよう》」問題である。

怨霊思想は、奈良時代以前に生まれているが、非業の死をとげた人の魂が跳梁《ちようりよう》して祟《たた》りをなすという考え方である。その祟り現象が、今回も天皇の近親者を中心につぎつぎとあらわれて、ついには天皇の生母高野新笠《たかののにいがさ》、皇后藤原乙牟漏《おとむろ》が死去した。しかも、長岡京では連年のように洪水、大雨があり、流行病があった。これも祟りによるものとして人々に噂されたのである。

桓武天皇は、のち延暦十九年（八〇〇）に、この早良親王の祟りを恐れるあまり、

「崇道天皇《すどう》」と追号したほどであるから、その懊悩《おうのう》ぶりはきわめて大きかったといえる。と同時に、この祟りから逃れる方法として、あらたに遷都を模索したのだった。やはり、人心一新のためには、新しい都うつりを構想する以外に手はなかった。

## 平安京の建設

長岡京から平安京への遷都は、すでに述べたように延暦十三年（七九四）であるが、その建都事業は、延暦十二年一月からはじまっていた。初代造宮長官（大夫）である藤原小黒麻呂《おぐろまろ》が動きだしており、この月、小黒麻呂らは、新京予定地域の「地相」を占するために、視察団をつれて葛野《かどの》郡に入っている。

地相をみるのは、中国の陰陽道の系譜をひく、古代からおこなわれた占いであり、四つの方角に四つの神々が、いかにふさわしく存在するかをみるというものである。それは「四神相応之地《ししんそうおうのち》」と呼ばれ、北に玄武《げんぶ》、南に朱雀《すざく》、東に青竜《せいりゆう》、西に白虎《びやつこ》が配されていた。

四神には、それぞれ地形上のシンボルがあり、北の玄武は大岩、南の朱雀は大池（湖）、東の青竜は大川、西の白虎は大道とされていた。

したがって、これによって、今日の地理的形状を推定すると、北の大岩は船岡《ふなおか》山、南の大池は巨椋池《おぐら》、東の大川は加茂川《かも》、西の大道は山陽（陰）道に擬せられる。むろん、小黒麻呂の視察は「吉」と出た。

遷都候補地としては申し分のないものと判定されたのである。

京都盆地北域は、すでに多くの土着民や渡来系氏族民によって開発されており、豊かな田園地帯を形成していた。集落あり、耕地あり、さらに多数の中小の河川が南北に流れており、こうした地域を新京とするためには、莫大な資金を投じて、土地を収公しなければならない。無料で国家権力の名において取り上げるわけにはいかないのである。代わりの土地を給したり、新田開発にともなう免税をして、新都建設の事業に進んでいった。

そうして翌延暦十三年十月二十二日、桓武天皇の車駕《しゃが》は、新京に入った。新京はいうまでもなく、まだまだ完成していなかったが、十一月八日になると詔《みことのり》が発せられた。

――この国、山河襟帯《きんたい》、自然に城を作《な》す。この形勝によりて新号を制すべし。よろしく山背国を改め山城国となすべし。また子来の民、謳歌の輩、異口同辞し、平安京と号す。

国名は「山背」から「山城」となり、新京は「平安京」と称されたのである。「やましろ」は、完全に「やまと」のヒンターランド（後背地）ではなくなっていた。「みやこ」の存在するがゆえに「山城」なのである。詔はあらためてこれを宣言し、新京は「平安」と名づけられたのであった。

平安と安寧を心から願う桓武天皇の気持ちがひしひしと伝わってくる。事実、翌延暦十四年正月、まだ未完成の宮中で宴会が催されたが、このとき歌われた「踏歌《あらればしり》（阿良礼走）」（多人数で足を踏み鳴らし、行進して踊る歌舞）には、「新京楽、平安楽土、万年春。新年楽、平安楽土、万年春」という官人たちの囃《はやし》が、大声で合唱されたという。

**計画的都市**

平安の新京は、見事に計画された都市であった。

中国の都城制をモデルにしたこの都市計画は、すでに百年前の持統《じとう》天皇八年（六九四）、藤原京において実現していた。それ以前にも大都市を造築する技術は、すでにもっていたが、都城制にもとづく都づくりは、この藤原京が最初であろうとされている。それ以後、大規模な都市計画にもとづく都づくりはつぎつぎとおこなわれていた。藤原京に続いて平城京、さらに恭仁京《くにきょう》、難波京《なにわきょう》、長岡京があり、なかには未完のまま途中で放棄された「みやこ」もあったが、いずれにせよ、熟成された技術を高めながら、百年の間に五つの大都市の建設が実行されていた。

ところで、平安京の京域は南北約五・二キロ、東西約四・七キロに達する壮大なものであった。もっとも規模でいえば、モデルにした中国の都城、長安の約三分の一にしかすぎないとはいえ、日本列島内においては、いうまでもなく最大の規模である。この平安京は長安と同様に宮城（大内裏《だいだいり》）が京域の北部にあり、北闕《ほっけつ》型都市といわれる。

この北闕型の新京は、均斉のとれた二つの「京」、つまり「左京」「右京」よりなっていた。幅員約八五メートルに達する朱雀《すざく》大路を中心軸として東側を左京、西側を右京としていた。

また左京・右京はそれぞれ「東京《とうきょう》」「西京《さいきょう》」とも異称するが、ハイカラ趣味から、中国風ニックネームをつけ、東京を「洛陽《らくよう》城」、西京を「長安《ちょうあん》城」とも称していた。この両京は大行政区の中心をなしており、左右の「京職《きょうしき》」が設置されて、長官が任命されていた。さらに、この大行政区を条坊制というシステムによって、ブロックご

## 〈平安京の概念図〉

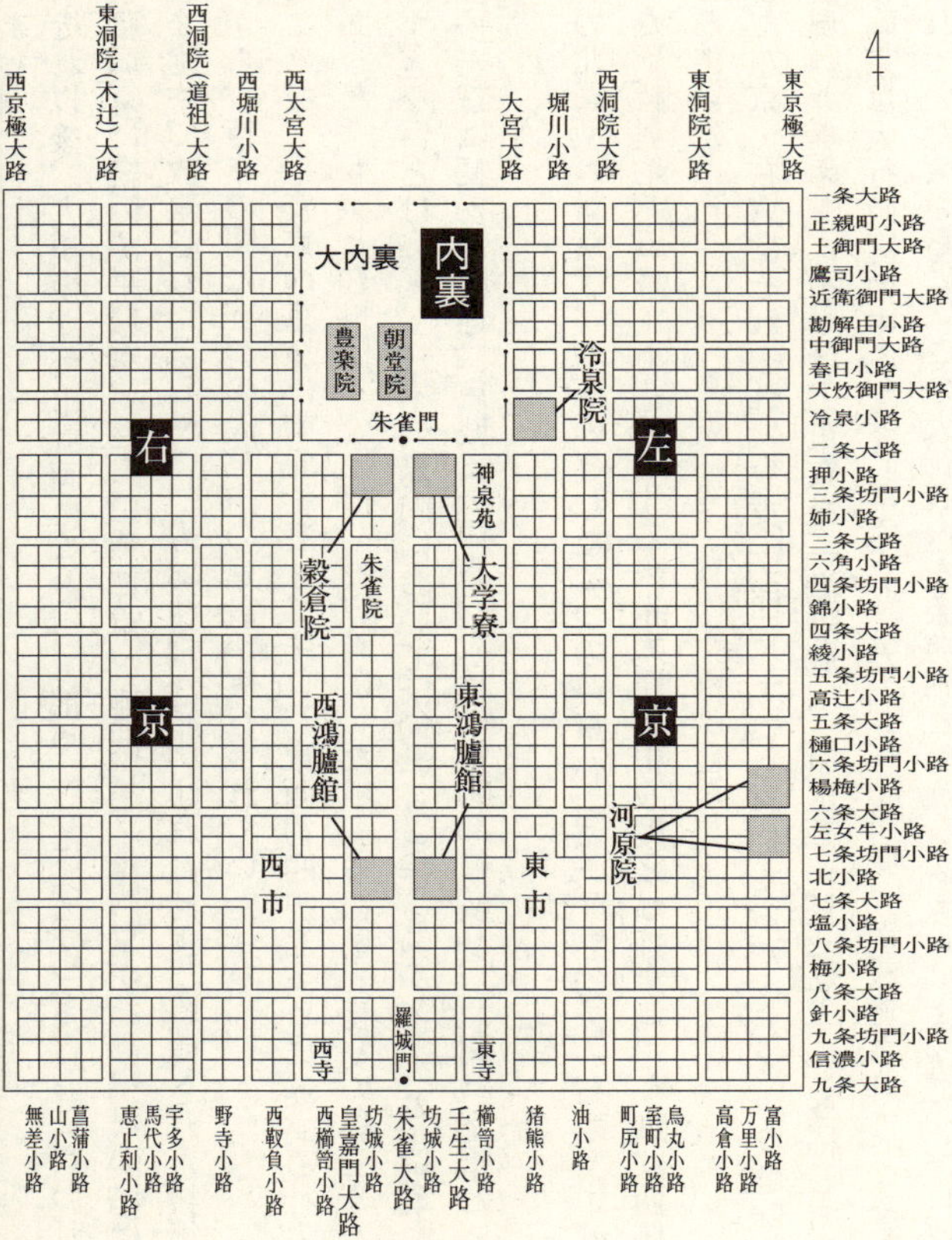


*堀川小路は川の部分を含める

とに区切り、京域内の情報ネットワークをつくりあげていた。

そして、このブロックごとに区切るシステムの根幹となるのが、京域内に縦横にめぐらされた大路《おおじ》・小路《こうじ》であった。

## 京の大路・小路

条坊制は、両京に等しく配置されているが、原則的にいえば、一条を四坊《ぼう》に分け、さらに一坊を四保《ほ》に分轄し、一保を四町《ちょう》に分けることになっている。したがって一条は六十四町からなる大ブロックとなり、一坊（十六町）は中ブロックであり、小ブロックとしては一保（四町）がある。最小単位は一町となる。

この条坊制のブロックシステムをつくりあげる大路・小路であるが、東西に走る大路は計十三、小路は計二十六となり、南北に通貫する大路は計十一、小路は計二十二となっている。したがって、京域内を走る大路は合計で二十四、小路は合計で四十八となる。しかも、この大路・小路には厳格な幅員規格があった。小路は幅約一二メートルで統一されている。ただし、「堀川小路」だけは「小路」という名がつくものの、「堀川」という運河を挟んで両岸に二つの小路が併走して通貫しているのでその二倍となり、さらに運河の幅員を入れると、ゆうに大路級となった。

その大路であるが、大路には五つの規格があった。すでに述べた朱雀大路は、幅約八五メートル級で別格である。もっとも、中国の長安では一五〇メートルに達するから、上には上がある。これも準別格といってよい。続いての規格は東西に走る幅約五〇メートルの二条大路がある。さらにみていくと約三六メートル級、約三〇メートル級と並び、最小規格の大路は、ちょうど小路の二倍、約二四メートルに達する。

この大路・小路のなかで一番重要視されたのは、再三ふれた朱雀大路である。大行政区の分轄線としての役割はむろんのこと、シティゲートの羅城門《らじようもん》から、宮城正門の朱雀門にまっすぐに達する巨大道路であった。当時の生活感覚からいえば、巨大すぎるほどであるが、平安京のシンボルロードとしては、まことに重要なものだった。

平安京建設期に歌われた「催馬楽《さいばら》」に、

大路に沿ひてのぼれる　青柳が花や　青柳が撓《しな》ひを見れば　今さかりなりや

という一節があるが、大路の両側には青柳が植生され、坊垣がほどこされており、しばしば軍事パレードにも使用されていた。政治権力・政治都市としての象徴的な存在だったのである。

## 平安京の規格が変わる

### 平安京の生活

平安京は均斉のとれた、美しくしかも巨大な「京《みやこ》」であった。人口は約一五万人と数えられており、ここに貴族（高級官人）をはじめ、京戸《きょうこ》（京に居住して、戸籍を有する庶民）が居住していた。貴族や下級官人たちは、平安京への移転にあたって方一町、二分の一町、あるいは四分の一町など位によって異なるが、土地が与えられ、また応分の家宅建設助成費が出されていた。

これに対し、多数を占める京戸には、一般的に一町の三二分の一に相当する土地が与えられていた。この単位を「一戸主《いちへぬし》」というが、これが庶民の居住条件である。約三百平方メートルの土地に小さな家屋を建て、空き地には、野菜・花卉《かき》類を植えていたのである。

貴族のほうでも、邸宅と土地の大小はあるが、ほぼ同じようなやり方をしており、空き地には庭園のほか、芹《せり》畑、麦畑がごく普通にこしらえられていたという（慶滋《よししげの》保胤《やすたね》『池亭記《ちていき》』)。したがって、大都市とはいっても、家屋、店、邸宅が櫛比《しっぴ》した状況で道路に面して建ち並んでいたわけではない。かなり田園都市的な風景が展開していたのである。

ところで平安京における人々の暮らしを支えるのは、いうまでもなく市場《いちば》である。この市場は、国家によって運営される国営マーケットであった。左右両京にそれぞれ十二町の広さをもつ、巨大な市が設けられており、「東市《ひがしいち》」「西市《にしいち》」と称されていた。

その運営を指揮する役所は「市司《いちのつかさ》」と呼ばれ、ここでは男女問わず市籍人として登録された人々が、「市鄽《いちみせ》(店)」を構えて商いにいそしんでいた。とくに女性の活躍は大きかった。マーケットは、東市、西市にそれぞれ独占商品があり、また両市共通の商品も販売されていた。両市共通の商品には主に生活必需品が多く、ほかにそれぞれ得意分野の商品を販売している。

しかし、この京の市民経済を支えた東西両市も変化をみせはじめる。十世紀に入って、右京の西市が著しく衰退をはじめ、東市の場合も、その周辺に国営マーケットとは直接のかかわりをもたない、有力な商工人による市町が形成されはじめたからである。国営マーケットは相対的に力を弱めざるを得なかったのである。

## 右京の衰退

西市の退行現象は、じつは右京全体の衰退によりはじまっていた。もともと、右京は沼・小泉がいたるところにあり、平安京建設当初から問題のあるところだった。等高線を見ても西南部が低く、「涅《うき》（湿地帯）」があり、建設にあたっては、かさあげのために大量の土砂が必要だったとされている。この状況は新京成立後、百年たった時点でも変わらなかった。いや、むしろ、湿気と温帯性マラリアに悩まされて、右京から脱出する人々が増加したのである。

前出の十世紀後半に記された慶滋保胤の『池亭記』には、「東西二京を歴見するに、西京は人家いよいよ稀《まれ》にして、殆《ほとん》ど幽墟《ゆうきょ》に幾《ちか》し」と述べられている。多少オーバーな表現かもしれないが、人口が激減したことは、現在の考古学的知見からも明らかにされているから、おそらく右京の衰退ぶりはかなりのものだったようである。住宅や道路がつぎつぎと失われ、一帯はもとの田園に返りつつあったのである。

とすると、十世紀後半、あの均斉美を誇った平安京は、右京の衰退によって完全にその美を失ったといってよい。したがって朱雀大路も中軸線の役割を事実上失ってしまった。それどころか、二回にわたって建て直されたシティゲート羅城門も、再び都人の前にその麗姿をあらわすことはなかったし、朱雀大路そのものが一部は放牧場化する事態も生まれていた。大路の一部が削り取られ、農地化が進むという状況にさえなっていた。朱雀大路は、かつての偉容を失い、狭小化する方向にいっそう進んでいたのである。

こうした右京の喪失は、首都名の変化にまで影響を与えはじめた。「都」「京」は一般名詞で「みやこ」と呼ぶが、これに加えて「洛陽」という言葉もしきりに用いられた。すでに述べたように「洛陽」は左京に名づけられた唐風ニックネームである。これが堂々と用いられたのである。

右京の「長安」はすでに失われているから、この「洛陽」の名は、都の固有名詞となって通用していた。さらに「京師《けいし》」「京洛《けいらく》」も使用されている。このうち「京洛」は、明らかに「京」と「洛陽」の合成語であろう。

こうした変化をへて、また新しい言葉が平安後期前後（十一世紀前後）から使われはじめた。「京都」という言葉である。「京都」という言葉じたいは、「みやこ」を意味する漢語系の一般名詞である。使用例はそれほど多くはなかったが、徐々に浸透し、平安末期になると「京都」の固有名詞化が進行したのである。「京都」の固有名詞化は、それじたいが、中世の開幕を知らせるものだったといってよい。

## 京都の展開

十世紀後半以降の右京の衰退は、都の名称まで変化するほどのものだったが、同時に都の実態をみても、都市軸が左京中心になったことを意味している。都市的景観が左京を中心に展開しはじめたといってもよい。かつては、ほぼ正方形に近い都市型を保っていたのが、平安中期から後期にいたると、左京中心の細長い都市型に変化しはじめたのだった。

しかも、この細長い都市型も、さらに変化のきざしをみせたのである。それは、京域の北限である一条大路を越えて、都市域が拡大しはじめたことでも明らかだ。つまり、都の北部郊外に住宅その他の開発が進んだのだった。当然、それにしたがって道路も延長されることになる。もともと、京の北域は都の中心部より微高地であり、貴族のなかには山荘を経営する者もいた。

たとえば、道路の延長でいえば、西洞院《にしのとういん》大路の北伸がそうである。一条大路を越え北上したが、この大路は一条を越えると「西大路《にしおおじ》」と呼ばれていた。南北の通りだけでなく、東西の通りもつぎつぎと構築されている。「武者《むしゃ》小路」（無車小路とも）、「北《きた》小路」（現今出川《いまでがわ》通）、「毘沙門《びしゃもん》大路」（現上立売《かみだちうり》通）と呼ばれる大路・小路が出現し

京の街の川　鴨川

ていったのである。もはや、平安京の規格からはずれだしたのである。

都市域の拡大は一条大路以北に限らない。東側でもしきりにみられた。東京極《ひがしきょうごく》大路を越えて都市部の拡大がみえはじめていた。ことに鴨川《かもがわ》と東京極大路間には、比較的早くから京域の続きとして拡大がみられ、神社仏閣さえつくられていた。そして、ついに近衛《このえ》大路と三条大路間には、「東朱雀大路」と称する南北の「大路」が生まれるまでになっている。おそらくこれは、右京の衰亡がはっきりとするにつれ、鴨川周辺が都の中心部であるという空間意識が定着しつつあった結果かと思われる。

事実、その空間意識の変化を促すような鴨東《おうとう》（鴨川より以東をさす）の発展がみられた。

鴨東の都市化を進めたのは、二条大路の東進であった。二条大路は、東西に貫通する巨大道路（幅約五〇メートル）であったが、この大路が鴨川を越え、「白河」（現岡崎）の地に東進したのである。この二条大路を中心に、そこには「外京《げきょう》」と呼んでもよい小都市がつくりあげられた。それは平安後期、十一世紀から十二世紀にかけて建立された寺院群と種々の邸宅であった。

なかでも寺院群は、六カ所がつくられたので、「六勝寺《ろくしょうじ》」と称された。いずれの寺院名にも「勝」の字がつけられたので、この名があるが、それは法勝寺《ほっしょうじ》・尊勝寺《そんしょうじ》・最勝寺《さいしょうじ》・円勝寺《えんしょうじ》・成勝寺《じょうしょうじ》・延勝寺《えんしょうじ》であった。そのすべてが天皇の発願《ほつがん》によって建立された流麗な寺院である。

このほか邸宅には白河北殿・白河南殿・押小路殿《おしこうじ》といった御所があり、さらに近辺には近臣の貴族や官人たちの邸宅があって、いかにも「外京」の高級な雰囲気をもつ小都市ができあがっていったのである。

鴨東の北域で小都市がつくられる一方で、十二世紀前後になると、南域でも五条以南にあたる地域で都市化の促進がみられた。南域は、もともと、平安京東郊外の葬地として知られた鳥辺野《とりべの》の延長にあたるところであるが、ここには九世紀のはじめに建立された珍皇寺《ちんこうじ》があった。広大な寺域を誇った「国家鎮護所」で、葬地としても有名であった。ここに十二世紀に入って平清盛の祖父である正盛《まさもり》が借地し、邸宅を構えたのが発端となって、平氏一族の屋敷がつくられるようになった。『平家物語』では、清盛の父忠盛《ただもり》の出生地はここであるとされているのは有名である。

平安末期、平氏政権の成立によって、この地は大きく開発された。方二十町の地域が「六波羅《ろくはら》」政庁を中心に「武家町」に変貌したのである。『平家物語』には、一族郎党を入れて計算すると、この武家町には「屋敷三千二百余」を数える邸宅が並んでいたというから、その規模は大変なものだったのである。

京の都は、平安中後期にかけて、平安京以来の都市的規範をはずれて、北郊・東郊に大きく発展した。この都市の構造的な大変化は、つぎの時代、中世に引き継がれ、さらに変貌をとげることになる。

# 第二章——宗教文化都市への変貌

足利義満の権勢を伝える金閣

## 変貌の著しい京都

平安京の巨大な都市型を失った京都は、左京を中心に新しい展開をとげはじめた。と同時に、政治的にみると、それは朝廷政権が弱体化しはじめたことをも意味していた。

### 太郎焼亡、次郎焼亡

目を東国に移すと、源氏を中核とした荒々しい武士団が存在し、未知の力をもって都に圧迫を加えつつ、着々と力を蓄えていたのである。新しい時代の到来を予感させずにはおかなかった。

ちょうどそのとき、京都では恐るべき事態が起ころうとしていた。安元《あんげん》三年（一一七七）四月二十八日のことである。夜、樋口富小路《ひぐちとみのこうじ》あたりから出火した火は、折からの烈風にあおられて、みるみるうちに燃え広がった。樋口富小路は、左京の位置からいえば、都の南東で、この火は、北西へと向かっていった。火災の飛びようはすさまじいの一語につきるもので、一気に一、二町も飛翔していったという。当時まだ二十五歳であった鴨長明《かものちょうめい》は、後年になってこのときのありさまを『方丈記《ほうじょうき》』にすばらしい筆致で記しているが、これによると、左京域の三分の一が焼亡し、大内裏《だいだいり》まで焼け抜け、死者も数千人にのぼったとしている。

いうまでもなく、平安京はじまって以来の大火であり、被災した都の庶民の「小屋《しょうおく》」は数えることもできないほどで、貴族の邸宅も一五、六が、火災にあって焼失していた。ことに大内裏の被災は大きく、大極殿《だいごくでん》・小安殿《しょうあんでん》・八省院・青龍楼・白虎楼・応天門・朱雀門・神祇官《じんぎかん》・真言院・民部省・式部省が焼け落ちた。大内裏の近辺でも大学寮・勧学院が焼失している。この大火で都の人心は大きくゆらいでいたが、これに追い打ちをかけるように、翌年の治承《じしょう》二年（一一七八）にも再び大火が起こった。

火元は七条東洞院《ひがしのとういん》で、このときも都の東部からはじまっているが、七条大路を朱雀大路に向けて西へ西へと焼け抜けていった。この地域はもともと都の庶民が多く居住するところであって、七条大路を中心に北側・南側の町々、数十町が壊滅したのである。

庶民たちは、この連年の大火を「太郎焼亡《たろうしょうぼう》」「次郎焼亡《じろうしょうぼう》」といって、恐怖の記憶を残していた。

この大火は、都の景観に大きな影響を与えた。一つは、この大火が大内裏消失の主因となったことである。ことに大極殿焼失は、それが朝廷のシンボル的要素としてきわめて強いものであっただけに、貴族たちに与えた喪失感は甚大なものがあった。

大極殿はすでに九世紀の後半と十世紀の中頃に二回火事にあっているが、このときにはすぐさま再建されている。しかし十二世紀後半の「太郎焼亡」後の朝廷では、これを再建する財政的余力も政治的力量も、とうの昔に失われていた。大極殿は再び建設されることはなかったのである。

その後の大内裏の荒れようはひどく、この地域に田や畑が出現し、狐狸《こり》の棲処《すみか》となったといわれるほど変わっていったのである。京都の中世は、都の景観まで変えることを強要したのだった。

## 洛中・洛外

平安京の変貌が、都の呼称を変化させたことについて前に述べたが、中世に入ると、この傾向はいっそうはっきりとしてきた。

「京中」のことを「洛中《らくちゅう》」と呼び、その「ソト」（外）を「洛外《らくがい》」、場合によっては「辺土《へんど》」とも呼んでいた。「洛中」は、旧左京域であり、「洛外」は、一般的にこの時代でいえば鴨川以東、朱雀大路以西、一条大路以北、九条大路以南ということになる。しかし、この地域概念も、平安末期以後では、鴨川以東にも、一条大路以北にも都市化の波が訪れていたから、かならずしも確固不動のものであったとはいいがたい。中世の時代には大きく変化することもある。

「洛中」については、大きな変化があった。平安京が朱雀大路を中心線に左右両京に分轄されていたことは既述したとおりであるが、中世に入ると、左京中心の都市型となり、この分轄線として二条大路が浮かびあがってきた。二条大路は、平安京で二番目に巨大な幅員五〇メートル級の東西の大路である。この巨大大路が自然の分轄線、それも洛中を北域と南域に分けるセンターラインとなった。

洛中の北域は、当初「上《かみ》」ないしは「上辺《かみわたり》」と呼ばれ、それに対し南域は「下《しも》」あるいは「下辺《しもわたり》」と称されていた。

それが十五世紀を過ぎた室町時代になると、「上京《かみぎよう》」「下京《しもぎよう》」と呼ばれるようになってきたのである。洛中に二つの京が存在することになった。

これは単なる呼称の変化ではなく、中世京都の構造や景観の変化にもとづいたものだと考えられる。その変化とは何か。その第一は、なんといっても寺社文化の洛中への集積である。

まことに奇妙なことであるが、平安期の京中には、原則として国営寺院である東《とう》寺《じ》・西寺《さいじ》以外に寺院の建立を認めていなかった。ただ、平安京以前から存在し、庶民の信仰の対象となっていた町堂《まちどう》、たとえば六角堂、薬師堂などが黙認の形で例外的に存在していた。もっとも京域外では、この原則は適用されず、京郊では天皇家・公家の別荘が寺社に転用されることがしばしばあった。

その京中の原則が破られはじめたのは、中世に入ってからのことである。それら新例をつくりはじめたのは、鎌倉期以降、京都において布教を開始した新仏教者の一群であった。

彼らは旧仏教界から陰に陽に妨害をうけながらも、洛中において多くの帰依《きえ》者を得て、市中にその拠点（寺院）を設けて教線《きようせん》を拡大していた。

当時の新仏教としては、浄土宗・一向宗（浄土真宗）・禅宗・法華宗・時宗《じしゆう》がある。もちろん、この新仏教に対して、旧仏教（主として真言宗・天台宗）側も、布教の地歩を固めつつあり、京都の洛中・洛外は、新旧入り乱れてのせめぎあいが続いていたのである。

なかでも、新仏教側で洛中に入って大いに布教を続けていたのは、時宗と法華宗であった。

時宗は一遍《いつぺん》上人の死後、さらに勢いを広め、七条・六条・四条周辺の都市民の支持

日像が開いた妙顕寺

を得て、洛外にも教線を伸張し、あちこちに「道場」（寺院）を建立していた。

法華宗の伸展も力強いものがあった。なかでも日蓮のあとをうけた日像《にちぞう》の活躍が大きく、不動の地盤を都の人たちに築いた。「洛内二十一カ本山」と呼ばれる巨大な寺院群をつぎつぎと建立し、大きな教団に成長させている。そしてついに十六世紀の戦国期になると、洛中は「皆法華《かいほっけ》」といわれるほどになっていた。

一方、一向宗の教団は、京郊の洛外を中心に教線を拡大しており、しばしば洛中の法華宗信徒と対立するまでになっていた。

新しく勃興《ぼっこう》した禅宗も、洛外を中心に巨大寺院をつぎつぎと誕生させていた。禅宗は、武家を中心に多くの帰依者を得ているが、その最大の支援者は、なんといっても室町幕府であり、これによって、洛外の景観は一変するほどだったのである。

かくして京都は、洛中・洛外を見渡せば、巨大寺院群が林立し、新しい相貌をみせる。宗教文化都市としての、まったく新しい展望がそこに開かれたのである。

## 中世都市の興亡

### 朝廷と幕府

王朝政府（律令政府）の力の衰えは、平安末期に入って動かしがたいものになっていた。源平の激しい抗争後も、その状況に変化はない。源氏が勝利したのち、よく知られるように鎌倉に政権を設置した頼朝《よりとも》は、京都と距離を置いていたが、同時に平氏政権の基盤であった六波羅の地を接収して、ここに拠点を築いた。いわゆる「六波羅探題《ろくはらたんだい》」である。

六波羅探題の主な役割は、朝廷（王朝政府）の監視と洛中の警固であるが、これに加えて西日本全体にわたっての強い成敗権《せいばい》を行使していた。「小鎌倉幕府」といってもよい統治機構をもって京都支配にあたっていたのである。実際、洛中には四八カ所の「篝屋《かがり》」が設けられ、洛中の番所的役割をはたしているが、これは単に治安を守るためだけではなく、同時に行政権を行使する役務をもはたしていたのであった。

とはいえ、王朝政権もまったくの無力であったわけではない。「令外の官《りょうげのかん》」として設置されていた検非違使庁《けびいし》が、治安警察として強盗・殺人の犯人逮捕に敏腕ぶりを発揮しており、都市民から強い信頼を得ていた。のち検非違使庁は民事あるいは行政にまで関与しており、王朝政府の機関としては、もっとも有効な働きを示していたのである。してみると、京の都は、武家政権と律令政権の二つによって運営されたといってよい。

こうした経過をへて、再び王朝側と武家側の抗争が激しく戦わされたのが、十四世紀に入っての南北朝内乱であった。この主導権を握ったのは足利尊氏《たかうじ》であるが、建武《けんむ》五年（一三三八）、尊氏は征夷大将軍《せいいたいしょうぐん》に任ぜられると、京都に幕府を開いたのであった。京都側からみれば、武家によって京都が完全に乗っ取られるということであるが、別の見方をすれば、政治都市としての京都が再生したともいえる。

もっとも、幕府開創後も、足利政権は安定していたわけではなく、その盤石《ばんじゃく》の基盤をつくりあげたのは三代将軍足利義満《よしみつ》であった。

義満は永和三年（一三七七）に「花の御所」の造営に着手し、南東にあった三条御所より同四年にはこの新邸に移っている。新邸は、北は柳原《やなぎはら》通、南は北小路《きたこうじ》（現今出《いまで川通、東は烏丸小路、西は室町小路に囲まれ、広さは三条御所の二倍の規模、二町歩におよぶ地域で、平安京の規矩《きく》からいえば、北郊にあたるものであった。「花の御所」と呼ばれたのは、この地の前身が仙洞《せんとう》御所で、すでに「花御所」と呼ばれるほど、花卉《かき》類が庭園いっぱいにあったからだといわれている。また菊亭《きくてい》（今出川家）をも、この建設時に買収したが、この邸宅も菊を中心に花卉類が豊富であったところから、このニックネームがつけられたともされている。いずれにせよ、義満は、そうした旧御所・旧邸の環境を十分に意識して造営したに違いない。

義満は晩年、さらに山荘経営に力をそそぐ。その代表的なものが衆知の金閣（北山殿）で、この地で催される遊芸・文芸は、室町文化を代表することになる。なお、この義満を慕い、山荘東山殿（銀閣）を経営したのが八代将軍足利義政《よしまさ》である。

### 商工業の前進

平安京の主産業は、商業においては政府が管理する東市・西市の国営マーケットがある。同様に手工業においても各省庁が管理する官営工房があって、織物・陶器・金属器・屏風《びょうぶ》・馬具・武具・酒など、さまざまの物を豊富につくりあげて、政府に差しだしていた。これに従事する市籍人・工匠の定員も、おおよそ定められており、その数は膨大であった。

しかし、平安中期以後、律令体制のゆるみとともに地方の徴税体制が弱体化してくると、国営産業の経営は困難になってきた。投資が進まないだけでなく、優秀な技術をもつ工人などをつぎつぎとリストラしなければならなくなったのである。そのうえ、平安京の町々では、国の管理とは離れたところで、私営の商工業者の活発な動きがみられた。

平安末期になると、こうしたリストラされた一群の工匠や商人たちは、自立するために「座」を結んで自分たちの利権を守ろうという動きをはじめる。「座」とは、今日でいう同業組合である。「座」をつくると、その権利を担保するために、権威をもつ朝廷をはじめ寺社・貴族にその保障をもとめ、その見返りとして一定の産品そのほかを上納するという形をとった。

この傾向は中世に入ると、ますます大きなうねりとなった。かつての東市・西市はすでに崩壊していたが、これに代わって、町小路《まちこうじ》（現新町《しんまち》通）・室町小路・西洞院《にしのとういん》大路などの大路・小路で座を結び新しい棚（店）をもつ人々が増加したのである。とくに町小路では、すでに平安末期にも二条町・三条町・四条町・七条町の名があって、そこに商工業者が「町座」を形成し、商いにいそしんでいた事実が指摘されている。

室町期では、こうした商工業者の戸数がほぼ一万から数万戸におよんだという数字があげられているほどである。

たとえば、かつての内蔵《くら》寮の織手の系譜をひく織物業者は大舎人《おおとねり》座・練貫《ねりぬき》座を形成して北域を中心に同業者町をつくりだしていた。この織物業者の近辺には紺《こん》座・茜《あかね》染《ぞめ》座・青花《あおばな》座の染色業者があった。また、京扇をつくる扇座は、もとは木《もく》工寮に属していたが、京都周辺をはじめ洛中各所に居住して大きな座を形成しており、あまりにその数と組織が大きいので、上《かみ》・中《なか》・下《しも》の三座に分かれていたという。

五条周辺に居住した油《あぶら》座の座衆は、大山崎離宮八幡《おおやまざきりきゅうはちまん》の神人《じんにん》として全国をめぐり歩いていた。北野神社の酒麴《さけこうじ》座の神人は、北野周辺をはじめ、洛中各地域にあり、富豪の衆として知られていた。

祇園社《ぎおんしゃ》を頼る綿《わた》座は、洛中のあちこちに所在し、大きな勢力を誇っていた。さらに同じ祇園社に属する材木座も、堀川小路を中心に南北に居住し、勢力を拡大している。

こうした平安末期から中世に入って形成された「座」は、六十以上が確認されており、中世の京都は、日本最大の商工都市として、全国に君臨することになった。

## 町と町組

営業権の獲得とその安定をもとめた「座」の結成は、中世都市の展開とともに、地縁的結合をいっそう促す力ともなった。その結合を強めたのは、道路を中心にした町の再編成である。

すでに述べたように、平安京は一町を最小単位とするブロック制によって形づくられていた。しかし、中世に入ると、これは大きく変化した。一つは大路・小路の道幅が大きく削られて狭小化しつつあったことである。別の言葉でいえば、経済生活の感覚からみて広すぎる道路が、都市民によって自然にスリム化されたともいえる。実際、大路などは、道路の真ん中に店がつくられるほどだった。

道路がスリム化すると、道を挟んだ両側の家々にはかえって近隣感が生まれる。中世の京都は、平安期の規矩《きく》を失うことによって、近隣感が生じ、新しい町をつくりだしたのである。つまり、道路を挟んだ両側町ないしは片側町が誕生し、「町《ちょう》」という共同体の構成へと向かいはじめた。この方向は、すでに十四世紀にみられ、祇園祭礼の運営主体として「町」共同体が登場することになる。

さらに、十五世紀後半の応仁・文明の大乱からの復興期にあって、この「町」共同体の回復は、自衛・自治という意識をさらに強めることになった。十六世紀の戦国期に入って、「町」共同体の団結力は、上京《かみぎょう》・下京《しもぎょう》の地域共同体の形成を促し、それは形成されるが、その数は、数カ町から数十カ町を一組としてつくられたものである。「町組《ちょうぐみ》」の結成で、力強く進んだ。「町組」とは、通常、「町」共同体の複数をもって形成されるが、その数は、数カ町から数十カ町を一組としてつくられたものである。下京において、町組は、中組・西組・巽《たつみ》艮《うしとら》組・七町半組の各組が判明するが、その議事決定は、烏丸《からすま》通六角《ろっかく》にある六角堂においておこなわれていた。また下京の町数は六十六とされているが、実際はそれを上回っていたとみられている。上京においては、立売組をはじめ、一条組・中筋《なかすじ》組・小川《こかわ》組・川ヨリ西組の五組の名が浮かぶ。総数百二十町によって、この旧組が形成されたとある。議事堂は、一条革堂《こうどう》に設置されていた。もちろん、これらの「町」や「町組」には「年寄《としより》」「乙名《おとな》」「月行事《がつぎょうじ》」と呼ばれるリーダーがおり、またこれらのリーダーは、それぞれの機関において「入《いれ》札《ふだ》」(選挙)によって選ばれていた。

こうした町組自治では、自衛意識の高揚によって武装している場合もあり、町によっては鉄砲隊を組織していたものもあった。きわめて強力な組織といってよいが、はたして、これが長期間にわたって持続されたかどうかについては明らかではない。だが、職業的な同業者団体の組織化、さらには、地縁性を特徴とする町共同体、地域共同体の強固なつながりは、中世京都の新しい波動であった。

# 第三章——近世商工都市への発展

高瀬川に復元された高瀬舟

# 大都市改造と復興

## 秀吉の都市回復

永禄十一年(一五六八)、織田信長は、室町将軍足利義昭《よしあき》を奉じ、大軍勢を率いて上洛した。百年にもおよぶ、長い戦乱に終止符が打たれようとしていた。

しかし、最終的には、まだ天下の統一は完了してはいない。それどころか、天正十年(一五八二)六月、信長は、彼の在京中の宿所であった本能寺において、明智光秀の軍勢によって襲撃され、信長が横死するという大事件が起きていた。

このときにあたって、敏速に戦略を立て直し、光秀の軍勢を打ち破ったのは豊臣秀吉であった。彼は政治・軍事の主導権を握り、天下統一の方向をはっきりとめざしていた。そして、その政権の基盤を京都に置こうとしていたのである。

もっとも、秀吉は、当初から京都に政権を置こうとは考えていなかったようである。大規模な大坂城の建設をおこなっており、さらにこの城の京都支庁ともいうべき妙顕寺《みょうけんじ》城を通して、京都支配を実施していた。それが京都志向へとはっきり転換を示したのは、関白就任後の天正十三年（一五八五）以後のことで、翌十四年には、平安京の内裏跡である内野《うちの》（市中北域）において聚楽《じゅらく》城の建設に着手していた。『多聞院《たもんいん》日記』では、この城を「内野御構《うちのおんかまえ》」と記しているが、洛中に本格的な大城郭を造営し、その城下に諸大名を集住させるという構想は、京都開闢《かいびゃく》以来、初のことだった。

この聚楽城の範域については諸説があって決しがたいが、最大規模でみると、北は一条通、南は丸太町《まるたまち》通、東は堀川《ほりかわ》通、西は千本《せんぼん》通であったという。現在の京都御所に匹敵する広大な範域をもつ城郭であった。

この城を見た宣教師ルイス・フロイスは、

「それらは疑いもなく壮大かつ華麗で、見事に構築されており、木造建築としては、これ以上を望めないように思われた」

と記している。

天正十五年（一五八七）に聚楽城は完成しており、翌十六年には時の天皇、後陽成《ごようぜい》天皇をここにむかえている。いわゆる「聚楽行幸」であるが、このときの記録には「百工心をくだき、丹青手をつくす。その美麗あげていふべからず」とある。

秀吉の京都政権への確信は、聚楽城だけでなく、禁裏の修造にも目が向けられていたことからもわかる。修造というより新造であるが、天正十七年（一五八九）から二年をかけて大規模に推進された。禁裏は聚楽城の東側に位置しており、まさに公武の一体化がはかられようとしていたのである。

さらに秀吉は、京都全体の抜本的な改造について計画を大胆に進めていた。その指揮官となったのが京都奉行前田玄以《げんい》である。おそらく聚楽城、禁裏の造営と同時進行で進められていたと思われるが、寺院街の集中化、町割区画の整備をあわせておこなおうとしていた。

少し戦国期の京都をふり返ってみると、十六世紀の中頃過ぎまで、京都は、「双子都市」と呼ばれるような様相を呈していた。すなわち、ほぼ一条通以北に「上京《かみぎょう》」の町々があり、約二キロの空間地をおいて三条通以南から五条通（現松原通《まつばら》）にかけて「下京《しもぎょう》」の町々が展開していた。信じられないことだが、上京と下京の間の空間地はほぼ全域が田畑であり、農村化していたのである。

いうまでもなく、古代以来の細長い北から南への連接した町並は、戦国のたび重なる戦乱で荒廃して消え失せ、その跡が農地化していたのである。戦国期後の復興は遅々として進まず、北域と南域は、それぞれ町化が進んだが、その中間は、農地として放置されたままだった。秀吉政権は、この空間地域を再開発し、上京と下京を連結すべく、大胆な都市化促進をおこなったのである。

その第一は、上京と下京の空間地に南北を貫く新道をつけ、街区をつくることだった。計画は天正十八年（一五九〇）を中心に進められ、さらに高倉《たかくら》通から寺町《てらまち》通、堀川通以西の空間地にも、この計画が適用され、新道路の開通が進められた。きわめて野心的なこの道路開発計画は、平安京時代のように一町ごとに通貫するのではなく、半町ごとに貫通させるというものだった。これを「短冊型」の町割区画と呼んでいる。

北野天満宮裏の「御土居跡」

第二は、新道計画を進めるとともに、「御土居《おどい》」の建設を進めたことだった。

「御土居」とは、京都全体を土塁で囲むことを意味するもので、当時から「京廻《きょうまわり》ノ堤」と称されて、全長五里二十六町（約二三キロ）におよぶものである。土塁の高さは三・六メートルから、五・四メートルに達するもので、その厚さも一八メートルから二十数メートルというものだった。

これには反対もあったが、天正十九年（一五九一）にはわずか数カ月の工事により、すごいスピードで完成している。平安京においても存在しなかった羅城《らじょう》が、秀吉の手によって実現したのである。

宣教師ルイス・フロイスに再び登場してもらえば、彼はこの新しい都についてつぎのように評している。

「関白殿は、都で今までに例のないことをやってのけました。それは全都を大きい溝《こう》梁《りょう》で取り囲むことです。そのような大工事によって、その名を残し、且つ彼の常套のやり方で都を一新させようとしたのです」

右のとおり、京都は一新し、回復することになったのである。

**寺社文化の復興**

秀吉政権による都市大改造・再開発は、京都の面目を一新することになった。この回復の方向は、次期政権である徳川政権によっても継続された。

ことに、中世以来、京都の相貌として特徴を示した社寺文化は、百年来の内乱によって壊滅的な打撃をうけていた。多くの寺院・神社が堂舎を失い、しかも、この寺社の経済を支える支援がまったく途絶していたのである。

たとえば、日本最初の門跡寺院とされる御室《おむろ》御所仁和寺《にんなじ》は焼き払われ、近辺の双《ならび》ケ丘《がおか》にかろうじて小庵を構えるだけという、みじめな状況が百年も続いていたというのである。ついには、そこに強盗団が入って老庵主が殺害されるという事件まで起こっていた。

こうした寺社の回復をはかろうとしたのは、やはり豊臣秀吉である。天正十六年（一五八八）には、みずから方広寺《ほうこうじ》大仏殿建立の工事に着手している。大仏殿が完工するのは、それから七年後のことになるが、この高さ五二メートルにおよぶ巨大高層建築は、京都の人々を圧倒した。

そればかりでなく、寺社経済を安定させるために、それぞれの領地を安堵するなど支援策を積極的に進めた。また、天正十九年（一五九一）の都市改造の際にも、寺町・寺ノ内に寺院街を設置するなど、手厚い保護を与えている。同年には、大坂にあった本願寺（西本願寺）を京都に移転させ、六条の地に広大な寺地を与えるなど、着々と寺社の回復をはかっていた。

昔二十年かかっていた造作は、これから五年でやらなければいけないとは『太閤記』の記すところであるが、こうした秀吉政権による建築ブームの招来は、京都庶民を熱狂させている。膨大な投資が京都経済を回復させたといってもよいが、このあとをうけた徳川政権も、家康・秀忠・家光が三代にわたって意をそそぎ、寺社回復に大いに手を差しのべていた。

儒者熊沢蕃山《ばんざん》は、十七世紀中頃、『宇佐問答』のなかで、

「京都の洛中洛外にて、一年の寺の作事入用、大小遠近をならして、六十年以来に、毎年銀五千貫目余」

に達すると、その膨大な投資と、徳川三代にわたる手厚い保護の状況を述べていた。ことに寛永期（一六二四～四四）を中心に寺社の回復はめざましいものがあった。なかでも徳川秀忠の女《むすめ》和子《かずこ》（東福門院）の、後水尾《ごみずのお》天皇への入内《じゆだい》後の王朝系寺院・神社の復興・開創は著しいものがあった。

王朝系寺院といっても、天台、真言、浄土、臨済、法華各宗にまたがるが、この復興・開創には門跡寺院の十五カ寺、尼門跡九カ寺が数えられる。いずれも後陽成、後水尾、明正《めいしよう》、後光明《ごこうみよう》、後西《ごさい》、霊元《れいげん》各天皇の系譜をひく皇子、皇女が入寺して、寺観を整備している。

さらに、かつての皇室の御殿寺、勅願寺として寺格を誇った般舟院、廬山寺、清浄華院、護浄院、大雲寺、清和院にも支援があり、泉涌寺《せんにゆうじ》も天皇の「御寺《みてら》」として寺格を授けられ、壮麗な伽藍《がらん》が造営された。

新しく開創された王朝系寺院としては、霊源寺、円照寺、光雲寺、円通寺の禅苑が

あるが、禅宗寺院としては、かつて京五山の上として君臨した南禅寺《なんぜんじ》も諸塔頭《たっちゅう》を含めて伽藍の整備が進んだ。これを契機に京五山の整備が全面的におこなわれている。たとえば、天龍寺《てんりゅうじ》、相国寺《しょうこくじ》とその末寺鹿苑寺《ろくおんじ》、建仁寺《けんにんじ》、東福寺《とうふくじ》をはじめ、巨大禅宗寺院では大徳寺《だいとくじ》、妙心寺《みょうしんじ》などが陸続として回復している。

禅宗寺院のさきがけ　建仁寺

神社に目を転じると、寛永期（一六二四〜四四）に入って賀茂《かも》大社、石清水八幡宮《いわしみずはちまんぐう》、平野《ひらの》社、八坂《やさか》社などでは拝殿、本殿の独創的な造営があり、またこの時期には、清水寺《きよみずでら》本堂、仁和寺御影堂、同五重塔、東寺《とうじ》五重塔などが王朝時代の規矩によって再建されている。

かくして、京都の寺社は中世の黄金期の再来かと思わせるほどの勢いで盛観を取り戻しつつあった。この勢いはなお元禄期（一六八八〜一七〇四）にいたるまで続いていくのである。

## 経済・産業の都市へ

### 都市の商業

秀吉政権によって首都としての位置を再びたしかめた京都は、徳川政権によって、こんどは逆に「皇都」ともいうべき位置についた。

政治的首都は、いうまでもなく江戸である。しかし、この京都は単なる皇都ではなかった。そこに暮らす都市民は、中世以来の長い伝統に培われた技術と、それに資本をもっていた。

すでに十七世紀以来、江戸幕府と密接な関係をもつ茶屋・後藤・角倉・上柳・亀屋といった「初期豪商」と呼ばれる巨商たちがいたし、またその下には丁字屋・三木・那波屋・日野屋・吉文字屋・辻・大黒屋などという世に知られた京の豪商が集住していた。この豪商たちは、強力な資本と経済操作の技術をもって、日本列島内の経済、さらには海外との交流によって巨利・巨富をものにしていたのである。

いわゆる「寛永の鎖国」によって、海外貿易が縮小されると、この巨商たちは大きく後退するにいたるが、逆にこの経済技術と資本が国内市場の開発にむかいはじめると、そこにはまた新しい商人たちが、京都のなかで育ちはじめていた。

この新しく擡頭《たいとう》してきた商人たちは、しっかりとした町人倫理、商人のモラルを意識しはじめていた。「家業を専とし、世事を重んじ、奢これなき様に相慎べき事」などという家訓が、十八世紀に入るといっせいに作成されはじめている。

また、これらの京都商人たちは「知恵と才覚」の人とも称されたが、たとえば、しばしば発令される奢侈《しゃし》禁止令による倒産のリスクを避けるために、見事な多角経営をおこなっていた。呉服商でありながら、同時に生糸・木綿・小間物・紙・蠟燭・古着などを扱い、呉服があぶなければ、ほかの分野がそれを助けるといった具合である。

それればかりでなく、経理・会計の面でも新しい技術を開発していた。中世以来、一般的に会計はもちろん存在していたが、商いに投資される資本と家産は長い間未分離であって、いわば「ドンブリ勘定」であった。したがって、投下された資本からどれだけ利益があがったか、ということがはっきりしなかったのである。それを見極めるために、資本と家産を分離し、きっちりとした損益計算書がつくられるようになったのである。

いわば複式簿記の発明といってよい。従来、複式簿記は、明治以後ヨーロッパからもたらされたものとされていたが、じつは十八世紀の京都商人越後屋（のちの三越）、大文字屋（のちの大丸）などが、その会計技術を独自に発明し、実施していたことが知られる。

こうした先進的な経済技術の集積が利益を生み、新しい京都商人の他都市進出を促すことになる。この進出はすでに十七世紀末にもはじまっているが、いわゆる「江戸《えど》店持《だなもち》京商人」「大坂《おおさか》店持《だなもち》京商人」と呼ばれる一群の商人がそれである。場合によっては、本店業務が江戸・大坂に移ることもあったが、京都は仕入店としてなお重きをなしていたのである。それはなぜか、つぎにそれについてみておこう。

## モノづくりの都市

中世以来、いや古代以来というほうがより正確であるが、京都はモノづくりの都市であった。すぐれた工匠たちが住んでおり、古代の平安京にあっては、国営産業の一員としてこれに参加していた。その国営産業が平安後期に財政の悪化によって勢いを失ってしまうと、工匠たちは自立して「座」（同業組合のこと）をつくり、中世においては大いに興隆した。

この持続的なモノづくり精神は、近世に入っても失われることはなかった。むしろ大躍進さえみせたのである。

たとえば、京都の北域に発達した西陣機業は、十八世紀の初頭、都市産業としては、世界でも五指に入る、日本最大のスケールをもつものであった。巨大な同業者町を形成しており、その町数およそ百六十余町、数千軒の機屋《はた》におよび、かなりの社会的分業が進んで、そこには糸・練《ねり》・染・織・商の分業体系が複雑ながら合理的な形で進められていた。

これらに就業する人口は、京都人口約三五万人のうち、約一〇万人に達すると推定されている。織機でみると超高級織物の高機七千機が数えられたといわれ、これに平機を加えると、万を超える織機が動いていたのである。織の従事者だけでも、その労働力は優に二万人を超える。いうまでもなく、この西陣機業は平安期の国営産業の伝統をもつものであった。

少し市中に入って、モノづくりの産業をみてみよう。

高級陶器の京焼がある。その一つ粟田焼《あわたやき》は、江戸初期に京都の東側、三条通粟田口から蹴上《けあげ》にいたる六カ町に同業者町を形成し、天下の京焼として知られていた。また、洛東の東山には、清水焼《きよみずやき》があり、さらにそれに続いて新興の五条（坂）焼があり、焼屋・茶碗屋が軒を並べ、江戸後期以後は、京焼の主流として知られるにいたるのである。

京を代表する産業では漆器業がある。二条通を中心に河原町通から富小路《とみのこうじ》までの間に同業者町があり、漆毛屋・木地屋・木地挽屋・漆屋・塗師屋・蒔絵屋の職種が集中していた。いずれも最高級の漆器をつくりだしていた。

刀剣鍛冶関係をみるのもよい。さすがに「京の城」二条城周辺に位置している。鍛冶は西洞院竹屋町付近に集住しており、柄巻《つかまき》師は二条通に面して、西洞院通から堀川通の間に集住している。ついでに著名な京はさみ・剃刀・小刀をみておくと、竹屋町通・御池通・姉小路通に面した三カ所に集中しており、金物鍛冶職の同業者町として知られていた。これも二条城付近にあった。

京染も大きなしかも高級産業であった。中世においては、西洞院通（西洞院川がある）が中核となって同業者町が存在したが、江戸中期になるとしだいに西進して、堀川の水を利用するために堀川通に染色業者が移りはじめた。幕末から明治期には、堀川通が京染の同業者町の中心となっている。

以上みるように、京都は産業都市として日本列島全体に大きな影響を与え、とくに高級産品を独占的に生産し続けていた。そして、この高級産品の取引が他国・他都市の産品を圧倒していたのである。これによって、京仕入店は、大きな力をもっていた。

しかしながら、十八世紀の後半以降になると、他国産の特産物の増加、あるいは京都技術の地方転移によって、しだいに地方産品もその質を高めてきていた。こうなると、京都産業の絶対的地位はゆるぎ、しだいに低下せざるを得なかった。京都にとってみると、新しい危機が生まれてきたのである。

## 観光の都市

京都における相対的な経済的地位の低下は、いいかえれば、地方産業の勃興であるが、もう一つは、大火による打撃が大きかった。ことに享保十五年（一七三〇）の西陣の大火は、この日本最大の都市産業を壊滅させてしまった。さらに、ようやく体力が回復しようとした天明八年（一七八八）には、またもや京都最大といわれる大火が起きて、京都を灰燼《かいじん》に追いこんだのである。十八世紀の京都は苦況のさなかにあったといったほうがいい。

しかし、残されたものがあった。「千年の古都」という価値である。なかでも十八世紀中頃になると、「古都」という意識がかなり芽生えつつあった。本山都市でもある京都では、千年の大遠忌《おんき》などが開かれるようになっていたからでもあるが、この古都意識は「観光の都」を創出することになったのである。

それを大きく打ちだしたのは『都名所図会《みやこめいしょずえ》』である。安永九年（一七八〇）に秋里《あきざと》籬島《りとう》がつくったもので、全六巻十一冊からなるものであった。

もっとも、京都ではこうした案内記的情報誌の出版はこれが最初ではない。それまでに十七世紀の中頃から『京童《きょうわらべ》』をはじめとして二十数種類が発行されている。しかし、『都名所図会』はこれまでのものとは違って、まことに斬新なものだった。当時「浮絵」と呼ばれた、きわめて写実性の高い絵がふんだんに採り入れられ、目を見張るようなビジュアルなものだった。

高価ながら売れ行きもすさまじく、一年で四千部余が売れたという。当時の出版はだいたい一年一刷で五百部であったから、その売れ行きは破天荒のものだったといえる。製本が間にあわず、糸と表紙をそえて渡したという逸話が残されているほどだ。常識を超えた超ベストセラーで、書林（出版社）は「大利」を得たという。この『名所図会』は、のち全国各地の『名所図会』シリーズを生みだすことになるが、一方では、この『都名所図会』を片手に「京見物」に訪れる人はひきもきらなかった。

著名人では江戸の戯作者滝沢馬琴もその一人であった。

「人物また柔和にして、路をゆくもの論争せず、家にあるもの人を罵らず。上国の風俗事々物々自然に備はる」

と馬琴は京都をたいへん肯定的に記している。

「京によきもの三つ。女子、加茂川の水、寺社」と書いたことはよく知られるが、とくに京の「妓女」については相当研鑽を積んだらしく、京の妓楼は、三分の二が他国人用のものだと記している。つまり観光客向きのものだったことをにおわせているのである。

じつはその観光客向きの産業は、十八世紀から十九世紀にかけて順調に発展をみせつつあった。ことにわざわざ「京」を冠した製品が登場することになったのである。

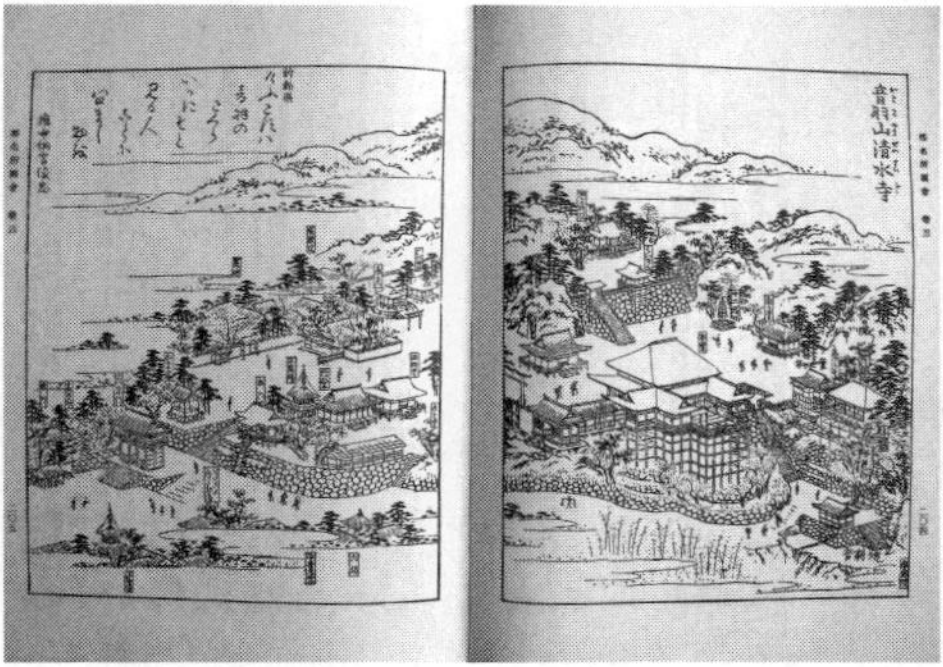

『都名所図絵』

たとえば京呉服・京紅・京白粉・京菓子・京人形・京扇子・京袋物・京仏壇・京焼といったふうにである。なかでも京袋物は、ちょっとしたシャレた「みやげ」用としては筆頭にあげられるものであった。紙入れ・たばこ入れ・風呂敷・手提げなどが有名であるが、これなどは西陣織・京染・金銅細工などの伝統的な高級技術に支えられて製作されたものであり、きわめて良質でデザイン性にすぐれたものだった。「京のお店」といえば、「呉服商と袋物商」といわれたほど多数あった。

また、「京」をつけたものとしては「京人形」をどうしてもあげる必要があろう。雛人形・手遊人形・土人形・浮人形など、多種類にのぼるが、このほか、さらに京の地域名を付した伏見人形・嵯峨人形があり、それぞれ独自の味わい深いものを売りに出していた。幕末期の『商人買物独案内《しようにんかいものひとりあんない》』には著名な人形問屋・調進所・細工所があげられている。

さらに、中世以来の由緒を誇る京扇子は、『独案内』に仕入所・問屋だけで二一軒も数えられているが、種類も多く、用途別に「湖月扇」「利休形白菊扇」「雲錦扇」「唐扇」「替り扇子」「都御団扇」「御舞扇子」などがあり、「殊に旅行の節などは、所持なくてはかなはぬものなり」というPRつきのものまであった。

京都は相対的な後退にもかかわらず、新しい需要の掘り起こしにむけて進みはじめていたのである。事実、十九世紀の文化文政期に入ると、治安の安定と、全国的な経済上昇の結果、日本開闢《かいびやく》以来の旅行ブームをむかえることになる。京見物がその中心的役割をはたしたことは、いうまでもない。

# 第四章——近代都市の成立

南禅寺境内の水路閣

# 政治の大変革時代

## 政治都市への回帰

嘉永六年（一八五三）六月、ペリーが浦賀に来航し、国書をもって日本に開国を迫ったことは、江戸幕府だけでなく、日本列島全体に大きな衝撃を与えた。アメリカの艦隊が日本にやってくることについては、すでにオランダ商館からの情報を通じて知らされていたことではあったが、実際にそれが実現すると、事態はただごとではなかった。日本中がわき返ったのである。

この結果、幕府は、諸大名に対してアメリカの要求である開国の可否を諮問するという手段に出たのであるが、これがまた幕府にとって新しい困難な政治状況をつくりだしたのである。江戸幕府創設以来、外交にかかわることは、いうまでもなく幕府の専権事項であった。それを幕府みずからが破って、家臣（大名）に問うことは、ありうべきことではなかった。そのタガが、いったんはずれてしまうと、状況はどんどん変化してしまう。諮問をうけた諸大名はそれをまた自分の家臣に問う。こうして、国際状況をめぐって日本列島全体に政治的変動が起こり、政局が動きはじめ、これまでになかった現象として、さまざまな政治的意見が噴出することになった。いわゆる世論の形成である。

安政年間（一八五四～六〇）に入ると、通商条約の締結をめぐって、さらに大きく政局が動きはじめた。幕府側がアメリカに対し、通商条約締結には「勅許《ちょっきょ》」が必要であると述べたことにより、その勅許をめぐってにわかに京都が政治の前面に浮上したのである。寛永以降、京都は長く政治の舞台から遠ざけられていた。それが再び政治都市として回帰しはじめたのだった。

さまざまな政治的意見をもった諸大名が続々と入京して朝廷との関係をもとうとし、また諸藩の家臣たちも政治的意見をもって京都に参集していた。諸藩の家臣のなかには脱藩して入京する者さえおり、この数も決して少ないものではなかった。騒然たる雰囲気が京都をおおいはじめていた。

ペリー来航後、十年をへると京都はさらに激動した。文久三年（一八六三）三月、十四代将軍家茂《いえもち》が、寛永十一年（一六三四）の三代将軍家光の上洛以来、じつに二百三十年ぶりに上洛することとなったのである。家光のときは三十万人の大軍勢であったが、家茂の場合は、わずか三千人という供揃いであった。

しかし、このときにはすでに薩摩・長州・土佐の雄藩をはじめとする諸藩士たちが続々と入京をはたしており、その数はすでに数万人を超えていた。幕府側も、将軍家茂のほか一橋慶喜《よしのぶ》、松平慶永《よしなが》、松平容保《かたもり》らがおり、まるで「京都幕府」が形成されたようであった。

文久三年（一八六三）八月十八日、京都御所を中心に公武合体派のクーデターがおこなわれ、長州を中心とした攘夷急進派を排除した。このとき戦争の一歩手前まで進んだが、危うくとどまった。この前後には、新選組が派手なユニフォームで登場したことで知られる。

このクーデターから発して、翌年の元治《げんじ》元年（一八六四）六月には、いったん敗退していた長州軍が京都に迫り、蛤《はまぐり》御門《ごもん》・堺町御門の付近で戦いが起きた。その砲撃戦から出火して京都は大火に見舞われた。江戸時代では天明の大火につぐ大火となった。京都市内の六〇パーセント以上が焼失したのである。これを「鉄炮《てっぽう》焼け」という。

慶応二年（一八六六）七月、徳川家茂が大坂城中で没した。長州征伐をめぐる最中のことだった。これによって長州征伐が中止されたが、幕権の力は、決定的にゆらいでしまった。

そのなかで十五代将軍には一橋慶喜が就任した。すんなりとした将軍就任ではなかったが、家光以来なかった、京都での将軍宣下が二条城でおこなわれた。慶応二年十二月五日のことである。

しかし、慶喜はツイていなかった。この月の二十九日に、疱瘡をわずらった孝明《こうめい》天皇が崩御したからである。孝明天皇は、慶喜の最大の庇護者だった。この孝明天皇崩御については、直後から毒殺説が流布されている。

こうした将軍・天皇のあいつぐ死去によって政局は、慶応三年に入って大きく展開することになった。討幕の動きが地響きをたてて鳴動しはじめていたのである。

そうしたなか十月十三日、二条城で四十藩の諸藩重役が参集する会議が開かれた。そこでは大政奉還の上表文が、老中板倉勝静《かつきよ》によって読みあげられ、回覧された。歴史的な会議としては地味で、あっさりしたものであった。

しかし、事態はこれでおさまらない。同年の十二月九日には討幕派によって王政復古の大号令がなされ、幕府の政治体制を崩壊させ、あらたに新政府の総裁・議定《ぎじょう》・参与の三職の設置を決定した。さらには徳川慶喜に対し辞官納地をも決定したのである。一大クーデターである。

これに対する幕府側の怒りは、頂点に達した。翌慶応四年一月二日から三日にかけ幕軍は、鳥羽・伏見街道を北上して集結、新政府軍もこれに対抗して兵力を増強した。幕軍約一万五千、新政府軍約五千といわれる。兵力的には新政府軍のほうがはるかに劣勢であったが、志気高く、地の利もあって、ほぼ一日で勝負がついた。幕軍は敗走したのである。

## 明治の京都

慶応は明治という年号に改まり、京都に新中央政府が置かれた。その後、明治元年（一八六八）中には、戊辰《ぼしん》戦争の帰趨《きすう》がほぼ明らかになり、同年九月には天皇の東幸がおこなわれている。新政府は東京遷都を決定していたが、京都の人心動揺が激しくなると、いったん天皇は帰京しなければならなかった。

そして翌明治二年三月、天皇は再度、東京へ行幸され、十月には皇后の東啓があった。京都市民はこれに猛反対し、御所周辺に参集して連日のデモ（「お千度廻り」）をくり返し、反対の意志を表明していた。

京都市民の遷都反対の最大の理由は、遷都による京都の「都下衰微」であった。すでに述べたように、数年前の「鉄炮焼け」の戦火からの復興は、かなり早く進んではいたが、まだあちこちに焼け跡が残されるというありさまであった。

しかも、天皇再度の東幸後には、有力な京都町人が「御跡ヲ慕イタテマツリ」と東京へ移住するという状況が続出し、このままでは「奈良之如キ衰微」にいたり、京都全体がパニックに陥ること必定とする投書・上書が新政府に寄せられてもいた。

事実、遷都が進行すると御所を中心とした地域（公家町、有力町人町）が空洞化し、廃屋が連なるようになっていた。

そののち明治十年代に入っての御所周辺での観察記録においてさえ、「一の建物も存在せず、立派な昔の庭池泉石が荒るにまかせ、狐狸の棲処となっていた」と記しているほどである。また新政府による上知令《あげちれい》によって寺院の衰えもはなはだしいものになっていた。

京都は中世以来の本山都市であったが、その巨大な本山がことごとく大打撃をうけ、それに属する子院・塔頭《たっちゅう》の多くが支援者を失って消滅していた。たとえば京五山筆頭の南禅寺《なんぜんじ》では、塔頭二十五院のうち十五院が廃寺となる始末であり、江戸時代三千カ寺といわれた寺々があっという間に消え、宗教文化都市・京都の景観は大きな変貌をとげたのである。

さらに、商工界の沈滞も激しく、経済変動の波をうけて、日本最大といわれた都市産業は目立った回復をとげていなかった。ただ、そのなかにあって、ひとり西陣機業のみが活気をみせはじめたと評されていた。

このように伝統的な京都の景観が失われ、戦災の復興が急がれ、さらに京都の経済を回復させるという、多くの重荷を背負った京都の明治時代のスタートは、たしかに苦難の道を歩まねばならなかった。

この京都再建を最初にリードしたのは、初期の京都政府の参事であった槇村正直《まきむらまさなお》であった。彼は、京都回復のために、五つの目標を掲げ、日本のトップを切って近代化政策を発表した。

そして明治四年（一八七一）二月には勧業場を設置して、近代的な殖産興業の施策を進めはじめた。同年には、「京都博覧会」を開催しているが、これもきわめて新しい、日本最初の試みであった。

もっとも、こうした革新的な京都の試みが、成果として一つのまとまりをみせるようになるのは、明治十年代の後半に入ってのことだったが、その評価は、外国人からも驚異の目で眺められていた。

「今会場に備はる所の数学及び窮理学（物理学）等の上作（高級）器械は、先年に比すれば、正に進歩の効験を顕はせり（中略）数年を経ずして、遂に舶来諸品と其の甲乙を争ふに至るべし」（『西京新聞』）

という批評が掲載されるほどになっていた。

明治十年代後半期に入ると、京都は本格的な開発の時代に入った。このとき、知事は槇村正直から北垣国道《きたがきくにみち》に代わっていたが、北垣は巨額の資金を投入して、交通・エネルギー・飲料水問題を解決するために琵琶湖疏水《そすい》事業に着手したのである。この疏水事業は京都の「百年の計」であることを、彼は十分に認識しており、そのために政治生命をかけた。明治十八年（一八八五）六月着工、同二十三年（一八九〇）には、この大事業は成功裡に完成した。設計施工すべてが日本製の技術であることが特筆されるが、日本最初の水力発電所が設置されるなど、その技術の革新は、全日本に大いなる影響を与えたのである。

### 遷都千百年祭

疏水事業の完成は、京都の近代化政策を発展させるうえで、大きな地歩を築いた。この基盤のうえに新しい構想が明治二十年代に入って進められた。いわゆる「三大問題」と称されたものである。三大問題とは「桓武《かんむ》天皇遷都千百年祭」「第四回内国勧業博覧会京都開催」「京都・舞鶴間鉄道誘致」の三つである。

遷都千百年は、明治二十七年（一八九四）にあたっていた。古都としてのアピールをおこなうとともに、その祝祭を通して、この京都に第四回内国勧業博覧会を誘致しようとするものであった。

この勧業博は、第一回から第三回まで東京で開かれていたが、第四回は東京外で開催する意向が政府から発表されており、大阪がきわめて有力な候補地としてあげられていた。状況は京都にとってまことに不利であったが、京都側は、遷都千百年の祝祭を掲げ、官民あげて猛烈な巻き返しをして、政府上層部を切り崩し、第四回内国勧業博誘致に成功したのだった。

おりから日清間にただならぬ動きがあり、実際の千百年祭は、翌年の明治二十八年（一八九五）となったが、大成功をおさめた。入場者ははじめて百万人を超えた。京都の会場は岡崎の地域であり、ここに日本最初の市街電車が走り、さらに京都側は記念パビリオンとして大極殿《だいごくでん》の三分の二のモデルを出陳したのである。これが平安神宮である。

この成功による自信は大きかった。新しい京都の総合都市計画を策定するきっかけとなったのである。これは明治三十二年（一八九九）、初代民選市長内貴甚三郎によって打ちだされた。「三大事業」と呼ばれたが、「京都市百年ノ為メニ基礎ヲ建テル」目的をもつもので、「道路拡築・電鉄（市電）敷設、上水道建設、第二疏水建設」の三つをさしていた。

これらは京都の近代的都市基盤を本格的に整備するものであり、最終的プランは、明治三十九年（一九〇六）、西郷菊次郎市長によって策定された。整備工事は、明治末年から大正期にかけておこなわれている。京都市の年間予算の十数倍という莫大な資金は外資の導入によって手当てされた。これによって、現代の京都の骨格と都市表情が実現することになったのである。

# 終　章――現代の京都

## 非戦災都市

昭和期に入ると、京都はモダニズムの時代をむかえる。東京の銀座に対抗して新しい都市づくりを考えはじめていた。同じような考え方は大阪でもみられた。「銀ぶら」という言葉が流行すると、それに追いつけとばかり「河ぶら」が流行した。河原町通をぶらぶらする、ショッピングするのである。大阪では「心ぶら」（心斎橋）である。河原町通には三条通と四条通間に喫茶店・ミルクホール・西洋料理店・書店・洋品店がつぎつぎとオープンした。明治初年の新繁華街・新京極についで、いっそうモダンな繁華街が昭和の河原町通に形成されつつあった。

三条通以北には朝日会館があり、ここには、東郷青児デザインによる大壁画が登場する。四条通も拡幅によって近代的な市街を形成しはじめていた。百貨店・銀行が続々と建設され、イメージを変えつつあった。昭和期に入るとショッピング・ウィンドーの新しい研究を商店街がはじめて、「銀座に負けない市街地づくり」をめざしていた。同じような新市街の形成は烏丸《からすま》通にもみられ、京都のモダニズムは古都のなかに違和感なくむかえ入れられたのである。

ところで、京都は戦時中、日本の六大都市のなかで唯一、集中的な米軍の戦略爆撃をうけなかった都市である。

戦前すでに百万都市であった京都は、周辺に軍需工場をもち、精密器械を中心にした生産がおこなわれていたが、それでも大爆撃からは逃れていた。多くの都市基盤が失われず、市民のもつ資産も破壊されなかったのである。

つまり、都市的資産を多く抱えたままで、敗戦をむかえた「非戦災都市」であった。そのためか、戦後第一回の国民体育大会は、宿泊設備の整った京都を中心に開催されたほどである。

都市の資産が失われず、また周辺の生産設備、古代・中世以来の文化資源が残された京都は、まことに有利な存在であった。事実、国際観光都市の名をうけ、多くの人々が戦後、京都に押すな押すなの勢いでやってきた。多くの国民は、京都を見て「日本の古里《ふるさと》」という美称を与えてくれたのである。他都市にはない、古いものと新しいものの両方を兼備していたからである。

## 伝統と創造

しかし、それからが問題であった。明治以来百年をへた一九七〇年代、京都は都市設備の更新期に入っていた。戦時中の被災をまぬがれただけでなく、その後も大火などに見舞われることもなく、その資産を保ち続けていた。とすれば、このあたりでその更新をどうすべきかが構想されなければならなかったが、これについての抜本的な政策が等閑視《とうかんし》されたのである。明治の京都の意気込みはどこかにいってしまい、このままでも京都は大丈夫という保守化した考え方が蔓延しはじめた。京都に来て当然、来ない人は文化を知らない人、とまで考えている京都人がいたともいわれている。

もっとも、そうした保守化の傾斜がはじまるなかで、京都の産業界では新しい方向を模索する人々も増えていた。京都は千二百年の伝統としてのモノづくり、それも微細・精密な加工を得意とするが、これを生かした現代的産業がつぎからつぎへと誕生しだしたのである。

いわゆる先端企業の誕生といわれるものであるが、このいずれもが企業規模だけでなく、技術的にも世界的な産業として認知されることになった。「伝統」のイメージには、常に古臭さがつきまとうが、京都の場合、その伝統がこやしとなって新しいイメージをつくり直したのである。

かつて滝沢馬琴は、京都の「あしきもの」として京料理をあげたことがあったが、現代ではこの京料理は、京野菜とともに、きわめて健康的な料理として再評価をうけ、東京や大阪の高級料理の精髄は京料理の流れとなっていることは、よく知られている。

京都駅の斬新な設計

一九九四年、京都は建都千二百年の記念祭を開催した。このときは、百年前の千百年祭のように、大きな博覧会を特定の会場でおこなうという華々しいものではなかった。むしろ、伝統的な京都の「ケチ精神」を生かして、京都全体を劇場都市に見立て、あらゆる地域で、あらゆる団体がこれに参加して、さまざまな催しものを開くという一年間のプログラムをつくりあげた。いわゆるソフト中心の催しものである。参加団体は数千にのぼり、観客数も四千万人を超えた。あらゆる寺院・神社が会場となり、夜のライトアップが京都の新しい観光資源として定着する基礎ともなったのである。

さらにいえば、ハード面でも大きな変化がみられた。長い間懸案であった京都駅の新築が、多少の紛糾をみせたものの、完成した。新しい地下鉄線も開通し、都市インフラの整備も進んだのである。更新期をむかえた市内の町屋も、伝統的建築を生かした、新京都町屋の再生がみられ、人口の都心への回帰がみられるという、新しい現象が進みはじめている。

都市というのは、常に更新を続け、補修しなければ滅びてしまうというのは、言い古された定説でもある。

戦後の京都は、一時かなり危うい軌道を進みつつあったが、千二百年の歴史の重みを自覚するところから、まず精神を正常に戻し、そこから再出発をとげたように思われる。いつの時代にも、もとめられるのは人間的な努力しかありえない。京都の歴史と地名は、まさにそれを伝えているのである。

# 第二部〈地名編〉

# 京都を地名で読む

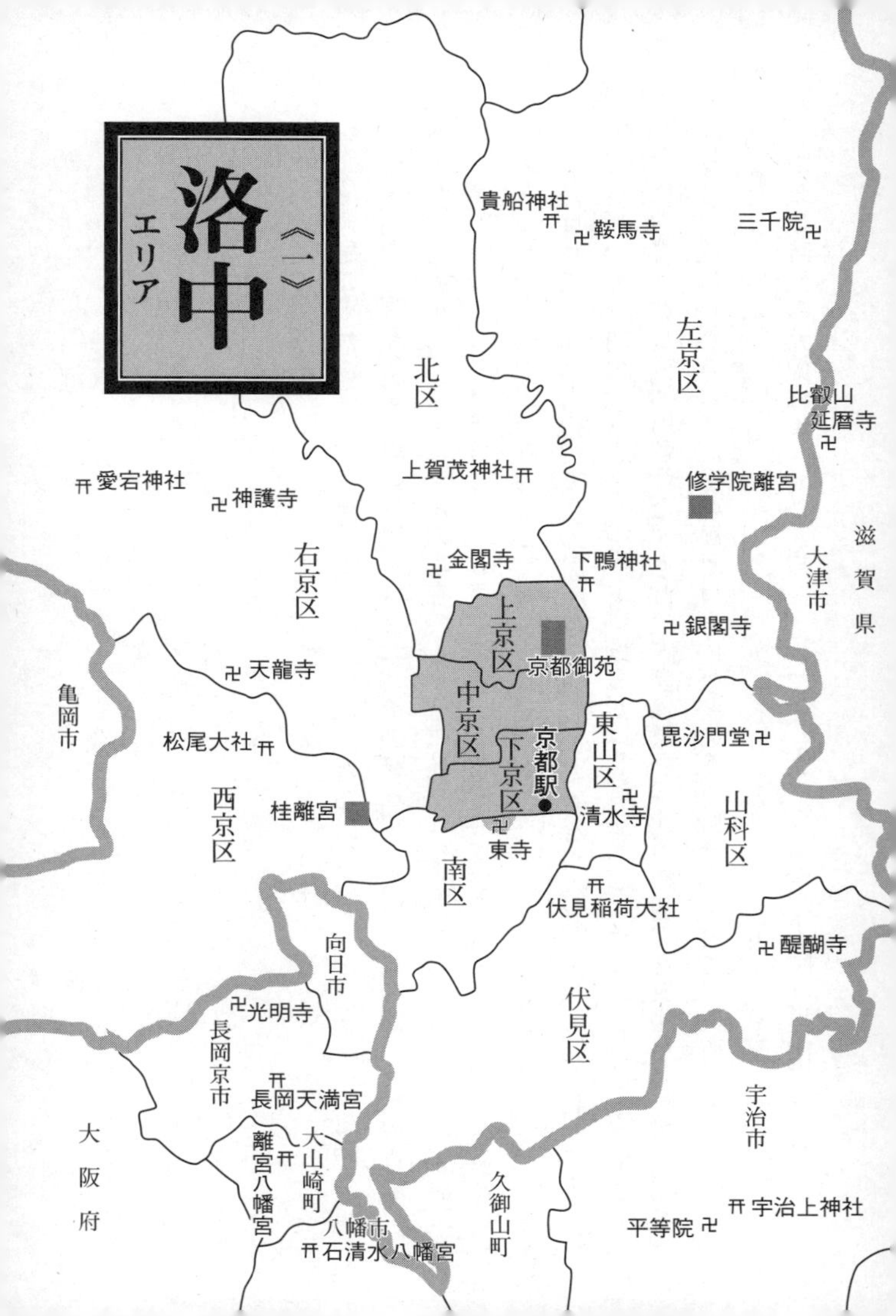

洛中エリア《一》
貴船神社
鞍馬寺
三千院
左京区
北区
比叡山延暦寺
上賀茂神社
修学院離宮
愛宕神社
神護寺
右京区
金閣寺
下鴨神社
滋賀県
大津市
上京区
京都御苑
銀閣寺
天龍寺
中京区
亀岡市
松尾大社
東山区
毘沙門堂
下京区
京都駅
西京区
桂離宮
清水寺
山科区
東寺
南区
伏見稲荷大社
醍醐寺
向日市
光明寺
伏見区
長岡京市
長岡天満宮
宇治市
大阪府
離宮八幡宮
大山崎町
久御山町
宇治上神社
平等院
八幡市
石清水八幡宮

## 京都御所周辺

### 京都御所は里内裏

明治天皇の東行により、東京が実質的な日本の首都になると、京都御所（禁裏《きんり》）周辺にあった宮家や公家の屋敷は取り壊され、その跡地が、大正天皇の御大典を機に整備され、総面積九二ヘクタールの現在の「京都御苑《ぎょえん》」となった。いまは、散歩やジョギングを楽しむ人、お弁当を広げる家族連れ、また苑内に咲く四季折々の花木を鑑賞する人など、市民の憩いの場として親しまれている。

平安京が開かれた当初、天皇の居所は、いうまでもなく内裏《だいり》であったが（現千本丸太町付近）、天徳四年（九六〇）の炎上以後もしばしば焼失し、そのたびに公家の邸宅が「里内裏《さとだいり》」として利用された。もとの内裏は鎌倉時代の初期、安貞《あんてい》元年（一二二七）の類焼以後は再建されず、その跡地は、内裏跡の荒れ野から転じて「内野《うちの》」と呼ばれるようになった。

南北朝時代の元徳三年（元弘元年・一三三一）、光厳《こうごん》天皇が、当時、里内裏としていた東洞院土御門《ひがしのとういんつちみかど》殿で践祚《せんそ》して以降、皇居は同所に固定されるようになった。この土御門殿が、現在の京都御所の前身となったのである。

その後、織田信長をはじめ、歴代の天下人が御所の修復をおこない、寛永年間（一六二四〜四四）には仙洞《せんとう》御所・女院《にょいん》（大宮）御所も造営された。以後、江戸時代にもたびたび火災に見舞われるが、京都御所にとって一番変化の大きかった火災は、宝永五年（一七〇八）の大火であった。

広大な京都御苑

## 御所周辺の町名

この大火までは、丸太町通より一筋北側の椹《さわら》木《ぎ》町通まで町家がくいこんでいた。また西側の丸太町通から下長者町《しもちょうじゃまち》通付近までは、烏丸《からすま》通から三筋東の間之町《あいのまち》通まで、同じく町地であった。それが、宝永の大火以後の都市改造によって、右に記した町地の人たちは、二条通の鴨川より東、

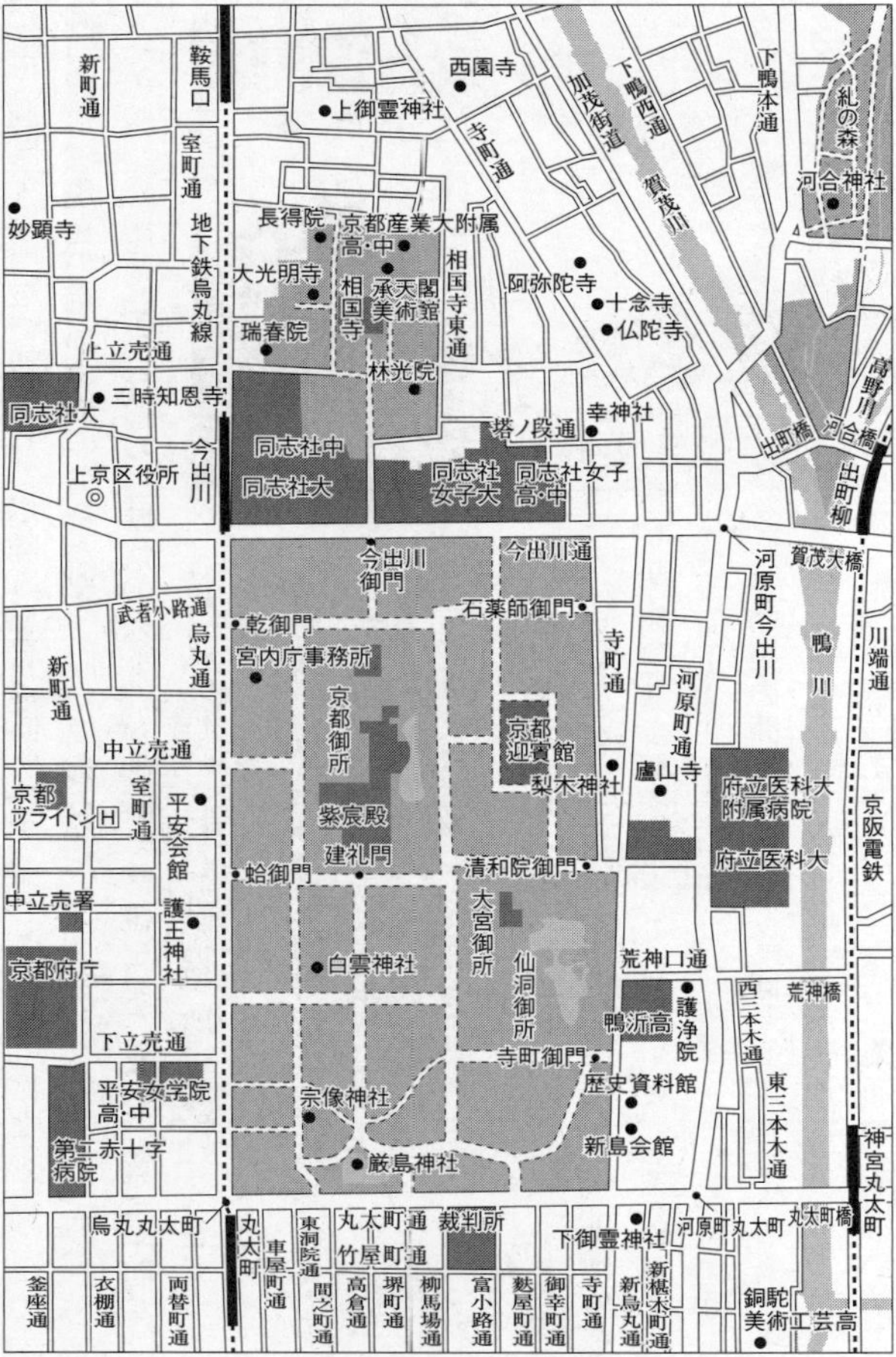

新町通
鞍馬口
西園寺
上御霊神社
下鴨西通
加茂街道
下鴨本通
糺の森
寺町通
室町通
地下鉄烏丸線
賀茂川
河合神社
妙顕寺
長得院
京都産業大附属高・中
大光明寺
相国寺
承天閣美術館
相国寺東通
阿弥陀寺
十念寺
仏陀寺
瑞春院
上立売通
林光院
高野川
三時知恩寺
同志社大
幸神社
今出川
塔ノ段通
出町橋
河合橋
同志社中
上京区役所
同志社大
同志社女子大
同志社女子高・中
出町柳
今出川御門
今出川通
河原町今出川
賀茂大橋
石薬師御門
武者小路通
乾御門
烏丸通
鴨川
川端通
宮内庁事務所
新町通
京都御所
寺町通
河原町通
京都迎賓館
中立売通
梨木神社
盧山寺
府立医科大附属病院
京都ブライトンH
室町通
平安会館
紫宸殿
京阪電鉄
建礼門
府立医科大
清和院御門
蛤御門
中立売署
大宮御所
護王神社
荒神口通
京都府庁
白雲神社
仙洞御所
西三本木通
荒神橋
護浄院
鴨沂高
下立売通
寺町御門
東三本木通
歴史資料館
平安女学院高・中
宗像神社
新島会館
神宮丸太町
第二赤十字病院
厳島神社
烏丸丸太町
丸太町
東洞院通
丸太町通
裁判所
下御霊神社
河原町丸太町
丸太町橋
車屋町通
竹屋町通
釜座通
衣棚通
両替町通
間之町通
高倉通
堺町通
柳馬場通
富小路通
麩屋町通
御幸町通
寺町通
新烏丸通
新椹木町通
銅駝美術工芸高

河原町《かわらまち》通の東などに、それぞれ立ち退きが命じられることになったのである。

二条通の鴨川東には、新堺町《しんさかいまち》通、新東洞院《しんひがしのとういん》通などの通り名が残されており、移転を命じられた町人たちが、かつて住んでいた通り名に、「新」の文字をつけて、新天地の地名としたことがわかる。

また現在、鴨川西、河原町通東の、丸太町通より北側に、三本木《さんぼんぎ》と呼ばれる地域があるが、これは宝永の大火以後に新たに建設された地区である。移転対象となった東洞院通の竹屋町《たけやまち》通から出水《でみず》通までが、かつて三本木と呼ばれていたもので、同地からの町家の移転とともに、町名も移動したのである。ちなみにいまも、もとの地には三本木町、三本木五丁目といった町名が残されている。

また同じく、河原町通と寺町通の間に、新烏丸通、新椹木町通といった通り名があるが、これも移転前、御所の南側に住んでいた町人が、旧地の町の通り名を懐かしみ、記念として名づけたのである。町人たちが、長年暮らした町や通り名に愛着を感じ、いかに大事にしていたかが、このことからも推察できよう。

## 京の七口

御所の北側に、今出川《いまでがわ》通が東西に走っているが、この通りが鴨川を渡る手前に、出《で》町《まち》通、大原口《おおはらぐち》町などといった地名が残されている。

これは、左京区大原の地に向かう道の出入り口を意味する通り名、町名であり、出町、すなわち町を出るという地名も、ここから鴨川を渡ると、御土居《おどい》の外、洛外であることを意味していた。この地から北に続く道が、大原をへて、はるか若狭まで通じる若狭街道のはじまりであった。

「何々口」と呼ばれる地名は、「京の七口《ななくち》」と総称されており、かつて御土居で囲まれていた京都から、外の世界への出入り口が、それぞれの街道ごとに設けられていたことによる。寺町通と今出川通の交差点には、慶応四年（一八六八）建立の道標が立っており、碑面の四周に、じつに二十二カ所の京都の観光地と距離が刻まれている。御所周辺には、このような「京の七口」がもう一つある。荒神口《こうじんぐち》である。

この荒神口は、北白川から山越えで近江の坂本（現滋賀県大津市坂本）に抜ける山中越（志賀越）の道の出入り口にあたっていた。荒神とは、西側にある「荒神さん」として親しまれる護浄院《ごじょういん》常施無畏寺《じょうせむいじ》のことで、寺の前には「日本最初清三宝大荒神尊」と刻まれた石標がある。

ついでに、今出川通から鴨川沿いに少し北へ足をのばすと、出雲路《いずもじ》なる地名がある。古代、この一帯が出雲郷と呼ばれたことに関係しており、近くに残る鞍馬口《くらまぐち》町や鞍馬口通の名前も、鞍馬へ向かう街道の出入り口であったことによる。これも、先の「京の七口」の一つであった。

京都府庁の正面

## 近代名建築の展示場

御所と今出川通を挟んで北側に、同志社大学が建つ。明治七年（一八七四）アメリカから帰国した新島襄《にいじまじょう》創立の大学であり、礼拝堂やクラーク記念館など、赤レンガ造りの明治建築が数多く残されている。この同志社創立地は、現在地ではなく、御苑の東南の角から寺町通を少し上がった東側に建つ新島襄旧宅がそれである。京都では木造最古（明治十一年建築）の洋風住宅とされ、一、二階の四周にベランダをもつ和洋折衷の瀟洒《しょうしゃ》な建物で、当初、同志社大学の前身である同志社英学校の校舎として使われていたものである。

一方、御所の反対側、烏丸通に面した丸太町通の近くに、アメリカ人建築家で宣教師でもあるウィリアム・M・ヴォーリズの設計になる大丸ヴィラが、こんもりとした緑の木々に囲まれて建っている。これは大丸百貨店第十一代社長下村正太郎《しもむらしょうたろう》の自邸として建築されたものである（昭和七年建築）。同じく烏丸通の下立売通《しもだちうり》には、平安女学院明治館・聖アグネス教会の赤レンガが、ひときわ目をひく。さらに下立売通を西に行くと、明治三十七年（一九〇四）建築の京都府庁旧館が堂々として建つ。御所周辺は、まさに近代名建築の展示場といえる。

## 東西本願寺と京都駅

### 流浪した教団

ＪＲ京都駅の屋上から北を眺めると、大きな寺院の甍《いらか》が左右に望める。右側（東側）が「お東さん」と通称される東本願寺、左側（西側）が「お西さん」こと西本願寺である。さて、この両本願寺がなぜこの地に並び建つようになったのか、簡単に本願寺の歴史をふり返っておこう。

そもそも本願寺は、宗祖親鸞《しんらん》没後の文永九年（一二七二）、京都東山大谷《おおたに》に御廟が営まれたことにはじまる。しかし寛正《かんしょう》六年（一四六五）、比叡山衆徒の奇襲をうけ、時の宗主蓮如《れんにょ》は近江から越前への流浪をへて、文明十二年（一四八〇）、山科本願寺（現京都市山科区）を建立した。

ただ平穏な日々は長続きせず、天文《てんぶん》元年（一五三二）、近江守護六角《ろっかく》氏と日蓮宗の攻撃をうけて大坂の石山本願寺に移る。さらに元亀《げんき》元年（一五七〇）、織田信長の攻撃をうけ、紀伊鷺森《さぎのもり》（現和歌山市）、和泉貝塚（現大阪府貝塚市）をへて大坂天満に落ち着いた。既成仏教や戦国大名に果敢な抵抗を試みた教団ゆえの、悲しい宿命だったのである。

信長亡きあと、天下の覇権を手にした豊臣秀吉は、天正十九年（一五九一）、本願寺を自分の権力下に従えようと、再度の移転を命令。結局、新しい寺地は、七条堀川の地に決まった（のちの西本願寺）。そのときの宗主は顕如《けんにょ》であった。

ついで、徳川家康の天下となった慶長七年（一六〇二）のこと。当時、顕如のあとを継いだ教如《きょうにょ》は、すでに秀吉の命令によって隠退させられており、当時の宗主は教如の弟准如《じゅんにょ》であった。この背景には、以前からの顕如・教如の対立が影を落としていたようだ。かくして同年、家康は、隠退中の教如に、烏丸七条北側に寺地を与えた。これが現在の東本願寺である。

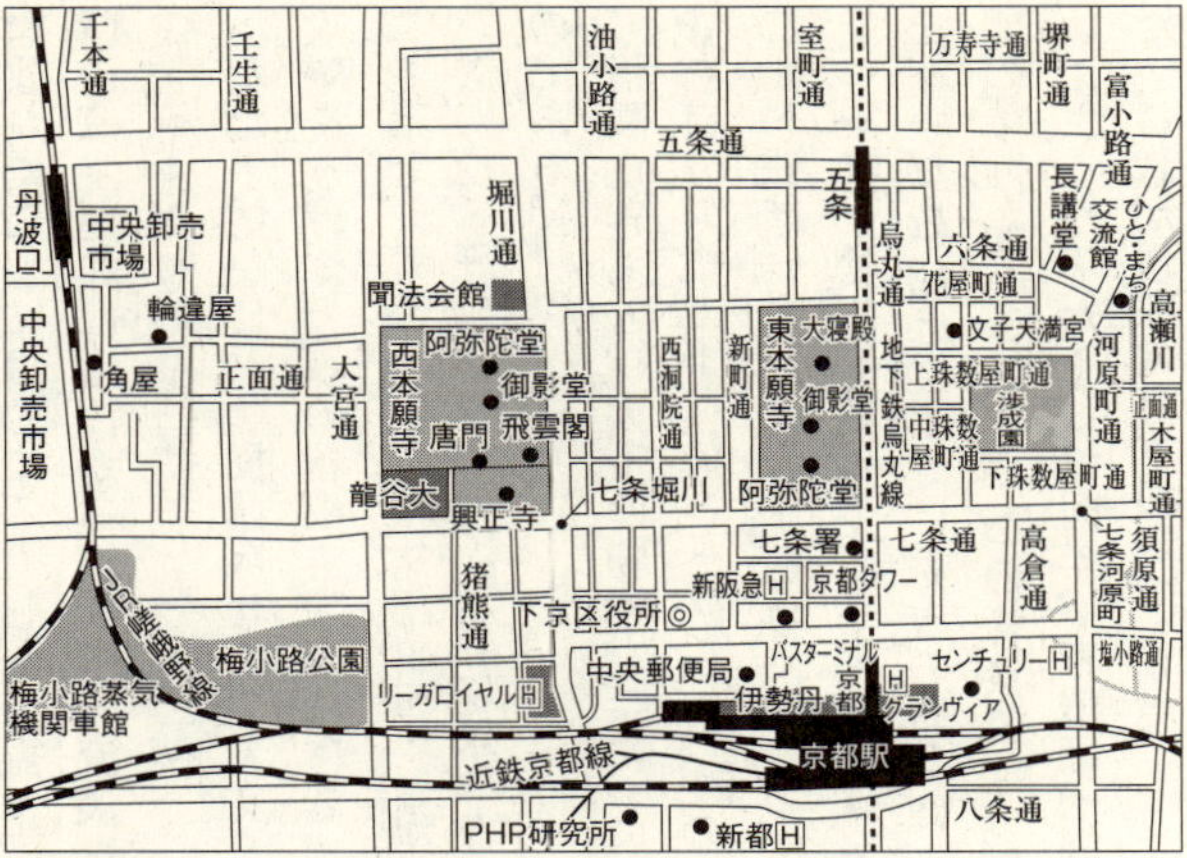


## 両本願寺と暮らす町

西本願寺の東側には、天正十九年の本願寺移転にともない、大坂から移住してきた町人たちによって、寺内町《じないまち》が開かれた。花《はな》屋町《やちょう》通、旧花屋町通、正面《しょうめん》通、北小路通といった東西路に沿って、仏具・法衣・仏教書を扱う商店が軒をつらねた。その雰囲気はいまも変わらず、このあたりは京都の他の地域とは異なる独特の雰囲気をただよわせている。

また東本願寺の東側には、お東さんの寺内町が広がっている。通りの名前も、一見して寺院との関係を示すものとわかる。上《かみ》・中《なか》・下《しも》の三筋の珠数屋町《じゅずやまち》通には、西本願寺寺内町と同じく本山関係の商店が密集している。

東西の寺内町を歩くとき、各商店の庇《ひさし》の上に掲げられた大型の木製看板を見て歩くのも一興だろう。店の名が、右から左へと深々と彫られており、歴史の重さを実感することができる。それら本山関係の商店に交じって、お東さんの周辺には「お小屋《こや》」と呼ばれた門徒の宿泊詰所が、いまも建ち並んでおり、北陸、滋賀、愛知などから来る参拝者の宿泊所として利用されている。

この「お小屋」は、天明八年（一七八八）の京都大火で東本願寺が類焼してのち、全国の門徒がこの地に小屋掛けし、本山の再興をおこなったことが起源となっている。

西本願寺の唐門

なお、西本願寺の南側には、明治十二年（一八七九）の建築になる龍谷大学本館（重要文化財）があり、寺内町の一角で光彩を放っている。

## 京都タワーと京都駅

京都駅の北側に京都タワーが建っている。昭和三十九年の竣工で、九階建てのビルの屋上に建っており、総高は一三一メートル。この高さには意味があって、昭和三十八年の建設当時、京都市の人口が一三一万人であったことにちなんでいる。

建設当時は、古都京都の景観論争に発展したが、いまでは、京都のシンボルとしてすっかり定着した感があり、その形から京都の人々は「お東さんのロウソク」と呼んでいた。

この京都タワーを、たくみに景観に取り入れたのがいまの京都駅である。中央改札を出ると、旅行者は真正面に京都タワーの全体を望める。この京都駅も、京都の景観論争の的となった。ただ、室町小路や大階段、空中回廊など、設計には趣向が凝らされており、いまは観光客に人気のスポットとなったようである。ちなみに、初代の京都駅は明治十年（一八七七）の建築で、現在は四代目となる。

# 島原界隈

## 島原の乱と島原遊廓

島原《しまばら》は、現JR嵯峨野線（山陰本線）丹波口駅の東南部にあった江戸幕府公認の遊廓。京都の公許の遊廓は、最初は天正十七年（一五八九）豊臣秀吉が認可して設けられた。場所は二条通の寺町通から柳馬場通にかけてで、二条柳町と呼ばれた。

しかし慶長七年（一六〇二）頃、二条城が築かれると、二条通は大手筋と位置づけられたことから、遊廓の移転が議題にのぼり、洛南の荒地六条通の新町付近に移された。そこで誕生したのが、六条柳町・六条三筋町と呼ばれた遊廓で、二条柳町に対して「新屋敷」と呼ばれた。しかし、この地も東本願寺の寺内町などに人家が密集してきたことから再度の移転となった。

寛永十七年（一六四〇）に突如、洛西朱雀野《すざくの》への移転が命じられたのである。西新屋敷と呼ばれた新しい遊廓は、東西九十九間（約一八〇メートル）、南北二十三間（約四二メートル）で、外周には土塀が設けられ、その外は幅一間半（約二・七メートル）

の堀で、外界と隔絶されることになった。突然の移転命令による引越し騒ぎを、その数年前に勃発した島原の乱の混乱になぞらえて、「島原」と呼ぶようになったとか、堀に囲まれた新遊廓が島原城に似ていたからとも、たんに新地が島状になっていたからとも、命名の由来は例によって数説が伝えられている。

ちなみに、JRの駅名である丹波口は、京の七口の一つに数えられており、丹波方面に向かう街道の出入り口がこの付近にあったことによっている。

**島原を歩く**

JR丹波口駅を降りて、線路の高架に沿って南に向いて歩く。左手は、京都の中央卸売市場で青果や鮮魚を運ぶ大型のトラックが出入りし、場内では、小型のキャリアカーが忙しく動き回る。入り口で警備する職員の吹く笛の音が鳴り響く。まるで島原の乱のような喧騒である。

この市場の建物が切れるところを左手に曲がると、道端に大きな銀杏樹が立っている。これは、もと島原の住吉神社境内に植えられていたもので、いまは根元に弁才天の小祠が祀られている。ここから東南部一帯が島原である。

一歩、島原に足を踏み入れると、卸売市場の喧騒が嘘のような落ち着いたたたずまいで、道の両側には、かつての遊廓街の雰囲気を残す建物も散見できる。先ほどの銀杏から東に一筋目を南に折れ、しばらく行くと、通りの角、手前にまず背の高い築地塀が見え、その向こうに一階、二階とも細かい格子が続く豪壮な建物が見える。

これが国の重要文化財に指定されている角屋《すみや》である。揚屋《あげや》造としては、わが国唯一の遺構。建築年代は不明だが、主屋の一部は寛永の島原移転当初のものと伝えられ、内部には、螺鈿《らでん》を散りばめた青貝之間や孔雀之間、草花之間などが並び、与謝蕪村、円山応挙、池大雅らの描く襖絵で飾られている。なかでも蕪村の大作「紅白梅図」は重要文化財に指定されている。

島原の大門と柳

また、幕末には西郷隆盛、久坂玄瑞《くさかげんずい》などの勤皇志士が軍用金調達のため、時の豪商を角屋に招いたことなど、幕末の舞台となった事実が駒札に記されている。

右に記した「揚屋」とは、客を座敷に揚げて遊ばせるところで、太夫や遊女は抱えない。これに対して「置屋《おきや》」とは、太夫や遊女を抱え、要望があれば揚屋に太夫などを派遣するのである。

角屋が揚屋造だと紹介したが、置屋造として残されているのが、同じ島原内の輪違屋《わちがいや》である。同家は、元禄年間（一六八八〜一七〇四）の創業だが、建物は安政三年（一八五六）に焼失し、現在の建物は、その翌年に再建。その後、増改築をへて、明治四年（一八七一）、現在の姿となった。内部には、客室が数室設けられており、なかでも無地銀箔の襖に道中傘の紙を貼った傘之間が圧巻である（非公開）。

この建物の近くに、島原の表玄関ともいえる大門が建っている（京都市登録有形文化財）。島原の格式を表しているかのような武家屋敷風のどっしりとしたもので、背後両脇に設けられた控柱にも瓦屋根をほどこす高麗門の形式である。

## 東寺界隈

### 羅城門と東寺・西寺

延暦十三年（七九四）に造営された平安京には、大内裏《だいだいり》から幅約八五メートルの朱雀《すざく》大路が京域の中央を貫通し、南辺の九条大路に位置する羅城門《らじようもん》にいたっていた。

この平安京の正門ともいうべき羅城門の東西に、九条大路に面して建てられた官寺が東寺《とうじ》と西寺《さいじ》であった。

羅城門は、間口七間（約一二・六メートル）、奥行き二間（約三・六メートル）、二重の楼閣をもち、楼上には、西戎《せいじゆう》の侵略を退けたという唐（中国）の故事にちなんで「兜跋毘沙門天《とばつびしやもんてん》像」が安置されていた（現在東寺に安置）。

この羅城門は、弘仁《こうにん》七年（八一六）、天元《てんげん》三年（九八〇）の両度の大風で破損、倒壊ののち、再建されず、荒廃するにまかされた。そのありさまは『今昔物語集』の死人を見る盗賊の話、それを題材にした芥川龍之介の『羅生門』でも知られ、黒澤明の映画によって視覚的に強烈な印象を私たちに残してくれた。いまは、九条通の花園児童公園に、跡碑がひっそりと立つのみである。

その東側に、東寺の塔が望める。東海道線で京都駅に近づくと、昔はこの塔を眺め、京都に帰ってきたという実感が湧いたが、いまはそれに、京都タワーも一枚加わっている。

それはともかく、東寺は、その後の弘仁十四年（八二三）、同寺が弘法大師空海に下賜されてからは、真言密教の寺として衆庶の信仰を集め、正式には真言宗総本山教王護国寺《きようおうごこくじ》と称する。

空海は、承和《じょうわ》二年（八三五）三月二十一日、六十二歳で寂したため、その日が縁日とされ、毎月二十一日、供養法会が営まれる。いつしかその日に美術骨董品や日用雑貨の市が立つようになり、とくに十二月の「終《しま》い弘法」と一月の「初弘法」は賑わいをみせ、冬の京都の風物詩となっている。

一方、西寺はというと、天長七年（八三〇）に講堂が完成したものの、正暦《しょうりゃく》元年（九九〇）、天福元年（一二三三）の二度の火災で焼けてのち、再建はされなかった。いまは、西寺町の西寺児童公園内に、講堂跡と伝える小高い土壇が残されており、その上に「西寺阯」と刻まれた石碑が立つだけである。

## 地名にみる平安京

右にみた西寺跡の周辺一帯には、唐橋《からはし》の地名が残っている。江戸時代は唐橋村と呼ばれ、大半が天領（幕府直轄領）であったが、村名は『帝王編年記』（十四世紀後半に成立）や『太平記』にみえることから、古くから名づけられていた地名らしい。その由来には諸説がある。『京羽二重《はぶたえ》織留《おりどめ》』なる京都の案内書には、

「いにしへ韓人来朝の時、此橋を経て鴻臚館《こうろかん》に入る。此故に唐橋と称す。又伝云、豊臣秀吉公朝鮮征伐の時、京師を出、此橋を渡り山崎道におもむき給ふ。是より唐橋と云」

と二説を紹介したうえで、これは間違いで、じつは「菅家《かんけ》唐橋の家領《けりょう》」であったことが、地名の由来だと紹介している。

右の諸説を少し解説すると、「鴻臚館」とは、平安京の六条大路と七条大路の間の、朱雀大路を挟む両側に設けられた外国使節の接待に使われた施設であり、島原の角屋《すみや》の近くには、東鴻臚館跡を示す碑が立っている。また「山崎道」とは、唐橋村あたりから淀川の北側を大坂方面に向かう西国《さいごく》街道の別名であり、その出入り口を「東寺口」と呼んでいた。

東鴻臚館跡の碑

そして「菅家唐橋」とは、菅原道真《すがわらみちざね》などを輩出した菅原家が、中世になり諸家に分かれていったなかの一家であり、唐橋の地名由来を、その領地があったことにもとめている。

この唐橋地区のなかに、花園町という町名が残っているが、この町名の由来は、はっきりと六百年以上前の古文書に記されている。

それは永徳三年（一三八三）のこと。この地は弘法大師空海が花園をつくり、仏の供養のために「款冬《やまぶき》（山吹）」を植えたことから「花園町款冬田」と呼ぶことになったと記されている。

この花園の名称も、いまに広く用いられているようで、現在、羅城門跡碑のある公園も、花園児童公園と名づけられている。

## 新京極と寺町通界隈

### 京都一番の繁華街

京都の繁華街といえば、なんといっても、新京極《しんきょうごく》・寺町《てらまち》通の界隈だろう。さまざまな料理店・レストラン、映画館やゲームセンター、ファッションビル、京の老舗店から手軽な土産物店、スーパーマーケット。およそこの通りで揃わないものはないといっていい。年配者から若者、家族連れ、そして修学旅行生や外国人観光客と往来する人たちもさまざまだが、そのすべてに対応した店舗や施設が、この界隈に密集している。

この繁華街付近は、平安京が開かれたとき、京域のもっとも東端を画する東京極大路にあたっていた。しかし十五世紀後半の応仁・文明の乱の頃には、大路のおもかげはすでになく、この地域が賑わってくるのは、天正十八年（一五九〇）、豊臣秀吉の都市改造にともない、京中の寺院が、現在の寺町通と寺之内《てらのうち》通（上京区）に集められたことがきっかけであった。

その一つ、寺町通は、北は鞍馬口通から南は五条通まで、道の東側に約八十におよぶ寺院が林立した。なかでも法華宗（日蓮宗）、時宗、浄土宗の諸寺院が移転の対象とされた。これが寺町通の名前の由来である。

寺院が集まると、当然のことながら参拝者も集う。それを目当てに茶店や見世物小屋が建てられ、さらに寺院関連の仏具や経典を扱う店も登場する。寺町通は、ここに、京都屈指の門前町としての賑わいをみせることとなったのである。

## 新京極の誕生

しかし、動乱の幕末をへて明治維新になると、天皇の東行により、実質的な首都機能は東京に移され、千年の都である京都は危機的状況をむかえることになった。

「京都を第二の奈良にするな」をスローガンに、京都府参事槇村正直《まきむらまさなお》は、明治五年（一八七二）寺院の境内地を接収し、空き地に繁華街の建設を計画したのである。

接収された土地は、府から一坪五十銭という、当時としても破格の安さで民間に売りだされたが、最初は買い手がつかず、露天商の元締・阪東文治郎に依頼して、購入者をつのり、ようやく繁華街としての形ができたというエピソードが残されている。

新京極通に面する誓願寺

新しい通りの範囲は、三条通から四条通までの約五〇〇メートル。名称は、平安京時代の東京極にちなみ「新京極」と命名された。

盛り場の体裁をととのえるのは、ようやく明治十年（一八七七）頃になってからで、芝居・浄瑠璃・寄席・見世物といった娯楽施設、茶店・料理屋・煮売屋・蕎麦屋・饅頭屋・菓子屋といった飲食店などが、軒を連ねるようになった。さらに明治三十年（一八九七）には、前年の神戸に続き、日本で二番目に活動写真の試写会が催された。かくして新京極は、大阪千日前・東京浅草とともに、日本の三大盛り場と称されるまでに成長したのである。

新京極通に面した誓願寺《せいがんじ》の門前に、一基の石標が立っている。碑面に刻まれた文字は「迷子みちしるべ」とあり、左面には「をし（教）ゆる方」、右面には「さがす方」と刻まれている。迷子を捜す親は、「さがす方」に子供の特徴を書いた紙を

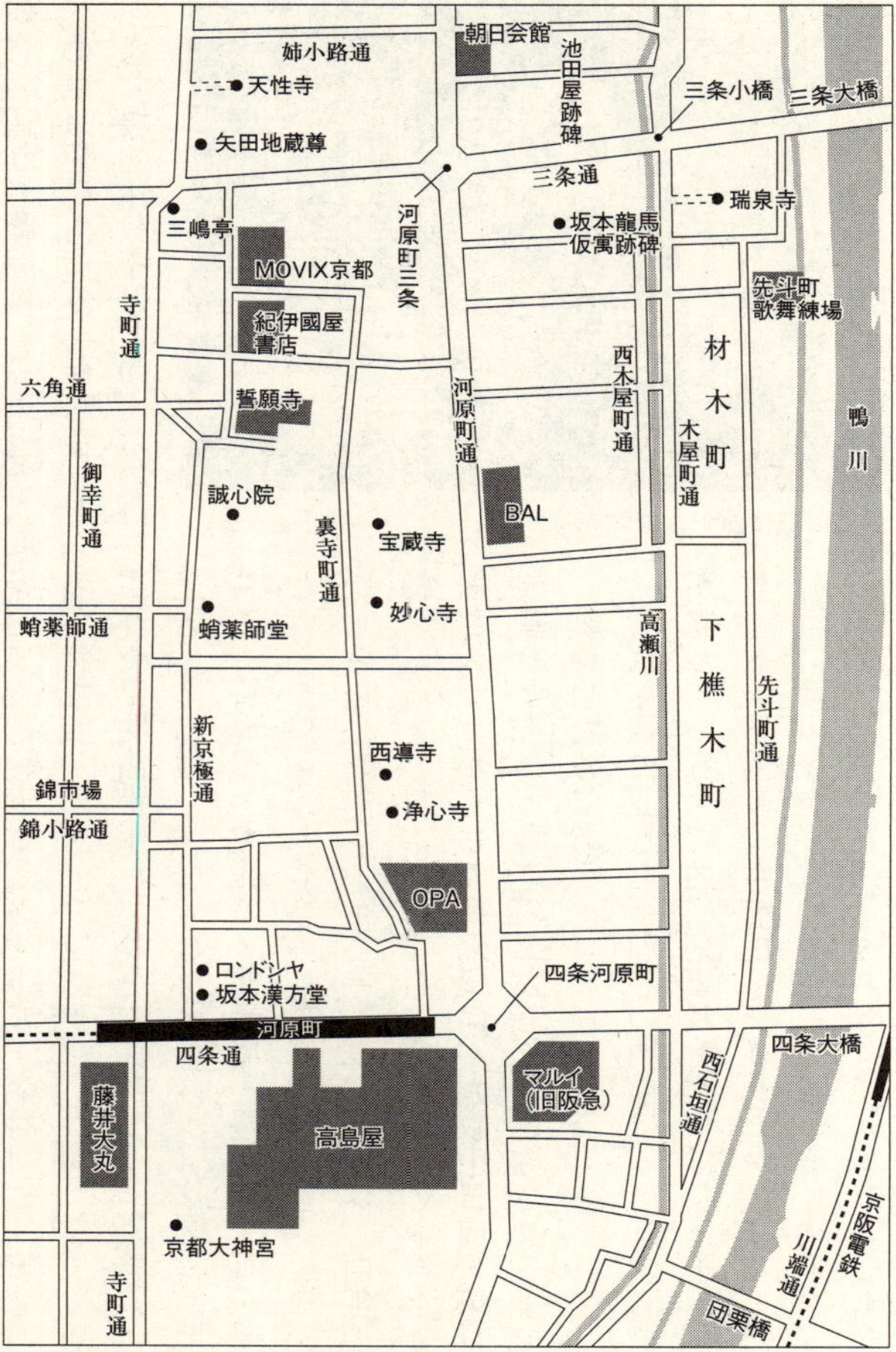
朝日会館
姉小路通
池田屋跡碑
天性寺
三条小橋
三条大橋
矢田地蔵尊
三条通
河原町三条
瑞泉寺
三嶋亭
坂本龍馬仮寓跡碑
MOVIX京都
寺町通
先斗町歌舞練場
紀伊國屋書店
材木町
六角通
西木屋町通
河原町通
誓願寺
木屋町通
鴨川
御幸町通
誠心院
BAL
裏寺町通
宝蔵寺
蛸薬師通
蛸薬師堂
妙心寺
高瀬川
下樵木町
先斗町通
新京極通
西導寺
錦市場
錦小路通
浄心寺
OPA
ロンドンヤ
坂本漢方堂
四条河原町
河原町
四条通
四条大橋
マルイ（旧阪急）
西石垣通
藤井大丸
高島屋
京都大神宮
京阪電鉄
川端通
寺町通
団栗橋

貼り、見つけた市民は「をしゆる方」に貼り紙する。なんとほほえましいシステムではないか。

この石標を造立したのは明治十五年（一八八二）、下京六区（元立誠学区）の人々の心遣いによってであった。このことからも、いかに当時、この通りが人々の往来で賑わっていたかが想像できるだろう。

そんな新京極通も近年、映画館が統合されて「ムービックス京都」として、話題の映画がファンを呼び戻している。さらに若者やファミリーに人気のファッションビルやカフェが登場するなど、急激に新しい装いに様変わりしている。

しかし、古い店舗もまだまだ健在で、新京極四条上ル、マムシゲンの坂本漢方堂は昔ながらの店構えだし、ロンドンヤのかすてら饅頭の製法は、その昔、新京極を訪れた子供たちが、おそらく最初に目にした楽しいオートメーションだったろう。いまも一見の価値は大いにある。

## 寺町通の表情

寺町通の商店街は、新京極にならって「寺町京極」と呼称されるようになり、アーケードも登場した。この通りの三条・四条間は、昔ながらの店舗がまだ残されてはいるものの、隣の新京極と似た表情になってきている。ひと昔前まで数多くあった紳士物の洋服屋もめっきり少なくなり、若者向けのファッションが店頭を飾る。

ただ寺町通は新京極と違って、三条からさらに北、今出川通を越えたあたりまで店舗が続いており、北に行くほど、昔ながらの寺町通の表情を残している。

町名も、今出川の南北には、十念寺前町《じゅうねんじまえ》、立本寺前町《りゅうほんじまえ》、真如堂前町《しんにょどうまえ》、丸太町通の南には、行願寺《ぎょうがんじ》門前町、久遠院前町《くえんいんまえ》など、いかにも寺町通にふさわしい町名が残されている。ひょっとすると、現在繁華街となっている寺町通の南側一帯は、早くから都市化し、寺との関係が希薄になっていたのかもしれない。

さらに、三条名店街と交差する角には、明治六年（一八七三）創業の三嶋《みしま》亭が、牛鍋屋の伝統を引き継ぐ、すき焼の老舗として営業を続けており、三条から北にしばらく歩くと、寛文三年（一六六三）よりお香や文具を扱っている鳩居堂《きゅうきょどう》、さらに北には、宝暦元年（一七五一）創業の書店竹苞楼《ちくほうろう》が、店先のばったり床几《しょうぎ》に、和綴じの書籍を山積みしている。

御池《おいけ》通を過ぎ、二条通まで行くと、梶井基次郎《かじいもとじろう》の代表作『檸檬《れもん》』に登場する果物屋の八百卯《やおう》があったが、いまは店を閉じている。

寺町通は、さらに北へと続き、さまざまに京都の中心地の通りとしての表情を見せてくれる。鞍馬口通の終端まで歩いても約四・六キロメートル。その通りの変化する表情をたしかめながら、そぞろ歩かれてはどうだろう。

## 木屋町通と先斗町周辺

### 大坂と結んだ高瀬川

天正十九年（一五九一）、豊臣秀吉は京都の大規模な都市改造の一環として、京都市街地の周辺を取り囲む「御土居《どい》」を築造した。

この御土居は、東端は現在の河原町通の西側を、南北一直線に通されたが、築造当初、御土居から東側は鴨川の河原が一面に広がっていた。

この広々とした河原に変化が起こったのは、慶長十六年（一六一一）のことである。それは、当代随一の土木技術者として知られた角倉了以《すみのくらりょうい》による、高瀬川《たかせがわ》の開鑿《かいさく》であった。

鴨川の二条で引き入れられた水は、鴨川の西側を南へ、さらに伏見の市街地の西側を通り、宇治川（さらには淀川）に通じることになった。全長約一〇キロメートル。

幕府は、この水路によって、京都と大坂の間に物資運搬のルートを開いたのである。機械力が発達した現代でも困難な土木工事が、秀吉の時代から江戸時代の初期にかけてあいついだのだ。これはまさに、天下人のなせる業《わざ》であった。

高瀬川の名は、物資の運搬に、底が平たい高瀬船が使われたことにより、運ばれた物資も、はじめは材木、柴、薪炭類が主要であった。高瀬川に沿って開かれた木屋町《きやまち》の名称も、これに由来しているが、当初は「樵木町《こりき》」と呼ばれていたようだ。のちには、米や醬油、油、酒と物資の種類が増えていき、それらを扱う商人や船頭が、周辺に集まり住むようになったのである。

## 高瀬川周辺の町名

高瀬川や木屋町の歴史を、周辺にいまも残る町名から探っていくことにしよう。

まず、高瀬川の取水口となった二条通付近は樋之口《ひのくち》町と呼ばれ、その南側の一之船入町は、高瀬船を繫留する最初の船入が設けられたことによる。

いまも、高瀬川の西側に入りこんだ大きな船入が残っており、川面には、俵を積んだ高瀬船が復元されて浮かんでいる。

ちなみに、付近の日本銀行京都支店の地が、角倉了以の屋敷であった。いま、二条通から四条通までの町名を列挙すると、上樵木《こりき》町・下樵木町、上大阪町・下大阪町、材木町、北車屋町・南車屋町、備前島《びぜんしま》町といった町名がみえる。

樵木町は、木屋町のはじめの名称であることは、すでにふれたとおりである。大阪町は、この高瀬川が淀川を介して大坂と通じていたためで、河原町通高辻上ルの天満町、同じく松原下ルの難波町なども、これと同様の事情なのであろう。

木屋町通を流れる高瀬川

車屋町は、物資を牛車で運ぶため車屋が集住していたと思われる。また備前島町は、大坂備前島から船頭を連れてきたことからと伝えられており、船頭町といった町名も四条通の南に残っている。

それらの商人や船頭たちを相手に料理屋も登場した。木屋町二条には、東生洲《いけす》町・西生洲町の町名があるとおり、魚を放す生洲が設けられ、活魚料理を提供する店が、木屋町を行き交う人々の人気を得ていた。

## 鴨川の氾濫と先斗町

木屋町通の一筋東側、三条通と四条通の間に開かれたのが、先斗町《ぽんと》である。開発のきっかけは、幕府が鴨川の氾濫から市街地を守るため、寛文九年（一六六九）に川の両岸に石垣による堤防を築いたことによる。

「先斗」の読みであるポントとは、ポルトガル語の「先」の意で、この付近は、開発以前から「御崎《みさき》」と呼ばれ、岬神社も近くに祀られている。また先斗町通の四条から南へ木屋町と合流するまでの短い区間は、西石垣《さいせき》通と呼ばれている。先斗町とともに難読地名としては上位ランクに入るだろう。

先斗町通には、やがて料理屋や旅籠《はたご》屋が軒を連ねるようになり、遊廓なども誕生した。隣の木屋町通の賑わいをあてにしたものだろうが、江戸時代の後半には芸者も誕生し、のちのことになるが、明治二十八年（一八九五）には、祇園町に対抗して歌舞練場も新設されて、毎年五月には「鴨川をどり」がいまも華やかに催されている。

先斗町は細い通りで、二人並んで歩くと、すれ違うのに人とぶつかるほどである。その両側に料理屋やお茶屋などが建ち並んでいる。

ひと昔前まで、学生たちのコンパは、安い飲み屋の並ぶ木屋町通で、先斗町は近寄りがたかったが、いまでは若者向けの居酒屋や創作料理の店も増え、様子がちょっと違ってきている。

**幕末史跡の密集地**

木屋町通の西側を南北に走る道が、河原町通である。いまは、新京極通などとともに京都屈指の繁華街となっているが、江戸時代初期までは、文字どおり鴨川の河原であった。

本格的な発展は、先にもみた寛文年間（一六六一～七三）の新堤築造にはじまるが、江戸時代には諸藩の藩邸が軒を並べていた。人家の密集した市街地では、広い土地の確保が困難だったのだろう。二条通から南に、長州藩邸（現京都ホテルオークラ）、金沢藩邸、対馬藩邸（現京都ロイヤルホテル）、岩国藩邸、丸亀藩邸、土佐藩邸と並んでおり、さながら武家屋敷町という雰囲気であった。これら鴨川の西側の通りには、幕末の物語のファン必見の史跡が数多く点在している。

三条通の高瀬川に架かる三条小橋の近くには、新選組を一躍幕末のスターダムにのし上げた旅館池田屋があった。いまは同名の居酒屋になっていて、店前には「池田屋

坂本龍馬の仮寓跡の碑

騒動之址」の石碑が立っている。

　その一筋南側の通りにある酢屋は、坂本龍馬が仮寓し、海援隊の京都本部として使われたところ。また龍馬が暗殺された醤油商・近江屋は、河原町通の四条上ル西側に石碑のみを残している。木屋町の三条北域には、桂小五郎と幾松《いくまつ》が潜伏した料理旅館、また「春雨じゃ濡れてまいろう」の台詞で有名な月形半平太のモデル、土佐の武市《たけち》瑞《ずい》山《ざん》の寓居跡金茶寮、そのそばには、天誅《てんちゅう》組を組織した吉村寅太郎の寓居跡もある。佐久間象山や大村益次郎の遭難地碑は、木屋町三条上ルに立っている。まさにこの界隈は幕末史跡のオンパレードといったところである。

　この通りに沿って、老舗の喫茶店があるのも嬉しい。築地、ソワレ、フランソワなどで、幕末の史跡を散策したあとは、レトロな雰囲気の喫茶店で疲れを癒《いや》し、若くして散っていった志士たちに思いをはせるのもいいだろう。

## 山鉾町の周辺

### 七月は祇園祭一色

毎年七月に催される祇園祭は、東京の神田祭、大阪の天神祭とともに、日本の三大祭として、つとに有名である。

七月一日の「吉符入《きっぷいり》（神事始め）」から、一カ月におよぶ祇園祭がはじまり、鉾町《ほこちょう》ではこの日からお囃子《はやし》の稽古も開始される。二階囃子と呼ばれ、この時期、日が暮れた頃、鉾町をそぞろ歩くと、そこかしこから雅びやかな祇園囃子が人通りの少なくなった町々に流れてくる。

七月十日の鉾立《ほこた》てから十六日の宵山《よいやま》、さらに十七日の山鉾巡行で、祭りはクライマックスをむかえる。

宵山の夜ともなれば、山鉾町の町家では、自家の古美術品、屏風、伝統的な衣裳などのお宝を店先に並べ、道行く人々におしげもなく披露してくれる。これが「屏風祭」と呼ばれる、祇園祭のもう一つの見どころである。

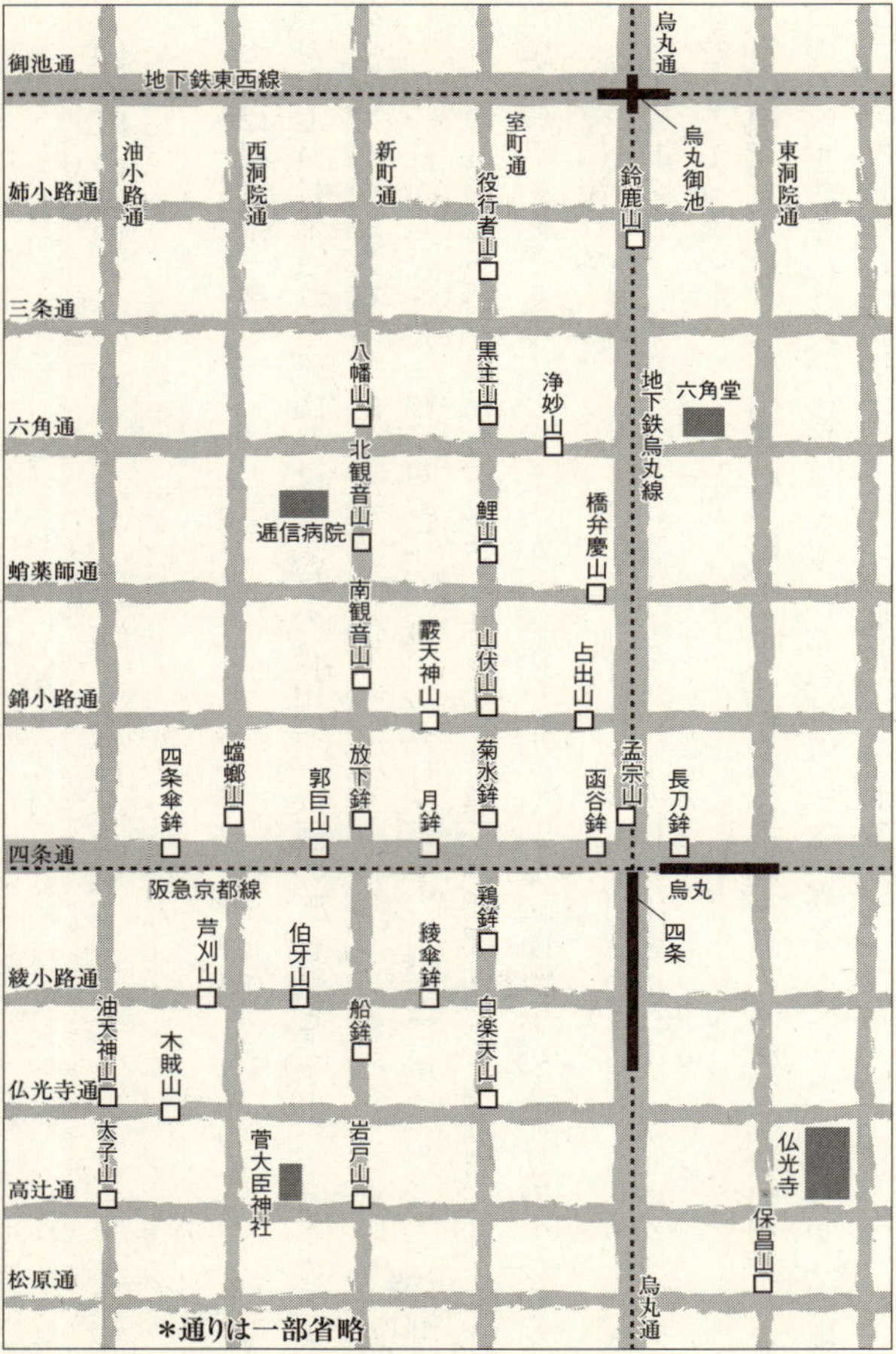
御池通
地下鉄東西線
烏丸通
烏丸御池
東洞院通
室町通
新町通
西洞院通
油小路通
姉小路通
役行者山
鈴鹿山
三条通
八幡山
黒主山
浄妙山
地下鉄烏丸線
六角堂
六角通
北観音山
逓信病院
鯉山
橋弁慶山
蛸薬師通
南観音山
霰天神山
山伏山
占出山
錦小路通
四条傘鉾
蟷螂山
郭巨山
放下鉾
月鉾
菊水鉾
函谷鉾
孟宗山
長刀鉾
四条通
阪急京都線
烏丸
四条
鶏鉾
芦刈山
伯牙山
綾傘鉾
綾小路通
船鉾
白楽天山
油天神山
木賊山
仏光寺通
太子山
菅大臣神社
岩戸山
仏光寺
高辻通
保昌山
松原通
烏丸通
*通りは一部省略

さて祇園祭だが、その歴史は古く、貞観《じょうがん》十一年（八六九）、都に疫病が流行したため、病魔退散祈願として六十六本の矛《ほこ》を立て、神泉苑《しんせんえん》で御霊会がおこなわれた。この神事が、そもそものはじまりというのだ。

それらの矛には、やがて中国や日本の故事にちなむ作り物が加わり、現代のような山鉾へと変貌をとげていく。十五世紀中頃、応仁・文明の乱以前、そういった風流を凝らした山鉾は、前祭で三十一基、後祭で二十七基、合計五十八基が巡行していたというが、乱による長い中絶後、明応九年（一五〇〇）には三十六基に激減していた。

しかし、江戸時代に入ると、京都の発展に歩調を合わせるかのように、祇園祭もより華やかになり、豪華な見送幕《みおくりまく》や意匠を凝らした装飾品などで飾られるようになっていった。それら山鉾の維持は、各山鉾町の人々の、たゆまぬ努力によって現在まで受け継がれている。

## 山鉾町の由来

山や鉾を出す町は、四条通を挟んだ南北の町（現中京区・下京区）で、その範囲は北が姉小路《あねこうじ》通、南が松原《まつばら》通、東が東洞院《ひがしのとういん》通、西が油小路《あぶらのこうじ》通で囲まれた地域である。

それらの町のなかから、山鉾の名前がついている町を列挙すると、左の二十カ町がある。

長刀鉾《なぎなたぼこ》町・役行者《えんのぎょうじゃ》町・鯉山《こいやま》町・橋弁慶《はしべんけい》町・山伏山《やまぶしやま》町・占出山《うらでやま》町・天神山《てんじんやま》町・菊水《きくすい》鉾《ぼこ》町・函谷鉾《かんこぼこ》町・月鉾《つきぼこ》町・鶏鉾《にわとりぼこ》町・白楽天《はくらくてん》町・郭巨山《かっきょやま》町・船鉾《ふなぼこ》町・岩戸《いわと》山《やま》町・蟷螂《とうろう》山《やま》町・傘鉾《かさぼこ》町・芦刈山《あしかりやま》町・木賊山《とくさやま》町・太子山《たいしやま》町となる。

これらの町々の多くは、応仁の乱以前から山鉾を出してきた町なのである。山鉾の名称は、中国や日本の故事、あるいは地元の言い伝えにちなむものなど多彩である。

たとえば函谷鉾は、中国の戦国時代、斉《せい》の孟嘗君《もうしょうくん》が家来に鶏の鳴くまねをさせて函谷関《かんこくかん》を開かせたという故事にちなんでおり、郭巨山は、同じ中国の故事である「二十四孝」に題材を求めたものである。

日本の故事としては、天の岩戸神話に取材した岩戸山、五条橋での牛若丸と弁慶の対決をそのまま人形で再現した橋弁慶山などがあげられる。一方、室町通四条上ル、金剛能楽堂にある名水、菊水の井は、室町時代の茶人武野紹鷗《たけのじょうおう》の手洗いの井戸ともいわれているが、じつはこの名水が、菊水鉾の由来となった。

祇園祭の山鉾を生みだした、かつての町衆たちは、祭りを運営する財力とともに、深い教養を身にまとい、祭りを維持してきたのである。

七月の京都は祇園祭一色

## 山鉾町の町割

京都の地図を広げ、中心街に目をやると、町の形が山鉾町とその他の町では違うことに気づかれるだろう。

その違いは何かというと、山鉾町は、道路で囲まれた町の形が正方形であるのに対し、それ以外の町は細長い短冊型をしていることである。

短冊型の町の区域は、豊臣秀吉が天正十八年（一五九〇）、京都の市街地再開発を企図しておこなった都市改造によって誕生したもので、人家もあまりみられなかった区域である。

それに対し、正方形の町は、その頃すでに人家も密集し、新たに道路を開くなど、開発の必要がなかったのである。つまり、山鉾町の区域の発展は、秀吉より以前の時期にもとめられるのである。

山鉾町の中心の通りは、やはり室町《むろまち》通と新町《しんまち》通だろう。四条室町の交差点は、「鉾《ほこ》の辻《つじ》」と呼ばれている。この交差点に立つと、北の菊水鉾、南の鶏鉾、東の函谷鉾、西の月鉾と、華麗な鉾の姿と情緒あふれるお囃子の音色に浸ることができる。

また二筋西側の新町通と四条通の交差点は、古くから「四条町ノ辻」と呼ばれ、下京の核と認識されており、幕府の法令を記した高札《こうさつ》は、上京の立売ノ辻と四条町ノ辻の二カ所に立てられるのが通例であった。

## 室町通と新町通

ここでは、山鉾町の中心の通りである室町通と新町通について紹介しよう。

この二本の道沿いは、全国有数の和装卸問屋街である。現在では、近代的なビルになった業者も多いが、いまだに、瓦屋根に格子戸という昔ながらの町家店舗も健在である。

扱われる商品もバラエティーに富んでおり、西陣織の帯、京染の呉服、和装小物から洋服まであり、室町織物卸商業組合に加盟している業者だけでも四三〇社にのぼるといわれている。昼間は、商品を運ぶトラックや荷物を運ぶ人々の往来で活気があり、新京極や河原町が繁華街としての顔なら、室町通・新町通など山鉾町の通りは、京都の代表的な商業地区の顔といってもよい。

少し歴史をひもとくと、山鉾町からは少しはずれるが、二条室町付近には、江戸時代前期の宝永元年（一七〇四）から、この地で営業している呉服の老舗、三越《みつこし》があり、現在、三井越後屋京都本店記念公園が、その一角に設けられている。

一方、新町通六角《ろっかく》の六角町（北観音山を出す町）は、かつて両替商三井家の京都本店が置かれたところで、いまは、ひっそりと跡碑が道沿いに立てられている。

また、同じ新町通の蛸薬師《たこやくし》下ルには、安土桃山時代の豪商、茶屋四郎次郎《ちゃやしろうじろう》の屋敷も構えられていた。このように山鉾町は、まさに「都の富」を一手に引き受ける屈指の町々だったのである。

## 市街中心部の通り名

### 短冊型の町割

天正十八年（一五九〇）、豊臣秀吉は、京都の都市改造の一環として、上京、下京の空間地に、南北に幾筋もの新しい道路を通した。これは市街地の再開発を目的としたものである。平安京の町割は、通りで囲まれた一つの区画が正方形であった。その区画の中央に新たに縦筋の道路をつけ、より大勢の町人が居住できるようにしたのである。従来の正方形ではなく、縦に細長いので、その形から後世、短冊型の町割と呼ばれた。

京都には、縦横の通りの名をたくみに詠《よ》みこんだ唄がある。横筋の「まるたけえびすにおしおいけ……（丸太町通、竹屋町通、夷川通、二条通、押小路通、御池通）」という唄はテレビCMにも登場して有名だが、縦筋の唄はあまり知られていない。てら（寺町）ごこ（御幸町《ごこうまち》）ふや（麩屋町《ふやちょう》）とみ（富小路《とみのこうじ》）やなぎ（柳馬場《やなぎのばんば》）さかい（堺町）たか（高倉《たかくら》）あいの（間之町《あいのまち》）ひがし（東洞院《ひがしのとういん》）といって、寺町通から西へ、東洞院通までが詠まれている。右の通りのうち、太字で示した通りが、天正十八年に秀吉がつくった道である。さらに西の、車屋町・両替町・衣棚《ころものたな》・釜座《かまんざ》・小川の各通りも秀吉が通した。

しかし、堺町通から西側の通りは、四条通までのびず、途中で止まっていた。その止まっていた区域が、祇園祭の山鉾町なのである。

## 御幸町通から間之町通

御幸町通は、豊臣秀吉が禁裏御所に参内するとき、この道を通ったことから名づけられたといわれている。その西側、富小路通は、平安京に富小路がすでに開通しているので不思議に思われるかもしれないが、平安時代の富小路は、現在の麩屋町通にあたっているらしい。

堺町通の「堺」は、江戸時代中期の京都の案内書『京町鑑《きょうまちかがみ》』では、町場と原っぱの「境」を示すことから命名されたと記されている。秀吉の当時、つまり堺町通の開通当初は、一筋西の高倉通までが密集した人家のある区域だった。この通りは「材木町通」とも称し、材木業の同業者町でもあった。綾小路《あやのこうじ》通との交差点に綾材木町、三条通以北に大阪材木町・丸木材木町の町名が残されているのも、同業者街の名残なのである。

間之町通は、東洞院通と高倉通の「間」に開通したので、このように呼ばれたと、昔の記録に紹介されている。

前にもふれたが、この通りのうち丸太町以北の町家は、宝永五年（一七〇八）の大火で類焼し、それを機会に御所の拡張がはかられたため、鴨東《おうとう》の仁王門通に移転させられた。引越しをした町人たちは、もとの通り名を懐かしみ、引越し先に新間之町通をつくった。このような通りはほかにもあり、新東洞院通、新車屋町通、新丸太町通といった通り名も、このとき同時にできている。町人たちが、長年住み慣れた町名や通り名を、いかに大切にしていたかの証左である。

### 車屋町通から小川通

車屋町通の由来は、この通りに車鍛冶《かじ》や、牛車を利用した運送業者（車借《しゃしゃく》）が集住していたことによる。一筋東側を南北に貫通する東洞院通は、京都から伏見に向かう竹田街道につながっていた。この竹田街道は、江戸時代、牛車の通行で知られていたことから、牛車に関係する業者が、自然に集まってきたものと思われる。

両替町通は、慶長五年（一六〇〇）徳川家康がいちはやく、この通りに金座を設けたことによるが、それだけが名の由来ではなく、同十三年（一六〇八）には、伏見から銀座も移転してきたことによる。江戸時代のはじめから、この通りは金融に深い関係があった。現在、御池通を上がった元龍池《たついけ》小学校の塀際に、金座跡と銀座跡の石碑が立てられている。ちなみに、小学校の場所が、金座の役人後藤庄三郎の屋敷跡であった。

衣棚通は、先に引用した『京町鑑』に「三条上ル町に袈裟法衣《ほうえ》商ふ店多く有によつて衣店といふ」と記されている。釜座通は、江戸時代の記録によると、釜屋、茶道具屋の存在がみえており、釜製作の職人の同業者町であったようだ。

最後が小川通。ここでいう小川とは、賀茂の二股川から南下して一条通付近で堀川に合流する小河川であったが、室町幕府の九代将軍足利義尚《よしひさ》が造営した御所が、この通りの一条付近にあったことから「小川御所」と呼ばれた。

## 聚楽第と二条城周辺

### 幻の居館聚楽第

織田信長のあとをうけて天下の覇権をにぎった羽柴秀吉は、天正十四年(一五八六)太政大臣に任ぜられるとともに豊臣の姓を賜った。政権の基盤をますます堅固なものとした秀吉は、京都の、「内野《うちの》」と呼ばれる地に、壮麗な居館・聚楽第《じゅらくだい》を建設することになった。「内野」とは、平安京大内裏の跡地であり、大内裏衰退以後、ながらく荒れ地となっていた区域であった。

天正十四年二月頃には、すでに内野で大規模工事がはじまっていたようで、六月頃には、四国や東国から用材が集められ、翌十五年には作庭のための樹木や石が諸家から徴発されている。

新第《しんてい》はほどなく完成したのだろう、十五年九月には、秀吉は新第に移って政務を開始しており、翌十六年四月には、後陽成《ごようぜい》天皇の行幸を実現させるなど、秀吉の勢威は頂点に達していた。

さて、この聚楽第のおよその範囲は、北を一条通、南を出水《でみず》あるいは下立売《しもだちうり》通、東を大宮通、西を浄福寺《じょうふくじ》通で囲まれる一帯であった。城内には本丸を中心に南二之丸、北之丸、西之丸があり、周囲は石垣と堀で囲まれていた。ちなみに堀は、幅二十間（約三六メートル）、深さ三間（約五・四メートル）という途方もない大きさであった。城外には武家屋敷が建ち並び、そのため寂しかった内野も急激な変貌をとげた。

急激といえば、聚楽第の運命もまた急であった。天正十九年（一五九一）秀吉は関白職を甥の秀次に譲るとともに、聚楽第も譲り渡した。しかし両者に生じた不和がもとで、秀次は高野山にて自害、一族も三条河原で処刑された。このとき、聚楽第も破却されることになったのである。

かつて後陽成天皇をむかえ、この世の春と思われた新第も、わずか九年で、その短くも華麗な歴史を閉じることになった。

そして跡地はもとの荒れ地になったのである。

## 地名からみた聚楽第

現在、この周辺が聚楽第の跡地だということを示す証拠は、後述するように多くを町名に頼らなければならないが、わずかに地形的な痕跡も残されている。新出水通智恵光院《ちえこういん》西入ル南側分銅町に建つ松林寺は、墓地・本堂・表門が、五メートルほどの高低差に三段に建てられており、かつての堀の存在を示す段差と考えられている。この堀は、別に天秤堀とも呼ばれていたようで、天秤町の町名が、付近の日暮《ひぐらし》通下立売上ルに残されている。

余談だが、堀跡は、廃城後ごみ捨て場となったらしい。その腐葉土を利用して栽培されたのが堀川牛蒡《ごぼう》だった。

さて武家屋敷の存在をいまに伝える町名は、周辺に十五カ町残されている。少し紹介しておくと、如水《にょすい》町（黒田如水）、弾正《だんじょう》町（上杉弾正大弼景勝《だいひつかげかつ》）、飛騨殿《ひだどの》町（蒲生《がもう》飛騨守氏郷《うじさと》）、常陸《ひたち》町（木村常陸介重茲《しげこれ》）といった類で、以下町名のみを列挙すると、小寺《こでら》町・藤五郎《とうごろう》町・伊勢殿構《いせどのかまえ》町・加賀屋《かがや》町・信濃《しなの》町・福島《ふくしま》町・稲葉《いなば》町・中村《なかむら》町・浮田《うきた》町・中書《ちゅうしょ》町・左馬松《さままつ》町である。

また右にみたような大名ではないが、番組に編成された旗本の居住地も設定されて

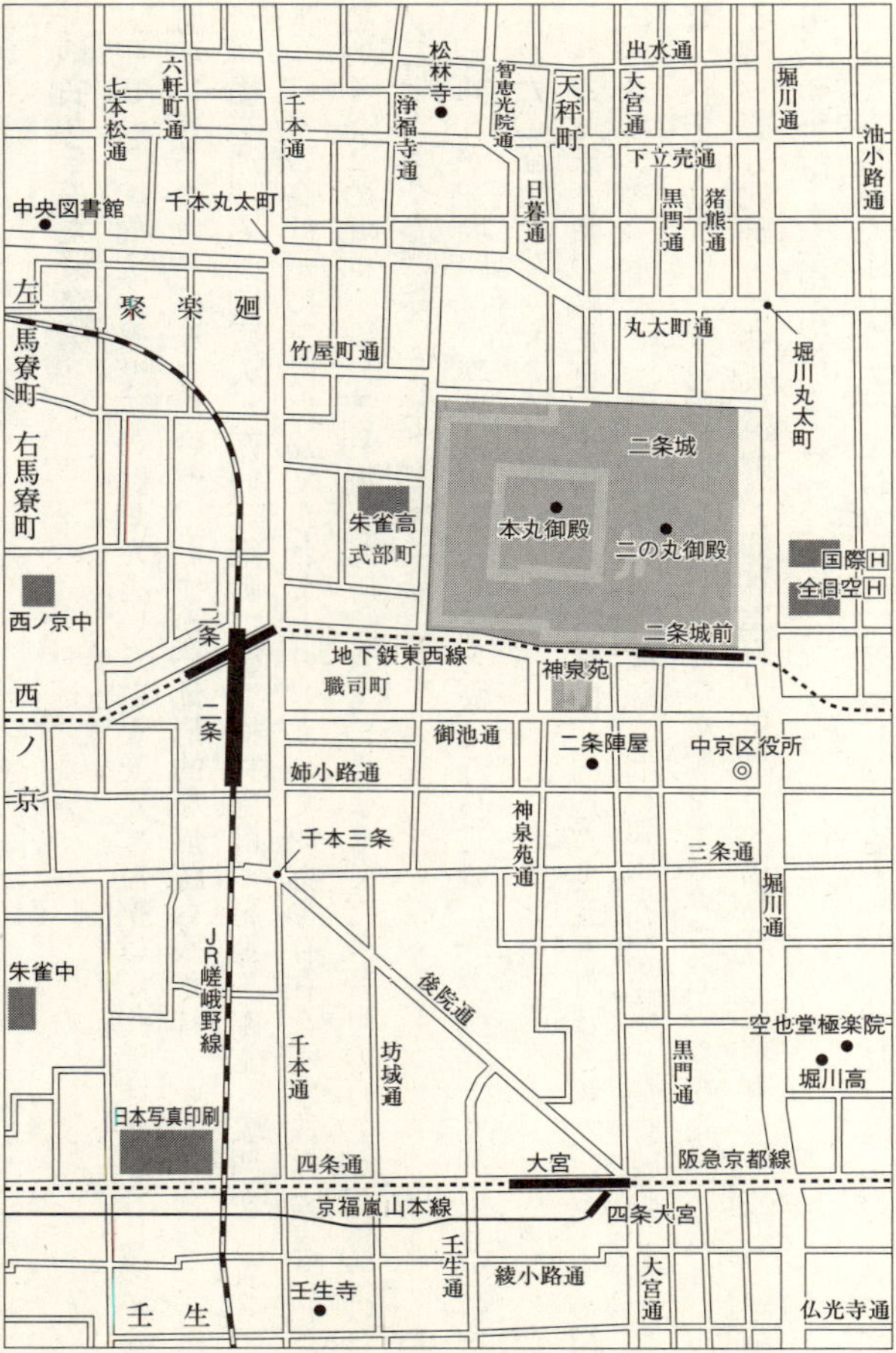
出水通
松林寺
智恵光院通
天秤町
大宮通
堀川通
六軒町通
七本松通
千本通
浄福寺通
油小路通
下立売通
日暮通
黒門通
猪熊通
中央図書館
千本丸太町
左馬寮町
聚楽廻
丸太町通
堀川丸太町
竹屋町通
右馬寮町
二条城
本丸御殿
二の丸御殿
朱雀高
式部町
国際H
全日空H
西ノ京中
二条
二条城前
地下鉄東西線
神泉苑
職司町
西ノ京
二条
御池通
二条陣屋
中京区役所
姉小路通
神泉苑通
千本三条
三条通
堀川通
JR嵯峨野線
後院通
朱雀中
空也堂極楽院
千本通
坊城通
黒門通
堀川高
日本写真印刷
大宮
阪急京都線
四条通
京福嵐山本線
四条大宮
壬生通
綾小路通
大宮通
壬生寺
仏光寺通
壬生

いた。現在、六軒町通仁和寺街道を中心に残されている一番町から七番町までの町名が、その事実を伝えている。

一方、城郭の施設を示す名称としては、黒門通、日暮通などがあげられる。黒門とは、聚楽第の鉄門のことだが、日暮通の由来は何かというと、聚楽第の正門の装飾がことに華麗で、訪れる人々は日の暮れるのを忘れて眺めたことによると伝えられている。

また須浜《すはま》町、須浜池町、山里町、新白水丸町《しんはくすいまるちょう》などは、聚楽第内部の庭園と園池の名残だといわれている。このなかに「白水」という文字があるのは、「泉」の文字を上下に分割したことによると、これものちの書物に記されている。また高台院《こうだいいん》町・高台院竪《たて》町は、聚楽第内部に高台院（秀吉夫人の寧々《ねね》）の屋敷があったことによる。さらに聚楽第の西南部に、江戸時代、聚楽廻《じゅらくまわり》（現中京区）の名を冠した村も登場した。

ちなみに「聚楽」の名称そのものの由来だが、『聚楽行幸記』に記された「誠に長生不老のたの（楽）しびをあつ（聚）むるものか」という一文が示唆的である。ただ異説もある。京に上ることを意味する「入洛」が「じゅらく」と発音されたことから、秀吉入洛の際の新第を呼んだというのである。

高い石垣に囲まれた二条城

## 徳川政権の盛衰と二条城

聚楽第が姿を消して約十年後、徳川家康の時代、内野の地は再び歴史の表舞台に登場することになった。それが二条城である。

二条城の築城は慶長八年（一六〇三）。堀川通に面して大手門を開いた二条城は、いまも修学旅行生や観光客の団体で賑わっているが、現在のような規模になったのは寛永三年（一六二六）のことである。この年、後水尾天皇の行幸があり、それにともなう改築によっていまの姿となったのである。

二条城のそもそもの役割は、徳川家康が征夷大将軍の宣下をうけるにあたって建設された京都の宿館であった。しかし、奇しくも最後の将軍徳川慶喜《よしのぶ》が大政奉還を決定したのも、二条城二の丸御殿の大広間だった。

二条城は、徳川政権の日の出と日の入りの、両方の舞台となったのである。

さて、この二条城の北側には、西国大名と朝廷を監視した京都所司代屋敷が位置し、南と西には京都の民政をつかさどった京都東西町奉行所が、それぞれ睨《にら》みをきかせていた。

いわば、徳川政権の京都における政治の中枢機能が、この周辺に凝縮されていたわけである。双方とも痕跡はなく、御池通大宮下ルに残る二条陣屋のみが、政治中枢であった時代の名残をかろうじてとどめている。

この二条陣屋は、もと両替商・生薬《きぐすり》商の小川家屋敷で、町奉行所などで公事訴訟に携わる諸藩の宿舎としての役割を担っていた。

建築は寛文年間（一六六一～七三）。宿泊者の防御のために隠し部屋や隠し階段が各所につくられ、また防火のため外壁などは漆喰《しっくい》で塗籠《ぬりごめ》にするなど、かなり工夫が凝らされている。九谷焼の釘隠し、紅葉の一枚板の書院など、建物の意匠の細部にも目を見張るものがある。

この二条陣屋の建物は現在、重要文化財に指定されており、邸内の見学は予約が必要ではあるが、一般に公開されている。

# 西ノ京と壬生界隈

## 平安時代の名残

京都市中京区の二条城の西側、西ノ京《にしきょう》と総称される一帯には、不思議なことに、平安京にルーツをもつ町名が集中して残されている。

その町名は、西ノ京右馬寮《うまりょう》町・同左馬寮《さまりょう》町・同銅駝《どうだ》町・同式部《しきぶ》町・同職司《しょくし》町・同大炊御門《おおいごもん》町・同南大炊御門町・同三条坊町《さんじょうぼうまち》である。

最初に、現在の西ノ京北東部分が、平安時代、大内裏の南西部分にあたっていたということを確認しておきたい。さて、右の町名のうち右馬寮町・左馬寮町・式部町・職司町についてだが、これは平安京大内裏の内側あるいは近接した地区にあった役所の名前にルーツがもとめられる。

まず左右馬寮は、大内裏の南西隅に、南北に並ぶ役所で、朝廷行事で使う馬の飼育などを担当する部署である。また式部とは、大内裏南端にあった朱雀門のすぐ東側に位置した役所で、文官の位記、礼儀など人事一般をつかさどる役所のことで、正式には式部省と呼ばれていた。

ちなみに、朱雀門から平安京南端の羅城門まで通じていたのが朱雀大路。それはほぼ現在の千本通にあたっている。だから、現在の式部町は、千本通より東側、つまり大内裏朱雀門より東、先の左右馬寮町は千本通より西側、つまり大内裏では朱雀門より西側に位置していたのである。

また職司町だが、これは平安京の司法・警察などを担当した京職《きょうしき》という役所であった。この京職は、大内裏朱雀門外の南に、朱雀大路を挟んで左右（東西）二カ所に設置されていたから、西の京に残る職司町は、千本通より東にあるため、左京職（当時は、南面する大極殿から見た左右なので、逆になる）とみてよいだろう。

つぎに銅駝町は、平安時代、京域をブロックに分け、各々のブロックに名称がつけられていた。大内裏の西側には「銅駝」と命名されたブロックがあったことから、現在の町名となった。

さらに平安京には坊門小路と呼ばれる道路があり、先に列挙したうち三条坊町は、この三条坊門小路の道路上にあたっていたことにより発生した町名なのである。また大炊御門町、南大炊御門町だが、これは大内裏の南端を限る東西通りである二条大路の北側に、大炊御門大路が走っていたことから命名されたと判断される。

最後に、なぜこの地域に数多くの平安京、しかも大内裏にルーツをもつ町名が残されたのかということだが、大内裏が鎌倉時代になり荒廃し、この付近一帯は内野と呼ばれる荒れ地になった。しかし、その東半分に聚楽第や、のちには二条城が設けられたことから、その区域では町名もそれら新しい諸施設にルーツをもつ町名へと変化していったと考えられる。

したがって、現在の西ノ京は、それら後世の開発からはずれた地域であったため、現代にいたるまで、はるか昔の平安京時代の町名が純粋に残されたといえるだろう。

## 京野菜の里

壬生《みぶ》とは、ほぼ東西を大宮通と西大路通に、南北を三条通と五条通に挟まれた地域をさす地名である。難読地名の一つだが、昔は「水生」と記され、のちに現在の文字があてられるようになった。というのも、「壬」は干支《えと》では「みずのえ」と発音し、水に通じる文字だったからである。

その名のとおり、古来、湧き水が多く湿潤であったため、住環境には適さず、平安京が開かれたときには京域の中央部であった壬生の地も、そののち早くに荒廃したようだ。ちなみに、壬生の中央を南北に通る坊城《ぼうじょう》通の名は、平安京の通りである坊城小路（朱雀大路の一筋東側の南北路）に由来しており、この地が中心部であった頃の名残といえる。

それはともかく、湿潤な土地柄は、一方では耕作に適した土地であったといえ、江戸時代ともなれば、近郊栽培が盛んとなり、壬生《みぶ》菜《な》や芹《せり》の特産地となった。また壬生の南側に位置する中堂寺《ちゅうどうじ》は、大根の生産地として知られており、いわゆる「京野菜の里」だったのである。明治期の地図でも、壬生の一帯は、水田の記号でうめつくされていた。この地域の都市的な発展は、ずっと近年になってからのことである。

壬生寺の境内にある近藤勇の胸像

## 壬生狂言

壬生といって、すぐに思いつくのは、壬生寺の狂言と新選組だろう。

壬生寺は、律宗の別格本山で、正暦二年（九九一）奈良の唐招提寺を開いたことで有名な鑑真《がんじん》和上の創建になる寺院である。宝幢三昧院《ほうどうさんまいいん》とも壬生地蔵、地蔵院とも呼ばれた。

現在の本堂は、昭和三十七年の火災後の再建だが、いまも祀られる本尊の地蔵菩薩像は、鎌倉期の作として重要文化財に指定されており、京都二十四地蔵、洛陽四十八体地蔵の第一番目にあげられる。

この名刹を舞台に四月と十月に、壬生大念仏狂言（国指定無形民俗文化財）が演じられる。これは、仏教の教えを広めるため、鎌倉時代から興行されるようになった無言劇であり、鳴物は鉦《かね》と太鼓と笛だけで、その音から、壬生狂言は「ガンデンデン」と愛称されてもいる。

二月の節分の日、壬生寺の周辺の狭い道路に露店が並び、参道も参拝客でごった返す。参拝者の人波に押されながら、素焼の「炮烙《ほうらく》」に家族の性別と年齢（数え年）、祈願の言葉などを墨で書き、奉納する。

このときの狂言では、鬼に酒を飲ませて退治するという「節分」の演目のみが興行されるが、ついで四月二十一日から九日間開催される春の興行も広く知られている。その日最初の演目「炮烙割」では、狂言堂の舞台の縁に、人々が節分に奉納した「炮烙」を積み上げ、つぎつぎと落として割っていくのだ。厄除けの一種だが、見ていてなんとも小気味がよい。

秋の興行は、体育の日とその前の土・日曜日。演目は一日五、六番組だが、何年も通いつめて全部の演目を見る人も多く、根強いファンをもっている。

## 新選組の屯所

この壬生寺の正門を出て、北（左）に曲がり、しばらく行くと、道の左手に八木家がある。ここが、幕末、壬生浪《みぶろ》と呼ばれて恐れられた新選組発祥の地である。

文久三年（一八六三）、清川八郎が江戸で浪士組を組織し、京都に上ったが、清川は尊王攘夷派と気脈を通じていたため、浪士組は分裂。その多くは江戸に帰ったが、壬生の地に残留した一派がいた。近藤勇、土方歳三、芹沢鴨らである。彼らは京都守護職松平容保《かたもり》のお抱え（支配）となり、新選組を結成した。その屯所が、壬生村郷士・八木源之丞宅であった。近年、同家は公開され、多くの新選組ファンが訪れる。

もう一軒の屯所が、八木家と道路を挟んだ向かい側、旧前川家（現田野製袋所）である。この敷地の一角には、新選組を一躍有名にした池田屋騒動に際し、古高俊太郎《ふるたかしゅんたろう》が新選組に捕らえられ、身の毛もよだつ拷問をうけた蔵が残されているという。この新選組隊士の墓が、先ほどの壬生寺にあり、近藤勇の胸像もつくられている。

## 立売の町と錦市場

### 民間市場の発祥地

上京区には、立売《たちうり》と名のつく通りがある。北から上《かみ》立売通、中《なか》立売通、下《しも》立売通と東西に走る三本の道路がそれであり、道沿いには立売を冠した町名が残されている。また下京区と中京区の境を東西に走る四条通には、立売東町、立売中之町、立売西町といった町名もみえている。

「立売」とは、その文字から想像できるように、常設の店舗を構えず、道路上や人家の軒下を借りて店を出す販売方法のことをさす。魚や青物（生鮮野菜）などを売る人々が店を広げる市場が、京都の各地で開かれていたのであろう。

かつて平安京には、東市・西市と呼ばれる官設の市場があったが、商業活動が盛んになってくると、固定された場所以外でも、取引がおこなわれるようになったのである。

先の上中下の立売通は、鎌倉・室町時代に市場街として発展したところで、南北朝時代には、上京の立売ノ辻（室町通と上立売通の交差点）、四条町（四条通と新町通の交差点）での立売を禁止する法令が出されている。これらの二カ所は、上京・下京のそれぞれの中心に位置しており、人通りも多く、幕府の高札も、この二カ所に立てられるのが通例であった。

これらの市場には、京都周辺から振売《ふりうり》（行商）が入りこんでおり、近江膳所《ぜぜ》の粟津《あわづ》供御人《くごにん》（朝廷に魚介類を献上していた商人）も、十五世紀には魚のほか青物、竹などを取り扱うようになっていた。立売は、やがて常設の店舗へと発展し、在地の商人たちと紛争を起こしながらも、商圏を拡大していったのである。

観光客が多くなった錦市場

## 京の台所錦小路

四条通の一筋北側、錦小路《にしきこうじ》通の烏丸通以東には、東魚屋《うおや》町・中魚屋町・西魚屋町の町名が残されている。これも、魚市の立つ小路だったのだろう。現在は、錦市場《にしきいちば》といい、京都の台所として賑わいをみせている。

この錦小路には、およそ食料品とはかけはれた通り名の由来が残されている。鎌倉時代初頭に編まれた説話集『宇治拾遺物語』に載っている話である。清徳聖《せいとくひじり》なる仙人には、人間の目には見えない数万の「餓鬼・畜生」がついていて、ある日十石の米をぺろりとたいらげたあと、小路を歩きながら「黒きえど」（大便のこと）を長々とした。そこで、この通りは「屎《くそ》小路」と呼ばれるようになった。それを伝え聞いた天皇は、あまりにも汚いと思われ、四条の一筋南に綾小路があるから「綾錦」にちなんで錦小路にせよと仰せられたというのである。

とても本当の話とは思えないが、天喜《てんぎ》二年（一〇五四）後冷泉《ごれいぜい》天皇の宣旨によって「具足《ぐそく》小路」を「錦小路」と改名させたという記録も残されている。ただ実際には「屎小路」とも呼ばれていたらしく、「具足」が「屎」と訛《なま》ったのだろう。そうであれば、魚屋の市場が立つ以前は、具足を商う業者が集住していたのかもしれない。地名の由来は、なんとも複雑である。

## 北野さんと西陣周辺

### 北野天満宮の由来

北野の地名は、平安京大内裏の北方の野であることから呼ばれたもので、蓮台野《れんだいの》、紫野《むらさきの》などとともに、京の七野の一つに数えられていた。

承和三年（八三六）この地に遣唐使の航海安全を祈って天神地祇《てんじんちぎ》が祀られ、つづいて延喜《えんぎ》四年（九〇四）五穀豊穣祈願として雷神が祀られた。

この雷神が祀られた前年の延喜三年二月二十五日、中央政界での陰謀によって大宰府に左遷されていた菅原道真が亡くなった。その後、平安京では、道真を追い落とした藤原時平《ときひら》の不慮の死、清涼殿への落雷など、不吉な事件があいつぎ、いつしか道真の怨霊によるものと噂されるようになった。

やがて道真の霊を祀る動きが起こり、天徳三年（九五九）右大臣藤原師輔《もろすけ》が神殿を増築、神宝を献じて正式に道真が祀られ、北野天満宮は学問・文芸の神として崇められることになった。「学問の神様」として、受験生たちの「頼みの綱」の役割をいま

梅の名所　北野天満宮

にはたしているのだから、道真の威力もすばらしいものがある。

さて、天正十五年（一五八七）十月一日、天満宮境内において、豊臣秀吉みずからが亭主となり、千名を超える来会者を得て催された北野大茶会は歴史上有名であり、その縁でもなかろうが、同社西側、紙屋《かみや》川沿いには、茶会と同年に築かれた御土居の数少ない遺構を、いまも見ることができる。

また、道真の祥月命日である二月二十五日には、道真が都を離れるにあたって詠んだ梅の歌にちなみ、梅花祭《ばいかさい》が華やかにおこなわれる。参道には露店が建ち並び、上七軒《かみしちけん》の舞妓・芸妓の接待によるお茶席も設けられる。

この上七軒は、室町時代、天満宮の再建用材の余り材で、七軒の水茶屋が建てられたことにはじまる。昭和二十七年からは毎年四月中旬、北野会館で「北野をどり」が催され、多くのファンを集めている。ちなみに、天満宮の南辺から南北に通じる御前《おんまえ》通は、天満宮の御前、正面にあたることから、近代以降に名づけられた通り名である。

## 応仁の乱と西陣の名

北野天満宮の東側一帯に、西陣《にしじん》の地名が残されている。

これは、応仁元年（一四六七）にはじまる応仁・文明の乱に際して、東軍細川勝元《かつもと》が寺町今出川上ルの「花の御所」に拠ったのに対し、西軍山名宗全《やまなそうぜん》が本陣とした自邸がこの近辺にあったことにより生まれた地名である。宗全の邸宅は、堀川通上立売下ル山名町にあり、邸宅跡碑が立てられている。

西陣といえば西陣織だが、この地と織物の関係は古い。平安時代の中頃、織部司《おりべのつかさ》の織手がこの地で活動をしたことにはじまり、室町時代には、大舎人《おおとねり》座と呼ばれる綾織が記録に登場する。この大舎人座が西陣に集住したのに対し、練貫《ねりぬき》座と呼ばれる絹織りの集団が、今出川通の北、室町通と小川通に挟まれた、かつての東軍の陣所において活動していた。

織手の職人たちは、応仁の乱によって四散し、一部は堺に移住していたが、乱後、西陣の地に続々と戻ってきた。西陣機業の発展はその後も続き、元禄年間（一六八八

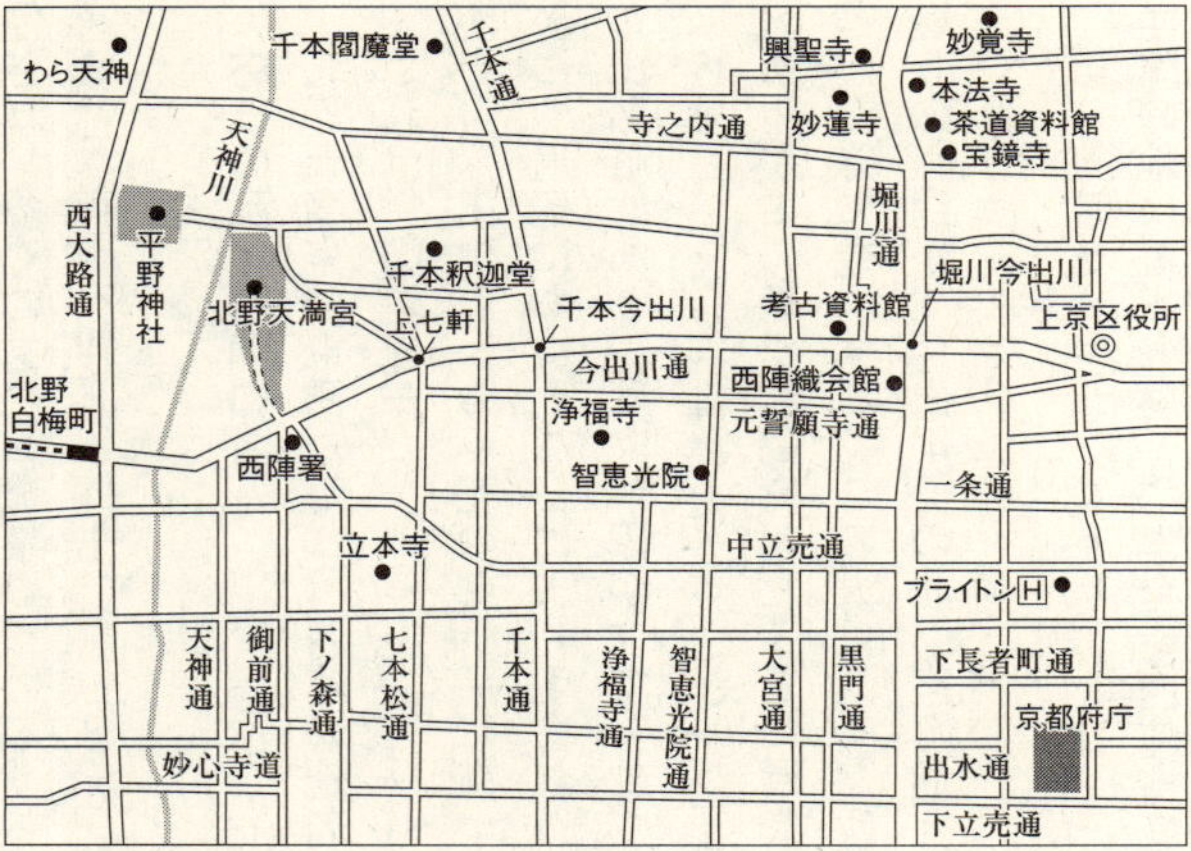


〜一七〇四）になると、堀川通以西、七本松通以東、一条通（中立売通）以北、今宮神社御旅所以南の地、百六十町を超える大機業地へと発展した。

そして明治維新後には、ジャガード機などの洋式織機も導入され、手機から機械織への工業化をはたすことになった。

## 西陣界隈を歩く

昭和五十一年、西陣五百年記念事業の一環として、西陣織会館が、堀川通今出川下ルに新築移転された。ここでは西陣織の展示、即売のほか、手機の実演や着物ショーが催され、西陣織普及の拠点となっている。もとの西陣織物館は、今出川大宮東入ルに大正四年（一九一五）に建築されたもので（現京都考古資料館）、玄関前には「西陣」と大書された石碑が立っている。

さて、西陣織会館では近年「そぞろ歩き西陣」と題したイラストマップつきのパンフレットを制作、配布して西陣の町を広報している。それを開くと、西陣織の糸屋さん、織屋さん、染屋さん、手機の部品を製造する職人さん、西陣織の展示場などが、ふんだんに紹介されている。

西陣を散策される方にはおすすめで、筆者もこのマップを頼りに歩いてみた。一歩西陣に足を踏み入れると、製織機のリズミカルな音が、あちこちの町家の奥から聞こえてくる。また色とりどりに染められた糸を山積みにしている店など（西陣織は先染である）、歩いているだけで楽しくなってしまう。

さらに近年の傾向だが、「京町家《きようまちや》」と呼ばれる町家を利用して、写真や絵画のギャラリーを開いていたりシャレた飲食店にしたり、なかには町家そのものを、耐震性など居住環境の実験場としているグループがいたりと、古い伝統をもつ西陣が、新しい歩みをはじめている様子がうかがえる。

### 千本通

さて西陣地区の西寄りを南北に縦貫する大通りが、千本通である。平安京が開かれたときは、その中心軸となる朱雀大路の位置にあたっていたが、いつの頃からか千本通と呼ばれるようになった。それには、菅原道真にまつわる言い伝えがある。

天慶《てんぎょう》四年（九四一）日蔵上人の夢に醍醐天皇があらわれ、自分は無実の臣下を左遷したことから地獄の苦しみをうけている、千本の卒塔婆《そとば》を立てて供養してくれと告げた。そこで、夢から覚めた日蔵は、船岡山に千本の卒塔婆を立てて弔った。そのため、船岡山の南に通じる通りを千本通と名づけたというのである。

ちなみに船岡山の西方を蓮台野《れんだいの》といい、東の鳥辺野《とりべの》、西の化野《あだしの》とともに葬送の地とされた。蓮台野の地名は、千本閻魔堂《えんまどう》（引接寺《いんじょうじ》）の大念仏狂言を創始した定覚上人が、この地で二十五三昧の法会を修したとき、蓮花化生《れんげけしょう》したことから名づけられたといい、同寺では平安時代中期の仏師定朝《じょうちょう》の作と伝える閻魔王像が祀られている。

蓮台野から北野の東にのびる千本通には、右にみたように、冥界に通じる伝えが残されることになった。

洛東
《二》
エリア
貴船神社
鞍馬寺
三千院
左京区
北区
比叡山
延暦寺
上賀茂神社
修学院離宮
愛宕神社
神護寺
右京区
金閣寺
下鴨神社
滋賀県
大津市
上京区
銀閣寺
京都御苑
天龍寺
亀岡市
中京区
東山区
毘沙門堂
松尾大社
京都駅
下京区
西京区
桂離宮
清水寺
山科区
東寺
南区
伏見稲荷大社
醍醐寺
向日市
伏見区
光明寺
長岡京市
長岡天満宮
宇治市
大阪府
離宮八幡宮
大山崎町
久御山町
宇治上神社
平等院
八幡市
石清水八幡宮

# 円山公園周辺と知恩院

## 円山公園と時宗の寺

八坂《やさか》神社の東側、円山《まるやま》公園は桜の名所として賑わいをみせ、とくにしだれ桜は有名である。ライトアップされたこの夜桜の美しさに人々はしばし陶酔する。しかし江戸時代にはこの感激はみられなかった。じつはこの桜は二代目で、その前は祇園感神院《ぎおんかんじんいん》（現八坂神社）の執行《しぎょう》の庭に生えていたものといわれている。明治維新後の廃仏毀釈による祇園感神院や安養寺《あんようじ》の上地（政府への上納）などによって、明治十九年（一八八六）に京都で最初の公園となる（背後の円山より命名）。それ以降、この桜をわれわれは愛でることができるようになった。大正初期、平安神宮や南禅寺周辺の大邸宅の庭をつくった小川治兵衛が公園を設計して今日の景観ができた。

公園内にはあちらこちらに桜が見られ、人の目を楽しませているが、江戸時代の花見はもっと高所で催され、公園の山側の双林寺《そうりんじ》、長楽寺《ちょうらくじ》、安養寺《あんようじ》あたりであった。いずれも時宗の寺である。

長楽寺は眼下に市中を眺望できる見晴らしのよい場所にあり、鎌倉期に書かれた『拾芥抄《しゅうがいしょう》』には宇多天皇の時代に祇園の東に建立されたとし、江戸時代の『山州名《さんしゅうめい》跡志《せきし》』には「延暦年間（七八二〜八〇六）に伝教大師《でんぎょうだいし》最澄が唐からの帰国の際に、龍神に乗った千手八臂《せんじゅはっぴ》十一面観音像があらわれ、袖に入った。その像を安置する寺を桓武天皇が建立し、この地の景観が唐の長楽寺に似ていることから同じ寺号にした」と書かれている。

長楽寺の参道

長楽寺はすでに平安時代の『今昔物語集』に登場する。巻十三には長楽寺の僧が供花を採りに山に入ると、法華経を読誦しながら入定《にゅうじょう》（死ぬこと）する尼僧に会った話、巻三十一には一条天皇の時代に、画師の巨勢広高《こせのひろたか》が当寺の新しい堂舎に地獄絵を描いたことが記されている。

また『平家物語』灌頂《かんじょう》の巻には平家滅亡後、文治元年（一一八五）五月に建礼門《けんれいもん》院徳子《いんとくこ》が当寺の阿証房印西《あしょうぼういんせい》を戒師に髪を落として、出家したと記されている。ただ、大原の来迎院で得度したという説もある。

その建礼門院が、西海で入水した子息、安徳《あんとく》天皇の着用した直衣《のうし》を奉納した。それを寺で幡《ばん》（仏殿の飾り）十六流に仕立てたもののうち、今日、二流が伝来している。また、本堂の背後、将軍塚にいたる道に江戸後期の儒学者頼山陽《らいさんよう》の墓がある。

その長楽寺の北側に安養寺がある。当寺は寺伝によると延暦年間（七八二〜八〇六）に最澄が創建し、中世、建久《けんきゅう》年間（一一九〇〜九九）に、歌人でもあった天台座主慈《じ》鎮《ちん》（慈円《じえん》）が復興して青蓮院《しょうれんいん》末にした。その慈鎮がここに隠棲して、湧き出る清水にちなんで名づけた吉水《よしみず》房を建て、そこが法然上人の布教の場となった。ここで親鸞も法然から教えを得た。その後、国阿《こくあ》上人が入って時宗となった。

近世に入ると、知恩院の寺地拡大によって削られたが、安養寺の塔頭六坊、すなわち多蔵庵《たぞうあん》春阿弥《しゆんあみ》（眼阿弥《がんあみ》とも）、勝興庵《しょうこうあん》正阿弥《しょうあみ》、長寿庵（院とも）左阿弥《さあみ》、花洛庵重阿弥《じゆうあみ》（庭阿弥・端の寮とも）、多福庵也阿弥《やあみ》、延寿庵連阿弥《れんあみ》があり、遊興の場となっていた。その盛況のさまは『都名所図会』『都林泉名勝図会』などにみえる。これらの坊では夫婦の僧が接待に出たといわれている。

明治期になると、重阿弥、連阿弥が也阿弥に合併されて、洋風の也阿弥ホテルとなった。火災ののち、再建し、外国人向けのホテルとして営業したが、その後焼失して姿を消した。同じように正阿弥、春阿弥も明治末期の火災でみられなくなった。六坊で唯一、残存する左阿弥は現在も料亭として営業を続けており、織田信長の弟、有楽斎長益《うらくさいながます》の子である道八頼長の墓が保存されている。

知恩院の境内と東山

## 浄土宗の総本山知恩院

江戸期に書かれた『日次記事《ひなみきじ》』には京都市中の桜の名所があげられているが、一重桜のもっとも美しいのが知恩院で、八重桜の場合には仁和寺、清水寺、大谷、高台寺をあげている。仁和寺を除けば、いずれも東山山麓である。

桜花爛漫、東山はまさに「蒲団着て寝たる姿はなまめかし」となるわけである。「東山へ都をうつす花見哉」「東山は花の都のみやこかな」と詠まれているが、この時季ともなれば、現在と同様に、東山は都の人々でうめつくされたのである。

その東山山麓に大伽藍をもつ知恩院は、いうまでもなく浄土宗総本山である。宗祖の法然は美作国《みまさかのくに》（現岡山県北部）の久米郷押領使漆間《うるま》時国の子として誕生した。父時国が殺されたことが契機となって出家したといわれている。

幼少より無常観をもった英才の法然は十五歳で比叡山にのぼって、修行に励み、恵心僧都源信《えしんそうずげんしん》の浄土教に心を打たれて、念仏の行を勤めるようになった。阿弥陀如来を信じ、この仏のいる浄土へ行くために、もっぱら「なむあみだぶつ」と唱える専修念仏《せんじゅねんぶつ》を説いた法然のまわりにはたくさんの信者が集まったが、叡山では異端視された。

そこで承安《じょうあん》五年（一一七五）に山を下り、法然は一時期、西山の広谷にいたが、その後、東山大谷の吉水に移り住んだ。この庵は吉水の中の房といわれ、現在の御影堂のあたりにあった。その庵には、関白にもなった九条兼実《かねざね》やその娘で後鳥羽院の中宮宜秋門院《ぎしゅうもんいん》任子などをはじめ、多くの帰依者が集まった。

その信者のなかで後鳥羽院の侍女二名が出家したため、院の勘気にふれ、法然は建永二年（一二〇七）に四国に流された。同年赦免されたが、当初、京都に入ることは許されず、摂津の勝尾寺に身を寄せ、やっと建暦元年（一二一一）に許されて帰洛した。

以前いた吉水の房が荒廃していたため、青蓮院の慈鎮（慈円）の世話で、南禅院

（大谷の禅房）に住むことができた。慈鎮は法然の庇護者であった九条兼実の弟である。帰洛の翌年正月二十五日に法然は終焉をむかえることとなる。その亡骸《なきがら》は弟子たちによって、大谷の禅房の東側に葬られ、廟堂（大谷墓堂）が建てられた。この場所が専修念仏の中心となり、隆盛さを誇ったため、比叡山衆徒に妬みをかって嘉禄《かろく》三年（一二二七）に破壊された。

このことを事前に知った弟子たちが遺骨を嵯峨に移して、さらに安貞二年（一二二八）十七回忌の忌日に西山粟生《あおう》で荼毘《だび》に付した。この場所に建てられたのが粟生の光《こう》明寺《みようじ》である。

このように当時の比叡山の勢力は想像を絶するものであった。法然をはじめ、鎌倉仏教の宗祖たちや宗派は何らかの形で迫害をうけたが、このことは新興仏教の勃興を阻止する旧仏教に、信仰者を惹きつける魅力がなくなっていたことの証左である。

その後、文暦《ぶんりやく》元年（一二三四）、法然の二十三回忌にあたり、弟子の勢観房源智らが廟堂を再興し、遺骨を安置するとともに堂舎も建てた。今日の知恩院という名称がいつからみられるようになったかは詳らかではない。しかし、変遷が示すように知恩院の根本はあくまでも、宗祖と仰ぐ法然の墓である廟堂にあるといえる。

## 知恩院を庇護した徳川将軍

今日の堂々たる寺観は江戸時代、徳川氏によって庇護されたためである。以前から浄土宗を信仰していた徳川家康は征夷大将軍になった慶長八年（一六〇三）、前年亡くなった生母於大《おだい》の方の菩提を弔うために、知恩院の寺域の拡張・整備と伽藍の造営を命じた。現在の大方丈付近にあったといわれる禅寺常在光院、聖徳太子を祀る速成就院《そくじょうじゅいん》、親鸞聖人の廟堂などを移転させ、寺域を三段に分けた。上の段は東山、中の段には御影堂・方丈などの諸建物、下の段には二十余りの塔頭が整理された。

諸建物のなかでひときわ目立つ正面の三門は日本で最大の楼門で、元和《げんな》五年（一六一九）に家康の遺志を継いだ秀忠によって建立された。諸堂の多くは寛永十年（一六三三）火災で焼失したため、三代将軍家光によって再興されたが、それが今日の知恩院の景観をつくっている。

家康は知恩院に宮門跡を置くことを後陽成天皇に請願して許され、天皇の皇子良純法親王が入寺した。このことは朝廷との関係を密にして寺格の向上をはかり、従来から権威をもつ大寺と肩を並べるようにするためである。

それを企てたのは第二十九代住持の尊照《れんしょう》である。尊照は公家の万里小路《までのこうじ》秀房《ひでふさ》の孫であったが、家康の猶子《ゆうし》となった。そのため知恩院への庇護も大きかったといえよう。

もっとも、辣腕の尊照が壮大な知恩院につくりあげることができたのは、前に述べたように家康が浄土信仰をもっていたことによる。しかし、権謀術数の家康がたんなる浄土信仰の念から知恩院を豪壮な構えにしたのではなく、朝廷の謀反に備え、二条城と同様に要塞的なものにしたという俗説もみられる。

明治維新によって幕府の庇護はなくなったが、今日でもその堂々たる伽藍に象徴されるように、浄土宗の総本山であり、洛中有数の名刹である。

徳川秀忠が建立した知恩院三門

**知恩院の七不思議**

最後に巷間で知られている知恩院の七不思議についてふれておこう。

法然の御影を安置する本堂（御影堂）の右軒下

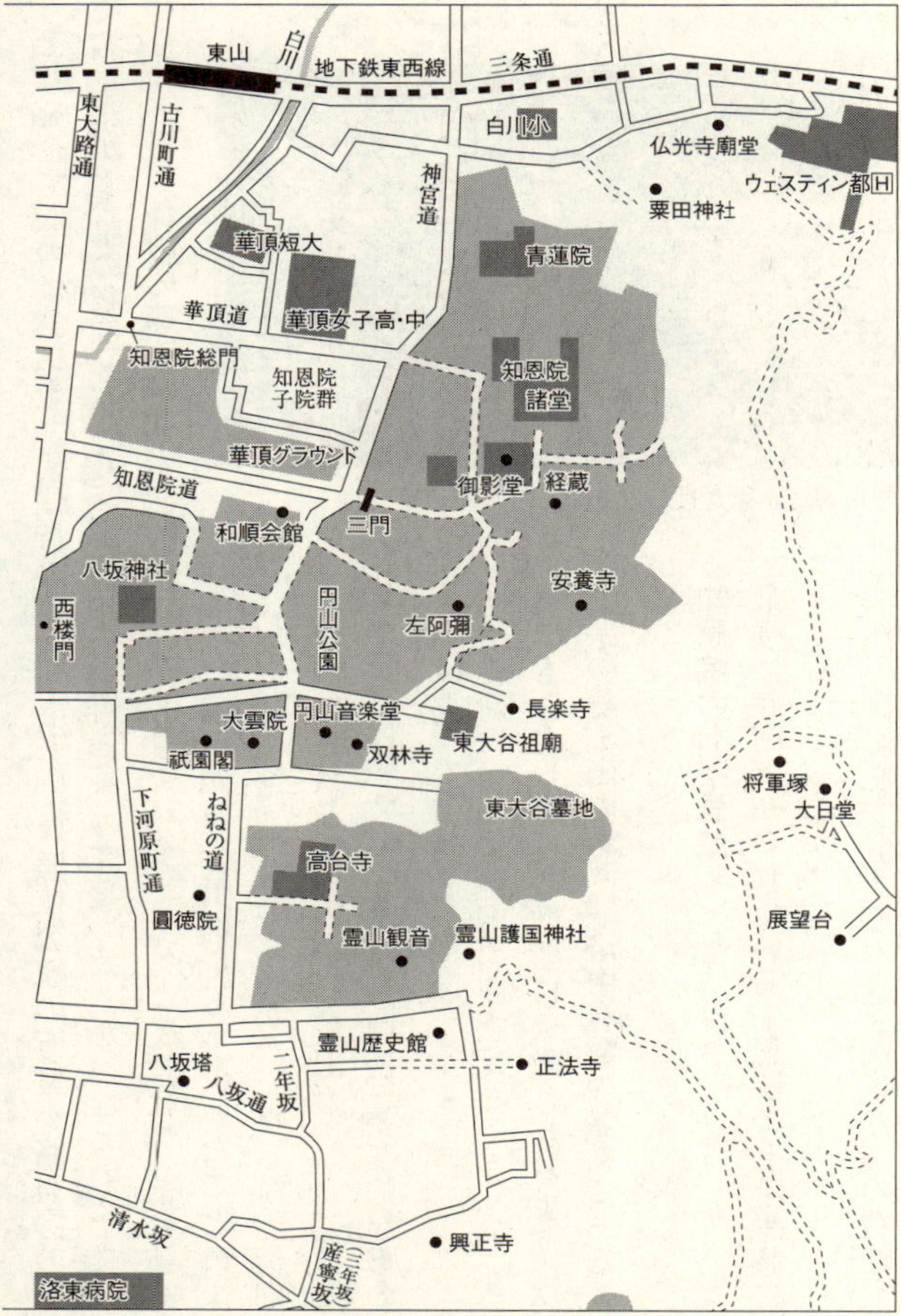
東山
白川
地下鉄東西線
三条通
東大路通
古川町通
白川小
仏光寺廟堂
神宮道
ウェスティン都
粟田神社
華頂短大
青蓮院
華頂道
華頂女子高・中
知恩院総門
知恩院子院群
知恩院諸堂
華頂グラウンド
知恩院道
御影堂
経蔵
和順会館
三門
八坂神社
安養寺
西楼門
円山公園
左阿彌
長楽寺
大雲院
円山音楽堂
東大谷祖廟
祇園閣
双林寺
将軍塚
大日堂
下河原町通
ねねの道
東大谷墓地
高台寺
圓徳院
展望台
霊山観音
霊山護国神社
霊山歴史館
八坂塔
正法寺
八坂通
二年坂
清水坂
興正寺
産寧坂（三年坂）
洛東病院

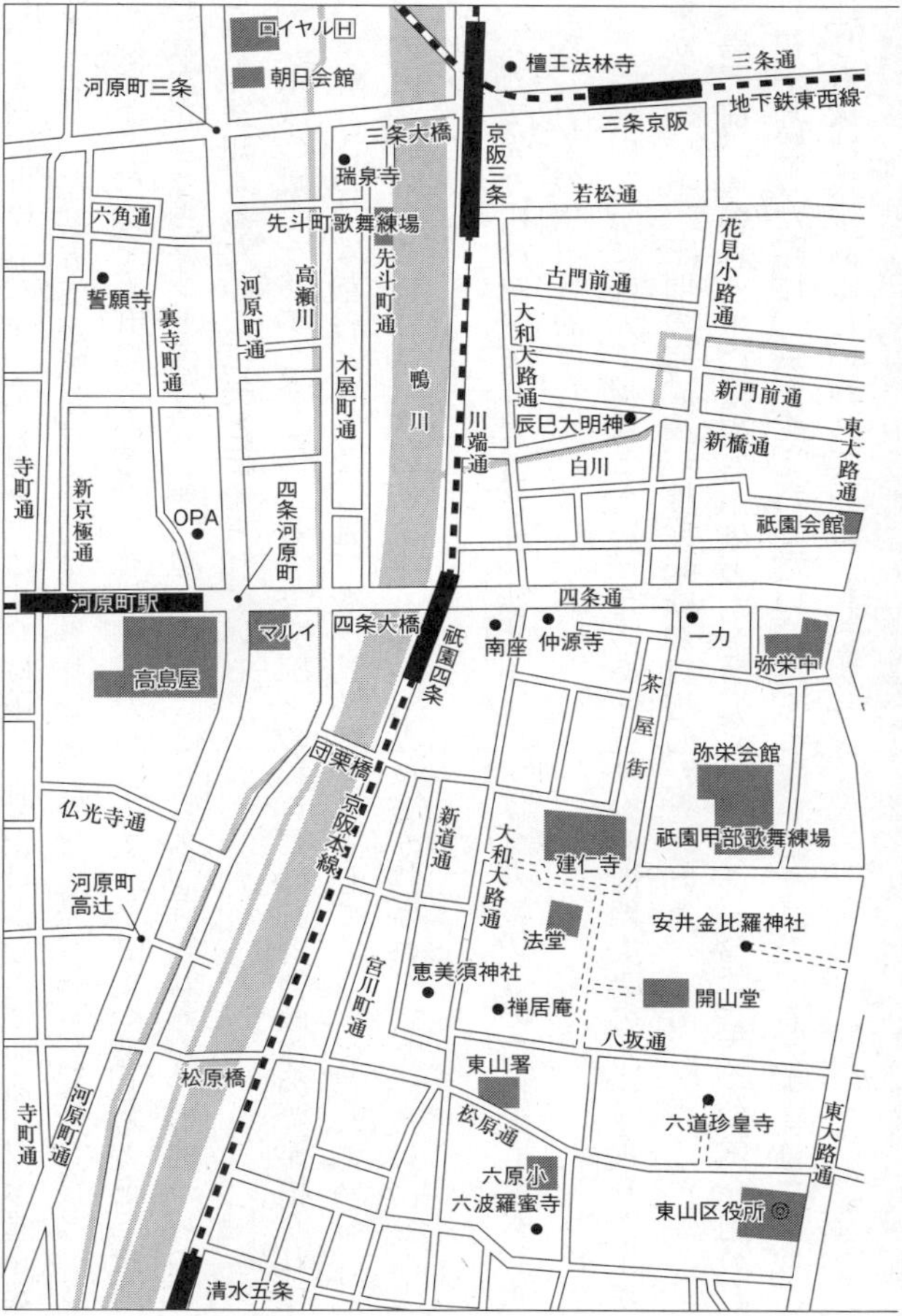
ロイヤルH
朝日会館
河原町三条
檀王法林寺
三条通
地下鉄東西線
三条京阪
三条大橋
京阪三条
瑞泉寺
若松通
六角通
先斗町歌舞練場
花見小路通
古門前通
誓願寺
高瀬川
先斗町通
河原町通
裏寺町通
大和大路通
木屋町通
鴨川
新門前通
川端通
辰巳大明神
新橋通
東大路通
白川
寺町通
新京極通
OPA
四条河原町
祇園会館
四条通
河原町駅
マルイ
四条大橋
祇園四条
南座
仲源寺
一力
弥栄中
高島屋
茶屋街
弥栄会館
団栗橋
京阪本線
新道通
仏光寺通
大和大路通
建仁寺
祇園甲部歌舞練場
河原町
高辻
法堂
安井金比羅神社
宮川町通
恵美須神社
禅居庵
開山堂
八坂通
東山署
松原橋
河原町通
寺町通
松原通
六道珍皇寺
東大路通
六原小
六波羅蜜寺
東山区役所
清水五条

に、金網に囲まれた傘の柄が見られる。傘は破れて骨だけとなっているが、本堂を建てた名工、左甚五郎《ひだりじんごろう》が魔除け（または火災除け）のために置いたといわれている。

鶯《うぐいす》張りの廊下も有名である。これは本堂から大方丈、小方丈へ通じる大廊下を踏む音がキュッキュッと鶯の鳴き声に似ていることから名づけられたが、外部からの侵入者を察知するための工夫と伝えられている。

二条城の殿舎を移築したと伝える大方丈廊下の杉戸には狩野信政作の猫が描かれているが、この猫は左右どちらから見ても、見学者を見返しているといわれている。大方丈菊の間の襖は抜け雀の伝説をもち、もとは雀が描かれていたが抜けだしたと説明されている。

大方丈入り口の廊下天井に置かれている大杓子《ひやくし》は一人で扱うのには大きすぎ、重すぎて、その使用目的は定かではない。

三門の中二階には大工棟梁と言い伝えのある五味金右衛門夫妻の木像を入れた棺が置かれている。三門の完成後、棟梁夫婦が自害したとされる。

黒門前、道の真ん中に瓜生石がぽつんと置かれている。貞観二年（八六〇）この石に神が降臨した際に、瓜が生えたと言い伝えられている。また、石の下には二条城に通じる抜け穴があるといわれている。

以上のような七不思議はどこまで真実か、はなはだ疑問だが、宗教が内包する神秘を背景として語られてきたといえる。

## 祇園界隈と建仁寺

### 八坂神社と祇園祭

八坂《やさか》神社はいまも祇園《ぎおん》さんの愛称で呼ばれているが、これは明治維新の神仏分離で、もとの祇園感神院《かんじんいん》、祇園社という名を改めたためである。もとの名称が須達《しゅだつ》長者の釈迦に寄進した祇園精舎によるため、その仏教色を取り去って、明治以降は古代の八坂郷という地名から八坂神社となった。

創建については諸説が多く一定しないが、斉明天皇二年（六五六）に高麗国の調進使伊利之使主が来朝し、新羅国牛頭《ごず》山に鎮座していた牛頭天王の神霊をもたらして祀ったことにはじまり、また貞観十八年（八七六）に僧円如が東山山麓の祇園林に垂《すい》迹《じゃく》した天神のために堂を建てたことに端を発するといわれている。また一説には明石浦に垂迹した牛頭天王が広峰《ひろみね》社をへて、元慶《がんぎょう》年間（八七七〜八五）に現在地に移し

八坂神社の西楼門

たともいわれている。
　祇園祭は貞観十一年（八六九）疫病流行により、日本六十六カ国に対応して六十六本の鉾《ほこ》をたて牛頭天王を祀って、これを神泉苑《しんせんえん》におくった祇園御霊会にはじまるといわれている。このようにこの祭りは流行病を鎮めるためのものであった。
　牛頭天王（武塔《むとう》神）とは祇園精舎の守護神で、南海に赴く途中に宿を借りるため、巨旦将来《こたんしょうらい》と蘇民《そみん》将来の兄弟に頼んだが、富裕な巨旦はことわったのに、貧しい蘇民は粟飯で歓待してくれた。そこでお礼に蘇民の子孫を疫病から守ることを約束したという。そのため今日、祇園祭に配布される粽《ちまき》に「蘇民将来之子孫也」と書いた札をつけて災難除けを願っている。
　現在、七月十七日の山鉾巡行は有名だが、この祭りは七月一日の「吉符《きっぷ》入」から一カ月ほどの期間おこなわれる。毎年、山鉾巡行には各町内で長年所有してきた、先頭を行く長刀鉾《なぎなたぼこ》をはじめとする鉾と山が登場する。しかし中世の狂言「籤罪人《くじざいにん》」には祭りに先だって町の者が寄り合い、祭りに出す山を相談することがみられ、当時はいまと違って毎年趣向を変えた山を登場させることがあったと考えられる。

応仁の乱で祭りは中断するが、明応九年（一五〇〇）に復活され、その後、江戸時代にほぼ今日の状況となった。現在、祇園祭の主な行事では七月十七日の朝、四条烏丸を出発して山鉾巡行がおこなわれ、当日夕刻に八坂神社から中御座、東御座、西御座の三基の御輿《みこし》が出て、氏子区域をまわったのちに四条通新京極南側の御旅所に入る（神幸祭）。二十四日に花傘巡行があり、夕方に三基の御輿が御旅所を出て、中京一帯をまわって八坂神社に還《かえ》る（還幸祭）。

しかし、山鉾が十七日の一日のみ巡行するようになったのは昭和四十一年からで、それ以前は十七日の「さきの祭り」、二十四日の「あとの祭り」の二回、山鉾を分けて巡行がおこなわれた。これが一日となったため、二十四日に花傘巡行が実施されることとなった。

八坂神社の年中行事のなかで祇園祭とともに大晦日の「おけら詣り」が有名である。火縄に浄火をつけ、持ち帰って元日の雑煮を煮ると疫病除けになるといわれている。以前は参詣する者が互いに悪口を言って誹謗《ひぼう》しあい、その雑言に勝った者にその年は吉兆があると信じられていた。

祇園造りと呼ばれる本殿には中央に素戔嗚尊《すさのおのみこと》、東に櫛稲田姫命《くしいなだひめのみこと》、西に八柱御子《やはしらみこの》神《かみ》を祀る。この本殿下には池があると伝えられている。四条通に面する朱塗りの優美な西門は本殿と同様に重要文化財である。現在、西門の石段をあがったところにある疫神社（もと蘇民将来社）には毎年一月十九日、社前の鳥居に茅の輪をかけ、それをくぐれば悪疫除けができるといわれている。

## 祇園花街を歩く

京都には花街《かがい》として祇園甲部《こうぶ》、祇園東、上七軒《かみしちけん》、先斗《ぽんと》町、宮川《みやがわ》町の五花街に島原がある。

祇園町については、祇園社（八坂神社）への参詣者に茶を接待する水茶屋が遊興の場として発展してお茶屋となり、それらが軒を並べる花街となった。

江戸期、公許の島原は格式をもち、太夫《たゆう》などを呼ぶのに手間であったため、もっと手軽に遊べ、かつ市中から近い祇園町は人々に受け入れられて地域を広げ繁栄した。とくに幕末期に志士たちが訪れ、彼らが明治期をむかえて、政府高官になり贔屓《ひいき》にしたことなどにより、その名は全国的に高まって、格式ある花街となった。

明治に入って、祇園町は祇園甲部と乙部に分けられたが、祇園乙部は廃藩で江州膳所藩本多家京屋敷が取り払われた跡地にできあがったもので、昭和二十四年に東新地と名を改め、さらに祇園東と改称した。

四条通に紅殻《べんがら》色の壁を見せる一力《いちりき》の通りは観光客で賑わっているが、お茶屋と飲食店の建ち並ぶこの花見小路に祇園甲部の祇園歌舞練場がある。ここで毎年四月に「都をどり」が開催される。

この催しは明治四年（一八七一）に博覧会が京都で開催されたとき、その余興として翌年に実施されたことにはじまる。この振り付けをしたのが井上流の三世、片山春子である。今日でも井上流の指導で、「都をどりはぁー」という掛け声に応え、「よーいやさー」の声とともに舞台にあらわれる舞芸妓のあでやかな姿は人々を魅了してやまない。

その魅力は多分に舞妓の独特の着装にある。頭を通常、鬢《びん》付け油で固めた割れしのぶに結い、袂の長い振り袖に、裾を引く友禅染の着物にだらりの帯をつける。白塗りにした顔が着物姿を映えさせている。

舞妓は日常、屋形（置屋）で暮らし、お座敷がかかるとお茶屋で客をもてなす。すなわち原則として客のもとめによってお茶屋が屋形に連絡して、舞妓を招請するシス

祇園歌舞練場

花見小路のお茶屋街

建仁寺の伽藍

テムである。

お茶屋の座敷は大小さまざまであるが、部屋のしつらいにはそれぞれ趣向を凝らす。夏になれば、襖を取り払い、葦簀《よしず》張りの建具や御簾《みす》にかえる。また、床の間には時季にあった軸をかける。このように季節感を重んじるのである。このことは座敷に限らず、芸舞妓の衣装にもみられる。その着物の柄に季節感をもたせ、夏になれば裏のある袷《あわせ》から単衣《ひとえ》物にかえる。

このように伝統文化を標榜《ひょうぼう》することによって独特の空間をつくりあげているのが祇園町である。芸舞妓が話す抑揚のある言い回しも特別のもので、まさに日常性からかけはなれたハレ空間に浸れるのが祇園町といえよう。

## 禅の名刹建仁寺

祇園町に続く建仁寺《けんにんじ》は山号を東山、寺号を地元では「けんねんじ」とも呼ぶ臨済宗建仁寺派大本山の禅寺である。

創建については源頼朝の子、鎌倉幕府二代将軍頼家《よりいえ》が佐々木定綱《さだつな》、畠山重忠《しげただ》らを工事にあたらせて元久二年（一二〇五）竣工させ、開山に栄西を迎えた。当初は禅の拡大化に対してそれを阻止しようとする叡山の動きを意識して、真言、天台、禅の兼学の道場とした。

寺格は建武元年（一三三四）に五山の第二位、康永元年（一三四二）に第四位になったが、至徳三年（一三八六）足利義満によって第三位に改められた。

堂舎は鎌倉期に焼失したが、円爾弁円《えんにべんねん》によって再興されたが、暦応《りゃくおう》三年（一三四〇）当時、隣接していた妙法院を佐々木道誉《どうよ》が焼いたため、開山堂などが類焼した。その後、応永四年（一三九七）にも焼けたが、この際には一千余貫を使って復興がすすめられた。

また、天文二十一年（一五五二）にも焼失し、豊臣秀吉が寺領を寄進し、安国寺恵《あんこくじえ》瓊《けい》が方丈を移築するなどの支援によって再建がなされた。江戸期になって朱印高八百二十一石、境内地五万四千余坪で、安定した寺勢がみられたが、明治期に入って境内が二万三千四百余坪に減少した。

建物としては勅使門と方丈が重要文化財で、寺宝としてとくに国宝の俵屋宗達《たわらやそうたつ》筆の「紙本金地着色風神雷神図《しほんこんぢ》」は有名である。

塔頭旧正伝院に建てられていた織田有楽斎長益の茶室如庵は国宝の指定をうけ、現在、愛知県犬山に移築復元されている。方丈の裏に建つ茶室東陽坊は秀吉の五奉行の一人、増田長盛の好みで、秀吉主催の北野大茶会のために建てられ、それを移築したものと伝えられている。

毎年四月二十日、栄西の誕生日に当寺の本坊で開催される「四ッ頭《よがしら》茶礼」は禅宗寺院の茶礼の古式を伝えるものである。

# 六波羅と六道の辻

## 六波羅蜜寺と空也上人

西国三十三ヶ所観音霊場の第十七番札所として賑わう六波羅蜜寺《ろくはらみつじ》は平安初期に活躍した空也《くうや》上人を開山とする。この六波羅の地はもともと葬送地で、六波羅の名は「髑髏《どくろ》原」にちなむといわれている。

開山空也の行状については伝説が多い。二十一歳のときに尾張の国分寺で得度し、その後、播磨国揖保郡の峰合寺で研鑽に励んだ。その際、難解な字や語句があると、常に夢のなかに金人があらわれ、教えられたという。

そこで数年を過ごしたのち、阿波と土佐の国境に近い海上の湯島に霊験あらたかな観世音菩薩像があることを聞いて、その菩薩に数カ月間、一心に礼拝したが、観音はあらわれない。そこで十七日間、穀物を断ち、腕上に香を焚いて不眠の行に入ると、ついに菩薩から光が発せられ、眼を閉じると輝く光が見えた。その腕の火傷の痕がのちまで残っていたという。

空也ゆかりの六波羅蜜寺

その後、奥羽地方に仏像を背負って教化にまわり、天慶元年（九三八）には京へのぼった。彼は物乞いをし、布施を受けると仏事をおこなうとともに、貧者や病人に施しをした。そこで人々は彼を敬うことから市聖と呼び、また空也が日頃から南無阿弥陀仏の名号を唱えているため、阿弥陀聖とも呼んだ。都では橋を架け、水の乏しいところに井戸を掘るなど、庶民の救済に努力した。

空也の後援者である大納言藤原師氏《もろうじ》が天禄元年（九七〇）に死去すると、彼は師氏に優恤《ゆうじゅつ》（手厚くあつかうこと）を加えることを頼む手紙を閻魔王に書き、それを葬送の人々の前で権律師余慶に読ませて驚かせるなど、常人には考えられない行為がみられ、世俗を超越した人物であったといえる。

その風貌は鎌倉期につくられた「空也上人像」（六波羅蜜寺蔵）からうかがえる。口から六体の仏を出すこの彫刻像は美術史上、高い評価をうけているが、短い衣を着て、左手に鹿杖をつき、右手に撞木《しゆもく》を持って首から吊った鉦を打つ姿は、空也以後の遊行僧《ゆぎようそう》の典型的な形となっている。

天暦五年（九五一）に疫病が流行したときに、空也は疫病の退散祈願のために金色の高さ一丈（約三メートル）の十一面観世音菩薩、六尺（約一・八メートル）の梵天・帝釈天・四天王像をつくり、観世音菩薩を車にのせ、市中に曳いて人々の病気平癒を祈った。その十一面観世音菩薩を祀ったのが西光寺で、のち六波羅蜜寺である。

空也は大般若経六百巻の書写を天暦四年（九五〇）に発願したが、十四年をへて、応和三年（九六三）に完成し、その供養には高僧六百人が会衆となり、龍頭の船を浮かべて、管弦を奏でたといわれている。この法会には朝廷から銭十貫文が授与され、権力者から庶民までが集まった。このような広い層に支持を得た空也は天禄三年（九七二）に西光寺で入滅する。

空也の弟子、当寺二代中信《ちゆうしん》が貞元《じようげん》二年（九七七）西光寺の名を六波羅蜜寺に改めたといわれている。中信は空也の阿弥陀信仰に加え、法華講を催して、庶民はいうにおよばず、貴族までの信仰を集めて大いに当寺を隆盛なものにした。

六波羅の地と平家のかかわりは見逃すことができない。平家の邸宅が当寺に隣接していたといわれ、清盛の代には六波羅が政治の中心としてクローズアップされるよう

珍皇寺門前は六道の辻

になった。治承三年（一一七九）に寺が焼けたが、再建された。寿永二年（一一八三）七月二十五日、平家が都落ちの際に邸宅に火を放ったが、当寺は焼失をまぬがれた。しかしその四日後、祇園中路五条坊門以南からの出火の類焼によって焼け落ちた。

貞治《じょうじ》二年（一三六三）に勧進がおこなわれ、現在みられる本堂（重要文化財）が完成した。江戸中期の記録には本堂のほか、地蔵堂、開山堂、鎮守社、十輪院、祥寿院、弁財天社などがあったが、明治をへて境内地とともに建物が減少した。

当寺の年中行事として、正月に梅干しと結び昆布をいれた茶を仏前に供えたのち、それが参詣者に授けられる皇服茶がある。

## 六道珍皇寺と六道の辻

珍皇寺《ちんこうじ》は「ちんのうじ」とも呼び、一般に「六道さん」といわれている。六道とは仏教でいう一切の衆生がそれぞれの善悪の業によって、死後に行って住むことになる地獄、餓鬼《がき》、畜生、修羅《しゅら》、人間、天上をさす。すなわち死んだ人の霊が赴くところだが、その分岐点といえる六道の辻は当寺の門前のことをいう。すなわちこの辻が古代からの葬送地であり、現在、墓地となっている鳥辺野《とりべの》に通じるため、この世から冥土へ入る場所と思われてきた。

寺の創建については諸説がみられるが、承和三年(八三六)山代淡海《やましろのおうみ》などによって国家鎮護所として建立されたという説のほか、弘法大師、小野篁《おののたかむら》などの開基ともいわれている。

小野篁は当寺に祀るが、彼は閻魔大王に仕えたといわれ、当寺から地獄に通ったと伝えられている。このように冥土とかかわる当寺は盆の期間、迎え盆のために京中の人々が六道詣りにやってくる。人々は冥土まで聞こえるという当寺の鐘を突いて死霊を呼び、買った槇の木に乗せて家へ帰るのである。

## 霊山と高台寺

### 霊山に眠る維新の英霊

「霊山」と書いて、「りょうぜん」と読む。釈迦が説法したというインド摩掲陀国《まがだこく》霊鷲山《りようじゆせん》にあやかった名で、東山三十六峰の一つである。

それを山号とする正法寺《しようぼうじ》が山の中腹にあるが、この寺は釈迦如来を本尊とした霊山寺の後身で、江戸期には十四の塔頭寺院があり、木の間隠れに市中や淀川までを眺望できることから多くの塔頭は貸席のような遊興場となっていた。今日では明治期をへて、塔頭のうちの清林院のみとなった。

このように近世期の遊興地が今日と異なるのは、第一に自然の景観を愛でることのできる土地であったという点である。霊山をはじめ、東山一帯は風雅を楽しむ人々が集まる格好の場所であった。

正法寺の西北に所在するのが霊山護国神社である。明治維新の志士たちの霊を合祀した招魂社が前身で、神社の背後には木戸孝允《たかよし》、坂本龍馬、中岡慎太郎らの墓が並び、維新の跡を人物史で追うことができる。また道を隔てて建つ霊山歴史館は、われわれに静かな京というイメージを破る殺伐とした激動の幕末期について展示を通じて教えてくれる。

高台寺の境内

## 秀吉を弔う高台寺

霊山の山麓を寺域にするのが高台寺《こうだいじ》である。豊臣秀吉の正妻北政所《きたのまんどころ》（寧々《ねね》）が夫の菩提を弔うために建立した。高台寺の前身は康徳寺《こうとくじ》である。康徳寺は北政所が生母のために寺町付近に創建した、曹洞宗の寺であった。

慶長三年（一五九八）秀吉の死後、北政所は髪を下ろし高台院湖月尼となって京都に移り、秀吉の冥福を祈るために寺を建てたい意向をもった。それに応じて、徳川氏は慶長十年（一六〇五）に霊山の地を用意し、この地にあった岩栖院を別の場所に移し、霊山に康徳寺を移転させた。高台寺の伽藍は翌年に竣工した。

高台寺に移り住んだ北政所は徳川氏から知行を得て晩年をすごし、寛永元年(一六二四)に死去した。家康は大坂にいた秀吉の遺児豊臣秀頼とその母、淀殿を攻撃するのに対し、正妻北政所は厚遇して秀吉への報恩をみせる姿勢をとったのであろう。

宗旨ははじめ、康徳寺の時代からの曹洞宗であったが、のちに臨済宗建仁寺派に変わった。寛政元年(一七八九)火災にあい、焼失したが再建がなされた。しかし、文久三年(一八六三)に越前藩主松平春嶽《しゅんがく》が政事総裁になって高台寺を本営としたため、それに反発する浪士らによって焼き打ちにあった。

## ある男女の熱愛

その後も明治、大正の火災をうけたが、高台寺には現在、表門、開山堂、霊屋、傘亭、時雨亭などが残っている。

霊山護国神社参道に建つ表門は伏見城の遺構といわれている。開山堂はもとの持仏堂で、中央に中興開山三江《さんこう》和尚像を祀る。この建物は当初のままと伝えられ、秀吉使用の船の天井と、北政所の御所車の材が用いられているといわれている。霊屋は須弥《しゅみ》壇《だん》中央に本尊随求《ずいく》菩薩、左右に秀吉と北政所坐像を安置し、須弥壇の柱、階《きざはし》、扉の文様は高台寺蒔絵といわれ、世に名高い。

また、境内の小高い場所に建つのが傘亭と時雨亭である。ともに茅葺の茶室で、北側の傘亭は宝形造りで天井がなく、屋根裏を放射状に竹の垂木《たるき》を組み合わせた建物である。土間廊下でつなぐ南側の時雨亭は入母屋造りの二階建てで、階下を待合とし、二階が茶席になっている。これらは伏見城から移されたといわれ、侘びた見どころの多い建物である。

その他、茶席として鬼瓦席がある。江戸初期の豪商佐野重孝すなわち灰屋紹益《はいやじょうえき》が建てたものを移築したといわれている。これは屋根の鬼瓦にちなんで名づけられたと伝える。

また、それに付随する遺芳庵は、島原遊廓の前身、六条三筋町にいて灰屋紹益の妻となった吉野太夫を、紹益が追慕して建てたものである。

この二代目の吉野太夫と紹益とのロマンスは有名で、二人の仲を反対していた紹益の父がたまたま雨宿りに寄った家の女性のおくゆかしさに感服したが、それが吉野であった。二人の仲は認められ所帯をもつが、紹益は吉野に先立たれるのである。そのことを悲しんだ紹益は、吉野の亡骸を焼いた灰を飲んだという。まさに骨の髄まで愛していたのであろうが、この行為は古代からの、死人の灰を飲まねば死ぬという習俗を踏襲することであったといえる。

遺芳庵の茶席には大胆な丸窓がみられる。これは吉野窓と呼ばれ、吉野太夫の好みのものの一つである。茶の湯の織物、名物裂《めいぶつぎれ》に吉野間道《かんどう》がある。紹益と吉野のゆかりのものを二つ並べるとは心憎いばかりである。

## 清水寺周辺

### 清水寺の創建

全国的に清水寺《きよみずでら》の名はあまりにも有名だが、正確には山号は音羽山《おとわ》で、清水寺《せいすいじ》または北観音寺とも呼び、その山号が示すとおり、東山三十六峰の一つ、音羽山の中腹に所在する。地名は寺名による。

縁起によると、宝亀《ほうき》九年（七七八）大和高市郡子島寺《こじまでら》の賢心（のちに延鎮と改める）が夢告によって北に向かうと金色に輝く一条の水脈があり、それをたどって源に行くと、清水の滝に着いた。滝のそばに草庵があり、そこに隠者行叡《ぎょうえ》という白衣の老人がいた。その老人は「観音の威神力を念じ、千手《せんじゅ》真言」を唱え、賢心の来るのを待っていたといい、これから東国へ修行に行くが、木で観音像をつくり、堂を建てよと賢心にいって去ってしまった。

賢心はこの庵ですごしていたが、狩猟に来た坂上田村麻呂《さかのうえのたむらまろ》が偶然に賢心に会って帰依し、賢心が田村麻呂の妻の病気を平癒させたため、田村麻呂は清水寺の創建に尽力した。

この縁起でもわかるとおり、清水寺は観音信仰と深く結びつき、平安中期の『枕草子』や、『源氏物語』夕顔《ゆうがお》の巻に書かれているように、貴族層から庶民にいたるまでの広い信仰を集めてきた。当時から、観音の縁日である毎月十八日、参籠者で賑わった。

## 観音様にまつわる話

『今昔物語集』『宇治拾遺物語』には観音の慈悲深さを物語る数々の説話がみられる。たとえば、清水に二千度も詣でた若い男がその御利益を博打で負けた相手に代償として渡してしまった。その後、その若い男は牢獄に入れられ不運の身となるが、相手の男はよい妻を得て出世したという。これなどは観音の加護の大きさを物語る話だが、人の運命にかかわる話は枚挙にいとまがない。

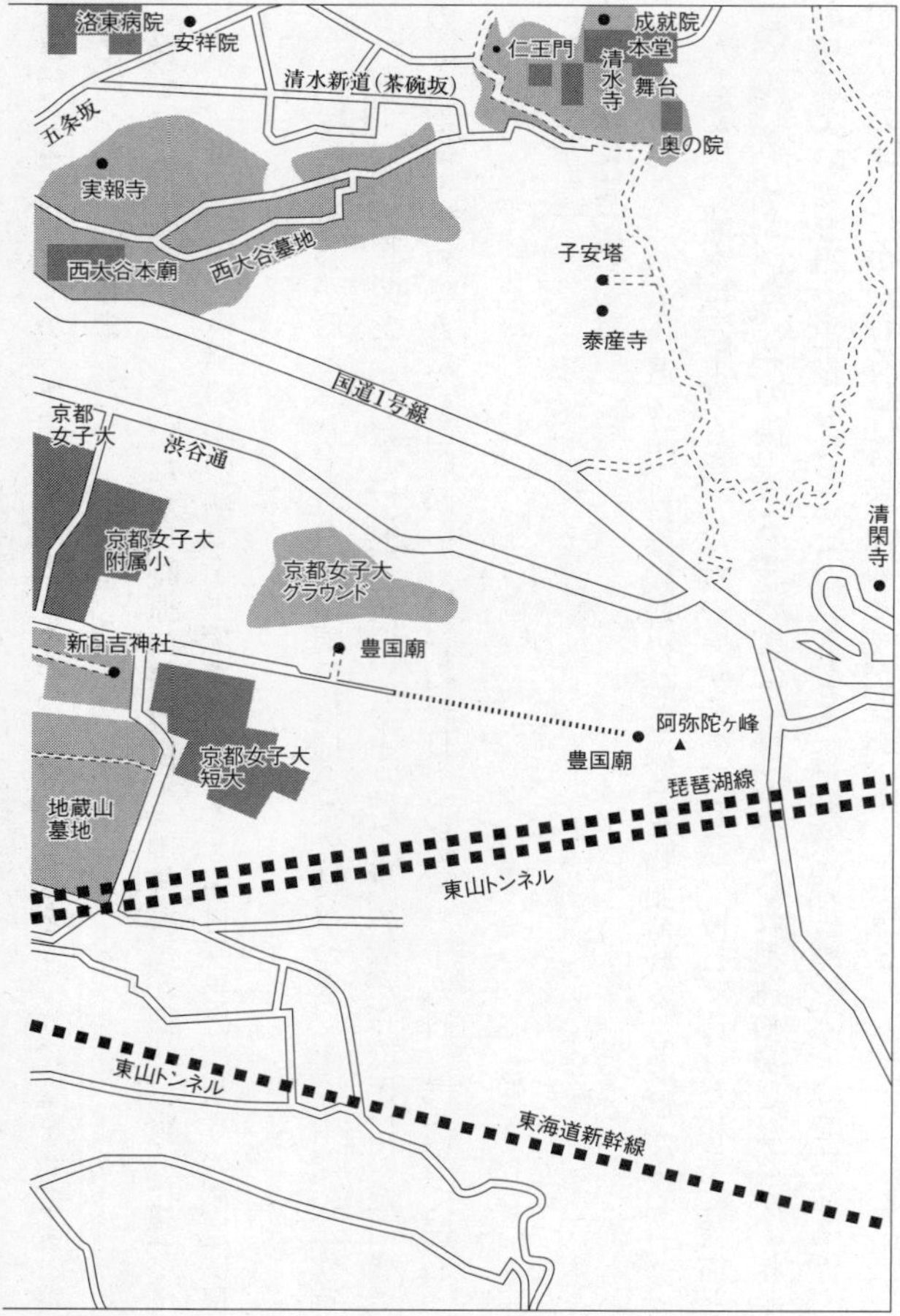
洛東病院
安祥院
成就院
仁王門
本堂
清水寺
舞台
清水新道（茶碗坂）
五条坂
奥の院
実報寺
西大谷墓地
西大谷本廟
子安塔
泰産寺
国道1号線
京都女子大
渋谷通
京都女子大附属小
京都女子大グラウンド
清閑寺
新日吉神社
豊国廟
阿弥陀ヶ峰
豊国廟
京都女子大短大
琵琶湖線
地蔵山墓地
東山トンネル
東山トンネル
東海道新幹線

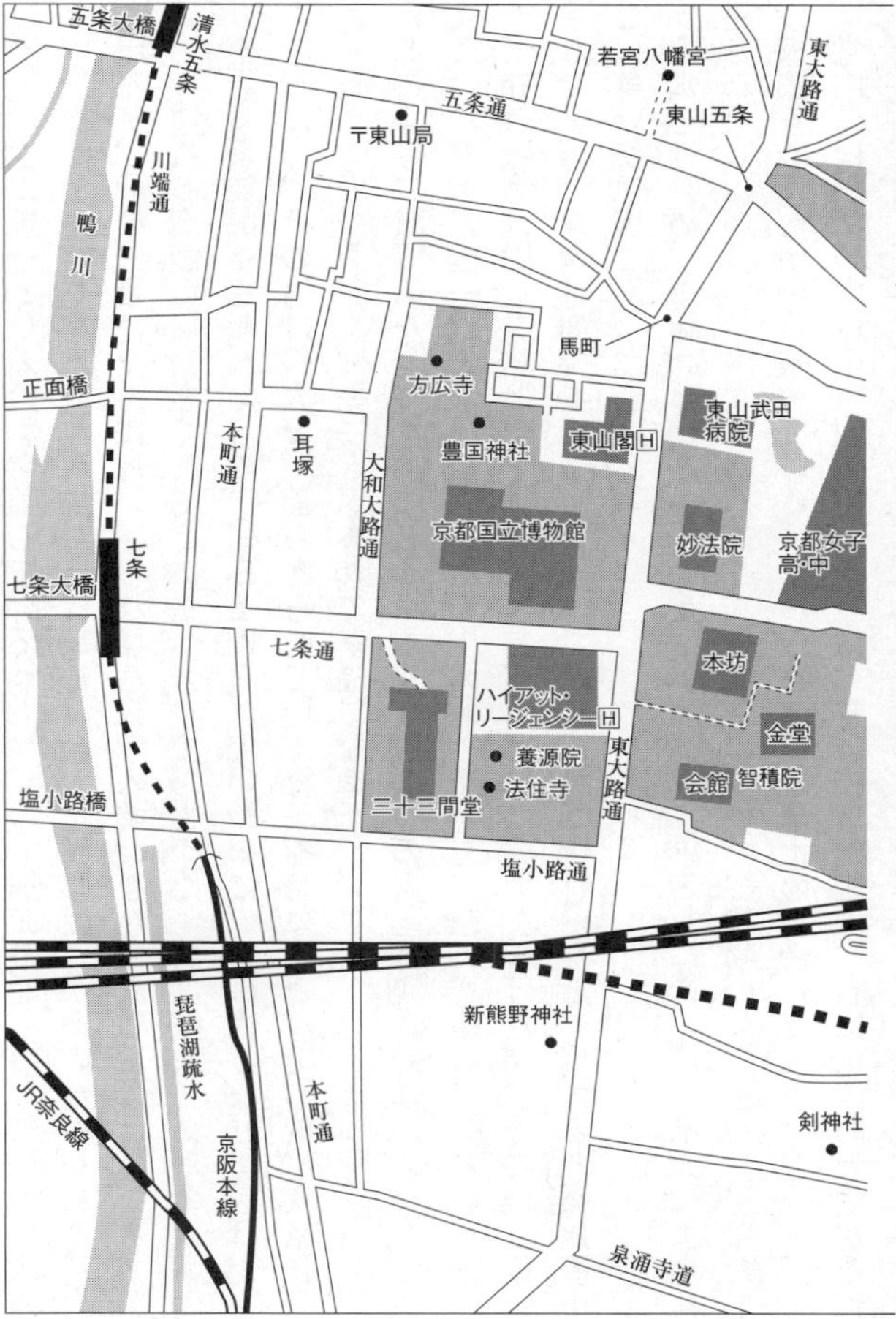

五条大橋
清水五条
若宮八幡宮
東大路通
五条通
〒東山局
東山五条
川端通
鴨川
馬町
正面橋
方広寺
東山武田病院
耳塚
豊国神社
東山閣H
本町通
大和大路通
京都国立博物館
妙法院
京都女子高・中
七条
七条大橋
七条通
本坊
ハイアット・リージェンシーH
金堂
養源院
東大路通
法住寺
会館
智積院
塩小路橋
三十三間堂
塩小路通
新熊野神社
琵琶湖疏水
本町通
JR奈良線
京阪本線
剣神社
泉涌寺道

貧しい女が願をかけるため参籠しているうちに、つい居眠りをしてしまった。すると、僧侶があらわれ、ここから出たあと最初に会った男に従うがよいといわれた。寺を出ると、最初に会った男に言い寄られ、八坂寺の塔のなかで交わることとなる。男はいろいろと高価な反物をくれてどこかへ去ってしまった。男は盗人であるのか、周りを見ると盗品と思われるものが積み上げられていたので、女は怖くなり、逃げだした。やはり、その男は盗人で、捕らえられていく様子を目にした。その後、女は盗人から貰ったものを売り、夫にも恵まれて幸福になった。

このように貧困のなかでたくましく生きる庶民の心の支えに観音信仰があったといえる。現在も西国三十三ヶ所観音霊場の十六番札所として信仰を集めている。

当寺の建物は周辺寺院との争乱によって、しばしば火災をうけたが、そのつど再建された。当寺は南都《なんと》興福寺の拠点となったため、祇園感神院などが属する北嶺《ほくれい》比叡山との争いが原因であった。

本堂をはじめ、現在の建物は寛永六年（一六二九）焼失した後、徳川家光により再建されたものが多い。本堂は寄棟造り、檜皮葺《ひわだぶき》の屋根で、建物の前方左右、懸崖《けんがい》の上に板張りの舞台が出っ張っている。これが有名な「清水の舞台」である。

堂内には秘仏の本尊十一面千手観音立像、左に勝軍地蔵像、右に毘沙門天像がそれぞれ厨子内に祀られている。また本堂の長押《なげし》の上に数々の絵馬があり、狩野山楽《さんらく》、海北友雪《かいほうゆうせつ》など、近世初頭の画家たちの作品がみられる。とりわけ御朱印貿易船を描いた三面の絵馬は有名である。

清水寺の本堂と舞台

寺観は江戸時代に修復され、幕末の騒乱期をへても変わることなく、現在に伝えられているが、幕末には、勤王の志士が活躍する京都という土地柄、清水寺にも国事に奔走してあえなく死去した兄弟の僧がいたことは、存外知られていない。

それは、月照《げっしょう》、信海《しんかい》の兄弟で、兄月照は二十二歳で清水寺住職となった。彼は和歌をよくしたので、関白近衛忠熙《ただひろ》に知遇を得、やがて志士たちと交わることが多くなり、勤王精神をもつようになった。志士たちの多くが安政五年（一八五八）に捕らえられるなか、月照も身の危険を感じ西郷隆盛とともに、薩摩へ落ちのびた。しかし、隆盛を重用した藩主島津斉彬《なりあきら》が亡くなり、彼らの立場が悪くなったため、鹿児島三舟《みふね》の沖でともに入水し、月照のみが命を落とした。また、弟の信海は密教学を究めるため、高野山にのぼり研鑽を積むなど、学僧として生涯を送っていたが、国家安穏の祈願をしたなどで幕府に捕らえられ、江戸小塚原で処刑された。この兄弟のように深く学問、修行に精進するとともに、積極的に国家のことを考えた純粋な僧が清水寺にいたことは特記すべきである。

本堂を隔て丘陵の上にある三重塔は丹塗りで檜皮葺の小ぶりな塔である。泰産寺《たいさんじ》の塔で、千手観音を安置している。もとは寺とともに仁王門前にあったが、明治末期に現在地に移転した。「子安《こやす》さん」の名で親しまれ、安産祈願の信仰を集めてきた。寺伝によると、光明《こうみよう》皇后がこの観音に祈って孝謙《こうけん》天皇を安産したので建てたといわれている。

**縁結びの地主神社**

清水寺の寺域のなかに、若い人に人気の高い地主《じしゆ》神社がある。清水寺本堂のうしろにあり、現在、縁結びの神として有名で、大己貴命《おおなむちのみこと》をはじめ四柱を祀る。

もとは名のとおり清水寺の地主神であったが、明治の神仏分離により独立した。その祭礼は中近世の記録にみえ、神輿が出て盛んであり、境内の桜も中世以来、つとに有名であった。

「地主権現の花盛り、それ花の名所多しといえども、（中略）この寺の地主の桜にしくはなし」（『謡曲 田村』）

と、地主の社の桜がほかより秀でた美しさをもつと賞賛された。その桜は地主桜、または車返桜と呼ばれた。今日では四月に、さくら祭が盛大におこなわれている。

地主神社本殿前の左右二個の石は、神占の対象となっている。一方の石からもう一方へ、目を閉じて歩いて無事に到達すれば、祈願が成就するといわれている。今日ではこの神占がもっぱら若者の恋占いとなっている。

## 清水坂・二年坂・三年坂

東大路通松原から門前までの、かなり勾配の厳しい道を清水坂という。この道は市中から清水寺への近道で、山科から東海道へ出る最短の道であった。

坂の沿道には経書堂《きょうかくどう》がある。経書堂は来迎院《らいごういん》の本堂で、聖徳太子の創建と伝えられ、太子自作の十六歳像といわれる本尊を祀る。この堂の名前の由来は聖徳太子の写経所の跡によるという説もみられるが、訪ねる信者の要望で堂の僧が経木に法華経の文を書いて、亡者に手向けたことによるといわれている。この信仰形態は仏教流布以

清水寺にのぼる三年坂

法観寺の五重塔（八坂塔）

前の、峠で土地の神に樹木の枝などを折って手向ける日本の民俗信仰に通じることである。

その経書堂の左から八坂方面へ抜ける坂を三年坂という。町並保存地区として風情あるたたずまいで、観光客に人気の高い場所である。「さんねん坂」という名には「三年坂」のほか、「産寧坂」の字をあてることもある。

この坂道が大同三年（八〇八）に開かれたため三年坂といわれるという説と、もと清水寺楼門前にあった子安塔の泰産寺に通じる道であるため産寧坂といわれるという説の二説がみられる。この坂でつまずいて倒れれば三年で死ぬという、ありがたくもない言い伝えがある。なお、三年坂の北へ続く坂を二年坂という。

## 五条坂と八坂塔

東大路通五条から清水寺へ通じるのが五条坂で、清水坂とともに製陶の窯が多くみられた。現在、京都で産出される陶磁器は一般的に京焼と呼ばれるが、かつては東山一帯には窯場がみられ、近世期にはそれぞれ粟田《あわた》焼、八坂焼、清水焼、音羽焼などと地名をつけて、それぞれ特徴あるものをつくっていた。

現在の京焼の代表となっている華麗で上品な色絵陶器は、江戸時代初期の野々村仁《ののむらにん》清《せい》の影響でできあがった。特記すべきことは、明治初期から積極的にヨーロッパの工業的な製法を導入するとともに、明治六年（一八七三）のウィーン万国博覧会に出品するなど、海外への輸出振興につとめたことである。しかし昨今の環境問題などから、このあたりの窯元は山科区などへ集団移転している。

清水寺周辺でひときわ目立つのが八坂塔である。三年坂を北へ行き、東大路通のほうへ曲がったところに八坂塔と通称する法観寺の五重塔が建っている。

寺伝によると、聖徳太子が四天王寺の建立用材をもとめにやってきた際、如意輪観音が夢で告げたので五重塔を建て、仏舎利を納めたといわれている。このことは近年の発掘で、塔の周辺から出土した飛鳥時代様式の瓦によって、創建年代が肯定されることとなった。平安京遷都以前から存在した、京都で有数の古寺といえよう。

聖徳太子の創建説はともかくとして、この地に勢力をもっていた渡来系豪族の八坂氏が建立にかかわったと考えられる。

『元亨釈書《げんこうしやくしよ》』によると、天暦二年（九四八）に塔が傾いたため、雲居寺《うんごじ》の僧浄蔵《じようぞう》が加持祈禱して修復したと伝える。その後、治承三年（一一七九）に祇園社神人と清水寺の衆徒との争いで塔が類焼したが、住持証阿が源頼朝に請願して再建した。また仁治《にんじ》元年（一二四〇）には建仁寺の済翁証救《さいおうしようきゆう》が入寺して、真言から禅に改められたが、正応四年（一二九一）に焼失してしまう。その再建に後宇多帝が後援し、延慶二年（一三〇九）に完成した。

室町時代になると、足利尊氏が元弘《げんこう》の乱以降の戦死者を弔うために全国六十六国二島に安国寺利生塔《りしようとう》を建立しようとしたが、この法観寺の塔を山城国利生塔にあて、補修して仏舎利を奉納した。そこで康永元年（一三四二）八月、嵯峨天龍寺の開山夢《む》窓疎石《そうそせき》を導師として落慶法要をおこなった。この塔も永享八年（一四三六）に燃えてしまったが、同十二年、足利義教によって再建された。

その後、応仁の乱の兵火で京中の多くの建物が燃えたなか、さいわいに残った。これが今日、目にすることができる塔である。

しかし、義教建立による塔が五百六十年ほどたった現在、そのまま残存しているわけではない。世が徳川政権に代わって、京都所司代板倉勝重《いたくらかつしげ》による元和四年（一六一八）の修理、その後寛文三年（一六六三）、寛政十一年（一七九九）にも幕府によって修理がおこなわれた。また明治、大正期に補修されて今日にいたっている。

焼失、再建を何度もくり返す塔の歴史のなかで、その時々の為政者が尽力したことはいうまでもなく、当寺の僧がその背後で粘り強く画策したことは十分予測できるが、その根底にかつてみられた日本人の宗教心の強さがあったことはいうまでもない。

## 東山七条と東福寺・泉涌寺

### 豊臣家滅亡の鐘

方広寺《ほうこうじ》は豊臣秀吉の建立した大仏があった寺である。秀吉は天正十四年（一五八六）東大寺にならって大仏建立を企て用地の選定、材料などを用意した。計画が中断していたのを同十六年に再開し、大名たちに助力を命じて工事に取りかかった。彼は、東大寺が二十年かかったのを五年で完成させることを五奉行に命じた。

その後、小田原の役などで遅延したため、大仏を金銅から漆膠《しっこう》に変更し大仏殿を文禄《ぶんろく》四年（一五九五）にほぼ完成させた。しかし、京都地域をおそった地震によって大仏が破損したため、秀吉は夢に出てきた信濃の善光寺如来を代わりに安置したが、また夢告によって返させた。

秀吉の遺志を継承した子の秀頼は金銅仏をつくらせたが、その途中、慶長七年（一六〇二）に大仏から火が出て、仏殿などが焼失した。再び工事をはじめ、同十七年に大仏とともに仏殿が完成した。梵鐘もできあがったが、徳川家康がその銘文（国家安康　君臣豊楽）に言いがかりをつけたことが引き金となり、ついに豊臣家は滅亡した。大仏は寛文二年（一六六二）に再び地震で破損したため、江戸幕府が大仏を木像に変えた。前の銅製の仏像はつぶして銅銭にし直したのである。この大仏も完成後、寛政十年（一七九八）に本堂とともに落雷によって焼け失せた。

その後、天保期（一八三〇～四四）に尾張国の有志が従来の仏像の縮小したものを仮本堂に安置した。しかし、この本堂も昭和四十八年に失火でなくなり、現在にいたっている。

今日まで残る石垣は隣の豊国神社、そして国立博物館まで続くが、方広寺創建の際に、各大名からおくられた巨石によって積まれたものである。

三十三間堂の本堂

## 長大な三十三間堂

三十三間堂《さんじゅうさんげんどう》の正式の名は蓮華王院《れんげおういん》といい、近くの天台宗山門派（比叡山）の妙法院が管理する。その名の由来は本堂の内陣の柱間が三十三あることによる。本堂に一千一体の千手観音を祀るこの寺は京中ですこぶる珍しい存在である。

後白河法皇が長寛二年（一一六四）院の御所の法住寺殿に建立したもので、平清盛の資金提供による。

この本堂は建長元年（一二四九）洛中で発生した大火によって焼け落ちたが、同じ規模で文永三年（一二六六）に再建された。その際の落慶法要は亀山天皇らの行幸があり、盛大なものとなった。

その後、たびたび修理をくり返し、珍しく火災にあうこともなく、現在にいたっている。

当寺において本堂西側の南端から北端にむかって矢を射る「通し矢」は近世から京中で評判となり、昼夜に何本の矢を射通すことができるかを競った。

### 東福寺と通天橋の紅葉

月輪《つきのわ》にある東福寺《とうふくじ》は臨済宗東福寺派の総本山で、その寺号は東大寺と興福寺から一字ずつとって名づけられた。創建については前関白九条道家が嘉禎《かてい》二年（一二三六）瑞夢によって建立を思い立ったことによる。

開山に円爾弁円《えんにべんねん》を迎え、建長七年（一二五五）に伽藍がほぼ完成したが、道家はすでに死亡しており、息子実経《さねつね》がその事業を引き継いだ。本尊の釈迦如来は東大寺の大仏以外に比べるものがないため、新大仏と呼ばれた。

禅宗史の上で注目される開山の円爾は建仁二年（一二〇二）駿河国の生まれで、はじめ密教の修行をしたのち、入宋して径山《きんざん》の無準《むじゅん》師範につき、印可状をうけ、仁治二年（一二四一）に帰国した。その後は博多の承天寺《しょうてんじ》などの開山になり、九州で活躍したが、上京して後深草天皇をはじめとする朝廷関係、そして鎌倉の武士たちにも禅を広めた。円爾は弘安三年（一二八〇）に東福寺山内で没し、のちに聖一国師の号がおくられた。

当寺は当初、叡山をはじめとする旧仏教側からの横やりを考慮して、天台、真言、禅の兼学の場とした。九条家と一条家の援助をうけて隆盛したが、元応元年（一三一九）、建武元年（一三三四）、そして延元元年（一三三六）の火災で当初の伽藍のほとんどを焼失した。

東福寺の通天橋

貞和三年（一三四七）に前関白一条経通《つねみち》が仏殿を復興させ、他の諸堂も修繕されて寺観をととのえたが、応仁・文明の乱で塔頭が焼けてしまった。

天正十三年（一五八五）、地震によって山門が倒れたが、豊臣秀吉の寺領寄進によって修繕され、江戸幕府三代将軍徳川家光が伽藍を修復した。明治維新で境内、塔頭などを減らし、明治十四年（一八八一）に方丈、仏殿、法堂、庫裏などを焼失してしまったが、昭和九年までに仏殿を再

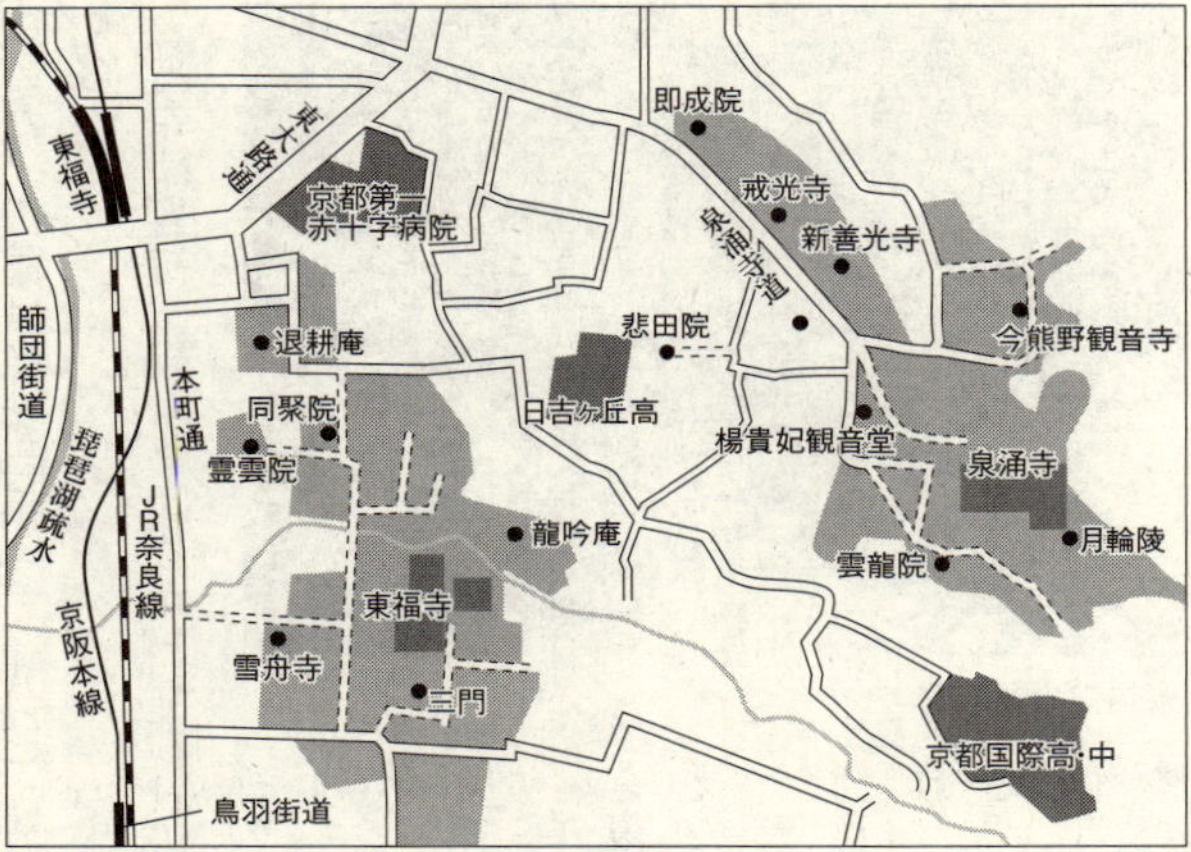


興させた。

「東福寺の伽藍面《がらんづら》」といわれるほどに豪壮な国宝の三門、重要文化財である禅堂などの建物のほか、禅寺の特徴がみられる蒸し風呂の浴室、便所である東司《とうす》（ともに重要文化財）が残存する。

東福寺といえば紅葉の名所として有名だが、仏殿から開山堂までの渓谷に架かる通天橋からの眺めはすばらしい。

## 「御寺」と呼ばれる泉涌寺

皇室の菩提所であるため、泉涌寺《せんにゅうじ》は「御寺《みてら》」と呼ばれている。創建については諸説がみえ、天長年間（八二四〜三四）空海が草庵を結んだ法輪寺にはじまるという説や、斉衡《さいこう》三年（八五六）左大臣藤原緒嗣《おつぐ》が法輪寺を建て、のちに天台に属して仙遊寺と改めたのにつながるという説がみられる。しかし、後者の斉衡三年には緒嗣がすでに死去していたため、息子が父の菩提を弔うために法輪寺を建てたともいわれている。

その後、荒廃していた当寺を宇都宮信房入道道賢が僧俊芿《しゅんじょう》に寄進し、寺号は境内から清水が湧き出たため、泉涌寺と改められたといわれている。

俊芿は幼少から仏門に入って宋国へ渡り、学問を積んで建暦《けんりゃく》元年（一二一一）に帰朝したが、その成果で泉涌寺を天台と律宗の兼学の寺とした。彼は建保三年（一二一五）「清衆規式」を著して寺中の清規《しんぎ》を定めた。また当寺の再建に資金を得るために承久元年（一二一九）「造泉涌寺勧進疏」（国宝）を書いたが、その文言と筆跡の見事さは人々の注目を浴び、後鳥羽上皇からは下賜品をうけた。俊芿は安貞元年（一二二七）に没したが、ずっとのちの、応永十八年（一四一一）後小松天皇がその高徳により大興正法国師の号を授けた。

仁治三年（一二四二）四条《しじょう》天皇が寺に葬られ、それから百三十年ほどたって、応安七年（一三七四）に後光厳《ごこうごん》天皇、その後、後円融、後小松天皇の火葬場となった。寺の背後の月輪陵《つきのわりょう》には四条、後水尾《ごみずのお》、明正《めいしょう》、後光明《ごこうみょう》、後西《ごさい》、霊元《れいげん》、東山《ひがしやま》、中御門《なかみかど》、桜町《さくらまち》、桃園《ももぞの》、後桜町《ごさくらまち》、後桃園《ごももぞの》天皇、後月輪陵には光格《こうかく》、仁孝《にんこう》天皇が葬られている。

俊芿のあとを継いだ第二世湛海《たんかい》は二度も入宋したが、帰国に際して、唐の玄宗皇帝が絶世の美女楊貴妃の冥福を祈るために、その顔かたちを写したと伝えられる観世音像を持ち帰った。頭部に宝冠を戴いた、一般に楊貴妃観音と呼ばれているこの仏に誘われ、泉涌寺を参詣する人も多い。

## 東海道筋と山科周辺

### 白川と粟田口

三条大橋を東へ行くと、白川に架かる白川橋を目にすることができる。白川は左京区の北白川の山中に端を発し、南禅寺西の疏水に合流して南へ流れ、知恩院の参道華頂道をくぐり、お茶屋街の祇園北側を通って、再び疏水に入るが、川の流れと、岸の柳や古い民家との調和は京都の風物詩である。

京都を探索するのに、白川に沿って岸を歩くのも一興といえよう。

白川橋を東へ行けば、粟田口《あわたぐち》である。江戸時代には白川橋から山科の日ノ岡《ひのおか》峠までの間を粟田口と呼んでいた。粟田口は東国からの京への入り口で、京の七口のなかで重要なものとなっていた。

このあたりは古代に貴族たちの山荘があり、六勝寺《ろくしょうじ》、最勝四天王院などの大伽藍が建ち並んでいた。また粟田口には鎌倉時代以降、刀鍛冶《かじ》の粟田口一族の存在がよくみられ、三条小鍛冶といわれて名刀を製作した。稲荷の神の使いである狐の助けで、名刀小狐丸を打った三条小鍛冶宗近は謡曲などに登場し、ゆかりの合鎚《あいづち》稲荷大明神が現在、道路の露地奥にひっそりと存在する。

また江戸前期から陶器の生産がみられ、一時期、五条坂や清水の窯をしのぐ勢いをもっていた。岩倉山、宝山《ほうざん》、錦光山《きんこうやま》などの窯元たちは青蓮院門跡の庇護をうけ、大いに栄えたが、やがて清水焼に取って代わられた。明治に入ると、当地で薩摩焼風のものが輸出品として盛んにつくられ、外貨を得たが、明治末期には衰退するようになった。

**門跡寺院の青蓮院**

知恩院《ちおんいん》に接する青蓮院《しょうれんいん》は天台宗山門派で、皇族の子弟が住持した格式高い門跡寺院である。

もとは比叡山中の一つの坊で、東塔南谷にあった青蓮房が久安《きゅうあん》六年（一一五〇）に鳥羽天皇の中宮美福門院《びふくもんいん》の祈願所となって青蓮院と呼ばれた。

青蓮院は初代、天台座主行玄《ぎょうげん》についで、鳥羽天皇の皇子覚快《かくかい》法親王が継承するが、当院は山上の本坊に対して、行玄の粟田口にあった三条白川坊を里坊とし、青蓮院門跡と称するようになった。

その後、この坊は仁安《にんあん》二年（一一六七）に九条家出身で歌人でもある慈鎮（慈円）が受け継いだ。彼はたびたび天台座主になった当時の有力者であったが、一方で浄土宗の開祖法然や、浄土真宗の親鸞を庇護し、親鸞は慈円の弟子となって得度した。その縁により、本願寺住持は代々、青蓮院で得度をうけることが恒例となっていた。

慈円は元久二年（一二〇五）に後鳥羽上皇が最勝四天王院を建立するに際して、三条白川の寺地を譲り、青蓮院の建物を東大谷の吉水《よしみず》坊に移したが、再び寺地は戻されたため殿舎を復興させた。

粟田御所《あわたごしょ》と呼ばれ、親王ないし摂家の子弟などが入寺してきたが、代々の門跡のなかで伏見天皇の皇子、入道尊円法親王は能書家で、優美な書風を範とする御家流《おいえりゅう》の祖となっている。また、家臣赤松満祐《あかまつみつすけ》に殺され（嘉吉《かきつ》の乱）、歴史上その名を残す足利義教《よしのり》は当院門跡から還俗して、室町幕府第六代将軍に就いた。

緑樹に囲まれる青蓮院

応仁の乱では西軍によって焼失したが、近世期に入って本格的な復興がはじまった。江戸期になって、寛永十六年（一六三九）徳川家の特別な保護をうけた知恩院拡充のために、寺地の一部を譲り、幕府から加増され、さらに加えられて、千三百石余の寺領を幕末までもっていた。

明治維新後は寺域を減少させられ、一時期、建物が京都府仮病院となったこともあった。明治二十六年（一八九三）九月に本堂をはじめとするほとんどの建物が焼けたため、現在のものはそれ以降に再建、移築されたものが多い。

寺宝の絹本着色不動明王二童子《じどうじ》像は青不動といわれ、三井寺《みいでら》の黄不動《きふどう》、高野山《こうやさん》の赤不動とともに三不動の一つで国宝に指定されている。

**日ノ岡・安祥寺・四ノ宮**

粟田口から蹴上《けあげ》を過ぎ、山科へ抜ける峠を日ノ《ひの》岡《おか》峠と呼んでいる。

江戸中期、この険しい坂道を通る荷車の牛馬の難を取り除くため、僧木食《もくじき》上人養阿が改修を京都町奉行に願い出て、工事を完成させた。また、明治八年（一八七五）に京都府が大改修をおこない、そのことを記念する修路碑が残っている。

日ノ岡の東、安祥《あんしょう》山の麓に安祥寺がある。真言宗に属し、吉祥山と号するこの寺は平安前期、仁明《にんみょう》天皇の皇后であった藤原順子が入唐僧恵運《えうん》僧都《そうず》をむかえて創建した。その境内は現在よりはるかに広大なもので、大伽藍が建っていたといわれている。毘沙門堂《びしゃもんどう》（後述）は安祥寺の土地を割譲して建立された。平安末期、勧修寺長吏が実権をにぎるようになって、徐々に寺勢が傾くようになり、戦国時代に荒廃し、江戸期には高野山の宝性院《ほうしょういん》が支配した。それで一般に高野堂といわれるようになった。本堂には十一面観世音を安置し、地蔵堂には恵運僧都が唐から持ち帰ったといわれる地蔵菩薩を祀っている。そのほか、開山堂、鎮守社などの建物がみられる。

山科をへて、旧東海道の四ノ宮《しのみや》の地に入ると地蔵堂がある。この地蔵堂は四ノ宮地蔵といわれ、京都に入る六つの口にそれぞれ建てられた地蔵堂の一つで、本尊の地蔵菩薩は平安前期の小野篁作と伝えられている。

なお、この地一帯は古代から四ノ宮河原と呼ばれ、『宇治拾遺物語』の記述から、河原に市が立ったことがわかる。

## 山科の名刹毘沙門堂

JR山科駅北側の山間に位置する毘沙門堂は、天台宗山門派（比叡山）五門跡の一つで護法山出雲《いずも》寺《じ》と号する。代々、法親王が住職となる寺で、堂々たる寺観をみせている。

本堂に祀る本尊、毘沙門天がこの寺の名となっているが、由緒書によると、この像は伝教大師最澄作と伝えられてきた。最澄は比叡山中堂の本尊をつくった余材で小像を刻んで桓武天皇に授け、天皇はこの小像を冠のなかに納めて持っていたが、それを皇子である葛原親王に与えた。その後、親王の子孫である平親範が丈六（一丈六尺＝約四・八五メートル）の毘沙門天をつくり、胎内にその小像を納めたのが、今日の本尊であるといわれている。

本寺は鎌倉初期、平親範が平氏ゆかりの平等寺、尊重寺《そんじゆうじ》、護法寺の三つの寺を合わせて出雲路（現上京区）に創建した毘沙門堂のあとを継ぐ。

平等寺は桓武平氏の葛原親王が建立し、太秦広隆寺《うずまさこうりゆうじ》の西にあったが、焼失した。尊重寺は親範家の祖である平宰相親信が五辻《いつつじ》に建立したが、転倒したため廃寺となって、本尊が大原に移されていた。護法寺は親範の父三位範家が伏見に建立したが、平

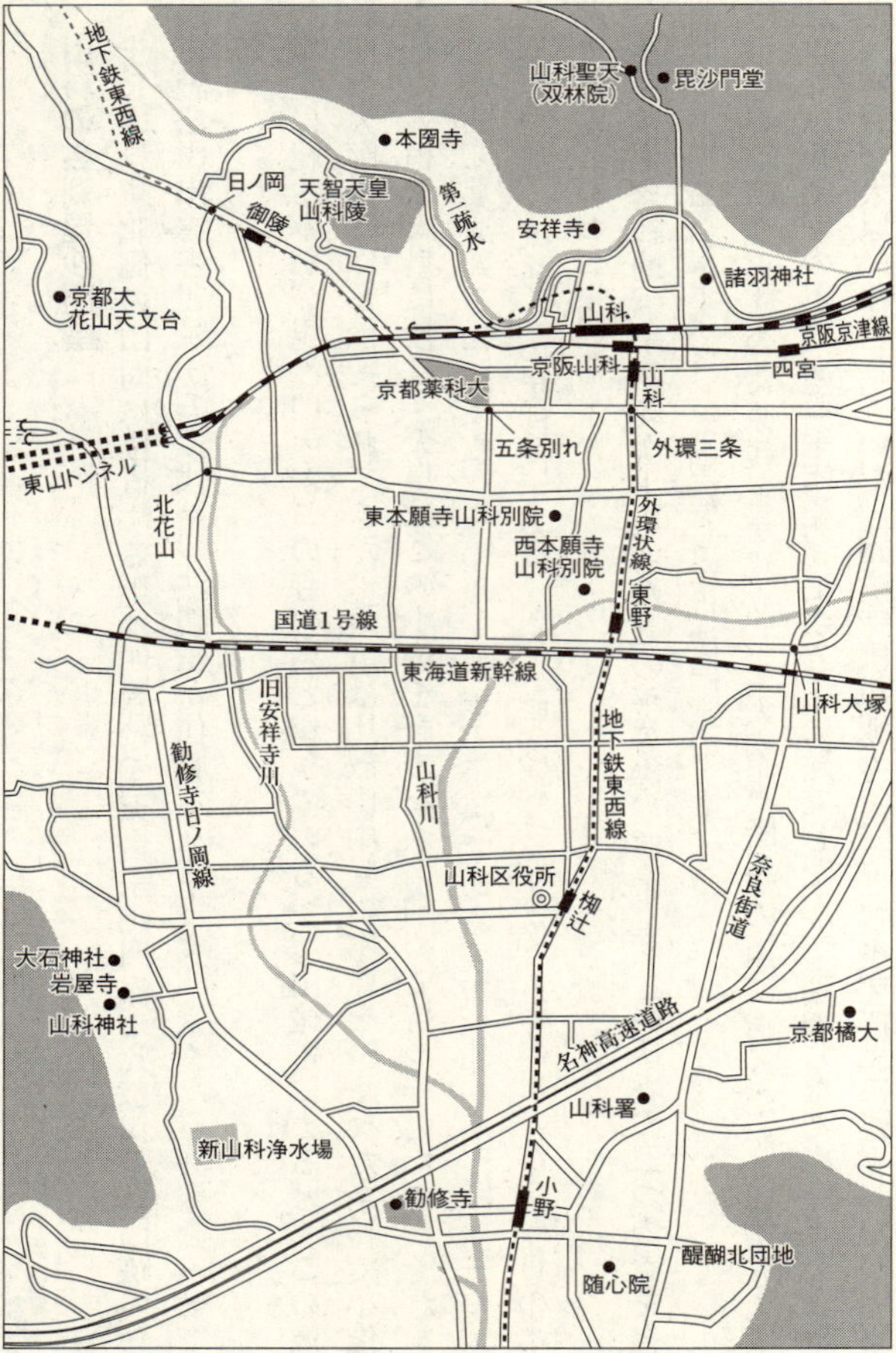
地下鉄東西線
山科聖天
(双林院)
毘沙門堂
本圀寺
日ノ岡
御陵
天智天皇
山科陵
第一疏水
安祥寺
諸羽神社
京都大
花山天文台
山科
京阪京津線
京阪山科
山科
四宮
京都薬科大
五条別れ
外環三条
東山トンネル
北花山
東本願寺山科別院
外環状線
西本願寺
山科別院
東野
国道1号線
東海道新幹線
山科大塚
旧安祥寺川
勧修寺日ノ岡線
山科川
地下鉄東西線
奈良街道
山科区役所
椥辻
大石神社
岩屋寺
山科神社
名神高速道路
京都橘大
山科署
新山科浄水場
小野
勧修寺
醍醐北団地
随心院

毘沙門堂の老桜

治の乱ののち、応保元年（一一六一）に北石蔵に移って、長寛元年（一一六三）、比叡山衆徒によって焼失させられたので、残った多聞天像を大原の来迎院《らいごういん》に移したのち、その地に一堂を建てて安置した。そしてさらに建久六年（一一九五）出雲路に移転したその護法寺に、親範が他の二寺を集めて毘沙門堂を建立したのである。

　中世、桜の名所となっていたが、戦乱などで荒廃した。慶長年間（一五九六〜一六一五）に後陽成天皇の勅によって天海《てんかい》が再興をはかることになり、その弟子、公海《こうかい》が寛文五年（一六六五）に山科のこの地に完成させた。公海は父は花山院忠長、母は東本願寺の教如《きょうにょ》の長女であるが、東叡山寛永寺で天台教学を学び、権勢を誇った黒衣の宰相、天海の後継者として比叡山と日光山を兼領し、准三后の宣下《せんげ》を蒙った。その後は後西天皇の皇子、公弁入道親王が入寺することによって宮門跡となった。

禁裏（御所《ごさい》）関係の様子を知ることのできる『雲上明覧大全《うんじょうめいらんたいぜん》』（文久三年版）には「御領千七十石　御宗旨天台　毘沙門堂　御無住　輪王寺御兼帯」と記されている。すなわち日光山輪王寺《りんのうじ》が本寺となっていた。

輪王寺は公海ののち、後水尾天皇の皇子、守澄入道親王が貫主となり、輪王寺宮の称号を朝廷から与えられて宮門跡となった。江戸幕府は家康・家光を葬る日光山の輪王寺を厚遇し、一万三千石余を寺領とした。その輪王寺宮が隠居すると京都へ帰ってこの毘沙門堂に入った。

歴代の輪王寺宮の墓は山科聖天として信仰を集める塔頭の双林院の裏山にある。毘沙門天を祀る本堂奥に宸殿《しんでん》があり、この建物は後西天皇の殿舎を下賜されたと伝えられ、狩野益信筆による障壁画がみられる。その背後に心字池をもち、巧みに石を配した庭園がある。

**勧修寺と随心院**

勧修寺《かじゅうじ》は真言宗山階派《やましな》の大本山で、昌泰《しょうたい》三年（九〇〇）、醍醐天皇が母藤原胤子の御願によって、胤子の祖父宇治郡大領宮道弥益《みやじいやます》の邸宅を寺に改めて創建したといわれている。延喜五年（九〇五）勅願寺となり、塔をはじめとして多くの堂舎が建てられ、皇室や藤原氏の庇護をうけて隆盛を保っていた。後伏見天皇の皇子寛胤法親王が当寺の長吏に就いたため、それ以降、歴代法親王が住持して勧修寺宮門跡となった。

中世になって応仁・文明の乱の兵火で焼失したため、寺勢が衰微した。また豊臣秀吉の伏見城築造にともなう街道建設で寺域が削られた。その後、徳川氏から寺領の寄進をうけ、元禄十年（一六九七）明正《めいしょう》天皇の旧殿を宸殿に下賜されるなど、今日みられる門跡寺院の寺観を整えた。

なお書院は宸殿と同じように明正天皇の旧殿といわれているが、門跡の御座所である上の間、対面所の広間、門跡の私的な柳の間からなっており、上の間の違い棚は独特の形式で勧修寺棚と呼ばれている。

また四季の花に彩られる池泉回遊式の庭園も名高い。

小野の地にある随心院《ずいしんいん》は小野御殿といわれた門跡寺院である。正暦二年（九九一）仁海僧正が建立した曼荼羅《まんだら》寺が当寺の創建にかかわると伝えられている。仁海は死んだ母が牛に生まれ変わっている夢を見、その牛を捜して養育したが、死んだので皮を

勧修寺の氷室庭園

はいで両界曼荼羅を描き本尊としたため、曼荼羅寺といわれた。仁海を雨僧正と呼んだが、それはたびたび神泉苑で祈雨してその験《しるし》があったためである。

第五世増俊が曼荼羅寺を随心院に改め、第七世親厳のとき、天皇の祈願所となり、門跡寺院となった。鎌倉期に入って承久の乱で焼失したのを再興されたが、室町期の応仁の乱で再び焼け、荒廃した。それを慶長年間（一五九六〜一六一五）第二十四世増孝が再建した。

本堂には本尊の左右に、快慶《かいけい》作金剛薩埵坐像（重要文化財）などが祀られている。境内は梅の名所となっており、花の咲く三月には「はねず踊り」が実施される。

当寺は平安期の絶世の美女、小野小町宅

の内外にゆかりの場所がみられる。

跡といわれ、小町が化粧に使った小町水、深草少将が小町宅へ通った通路など、境内の内外にゆかりの場所がみられる。

### 大石神社と山科本願寺跡

忠臣蔵の中心人物、大石内蔵助良雄は討ち入り前の一時期、山科の地で暮らした。その場所は岩屋寺の境内の続きにあり、内蔵助は縁者で当地出身の進藤源四郎の保証によってここに居を構え、伏見の遊里撞木《しゅもく》町に通ったといわれている。大石神社は岩屋寺の北にあり、昭和十年浪曲家吉田奈良丸らの呼びかけにより、大石良雄を祭神として創建された。末社に彼を助けた天野屋利兵衛を祀る義人社がある。毎年、討ち入りのあった十二月十四日に義士祭が実施される。

山科本願寺は親鸞を開祖と仰ぐ本願寺教団の中興、八世蓮如《れんにょ》が創建した。叡山の迫害で東山大谷の地を追われた蓮如は諸国を転々としたが、文明十年（一四七八）、山科野村郷の名主海老名五郎左右衛門から寄進をうけた広大な寺地に当寺の建設をはじめた。河内の門徒より運ばれた吉野の材によって御影堂が十二年にできあがり、翌年、阿弥陀堂が完成した。門前には美麗な寺内町が形成されていた。蓮如は山科本願寺で明応八年（一四九九）死去した。その墓は当地に八角形墓石として残存している。

蓮如のあとを継いだ実如《じつにょ》から証如《しょうにょ》の代、本願寺は天文元年（一五三二）、細川晴元《はるもと》方と日蓮宗徒の攻撃をうけて敗北し、大坂に移った。その後、天正十四年（一五八六）、山科の旧領が秀吉から寄進されて戻ることになった。

現在の東西本願寺山科別院は享保年間（一七一六～三六）に建立された。

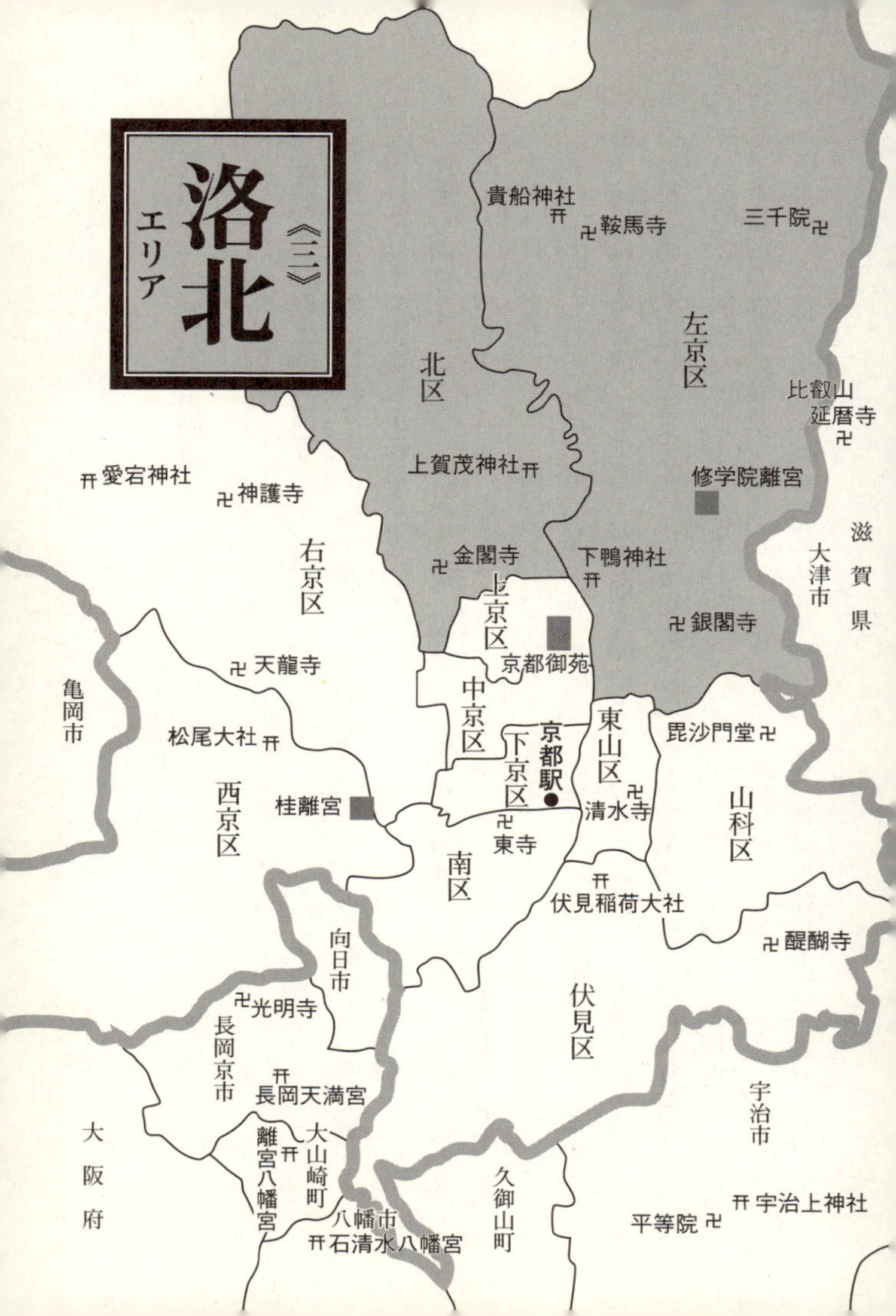

洛北《三》
エリア
貴船神社
鞍馬寺
三千院
左京区
北区
比叡山
延暦寺
上賀茂神社
修学院離宮
愛宕神社
神護寺
滋賀県
大津市
金閣寺
下鴨神社
右京区
上京区
銀閣寺
京都御苑
天龍寺
亀岡市
中京区
東山区
毘沙門堂
松尾大社
下京区
京都駅
西京区
桂離宮
山科区
清水寺
東寺
南区
伏見稲荷大社
醍醐寺
向日市
光明寺
伏見区
長岡京市
長岡天満宮
宇治市
大阪府
離宮八幡宮
大山崎町
久御山町
八幡市
宇治上神社
平等院
石清水八幡宮

# 南禅寺と黒谷から銀閣寺

## 「京都五山」の上位南禅寺

左京区南禅寺《なんぜんじ》は、若王子《にゃくおうじ》山の西麓、臨済宗南禅寺派の大本山南禅寺の門前町として開けた。その南の蹴《け》上《あげ》には東海道が走っている。

南禅寺の寺伝によれば、この地は、園城寺《おんじょうじ》の別院の最勝光院があった。その跡地に亀山天皇が離宮を造営し、退位後の正応《しょうおう》四年（一二九一）にこれを禅寺に改め、龍安山禅林禅寺としたのが、南禅寺のはじまりと伝える。

離宮に出没した死霊が、東福寺三世の無関普門《むかんふもん》の法力によって鎮まったことから、亀山法皇は深く普門に帰依して、普門を開山とする禅寺を創建したものという。

南禅寺の寺名は、弘安十年（一二八七）、離宮の新造御所の持仏堂を南禅院と名づけたことに由来する。二世規庵祖円《きあんそえん》のとき、永仁元年（一二九三）の仏殿をはじめとして本格的な伽藍の建立が進んだ。

そして、公武の崇敬を集め、建武元年（一三三四）には後醍醐天皇により大徳寺とともに京都五山の第一とされ、さらに至徳三年（一三八六）には室町幕府将軍足利義満により京都・鎌倉両五山の上位、最高の禅寺に列せられた。天皇も将軍も認める日本一の禅寺となったのである。

その後、応仁の乱で焼失するなどして衰退したが、江戸時代に入り、慶長十年（一六〇五）塔頭金地院《こんちいん》の以心崇伝《いしんすうでん》が住持となった頃から、南禅寺は再興され繁栄した。崇伝が徳川家康の信任を得て、幕府の外交・宗教にかかわったからである。

現在残る国宝の方丈は、同十六年に禁裏女院御所を移築したものという。また、重要文化財の三門は、寛永五年（一六二八）藤堂高虎《とうどうたかとら》が寄進したもので、楼内には徳川家康・藤堂高虎・以心崇伝の木像が安置されている。

なお、この三門は、史実ではないが、初世並木五瓶《なみきごへい》が歌舞伎「楼門五三桐《さんもんごさんのきり》」で盗賊の

南禅寺の三門

石川五右衛門が楼上で桜を眺め「絶景かな絶景かな」と感嘆する場面を書いたことから、いちやく庶民にも広く知られるようになった。

また、南禅寺および蹴上には、明治二十三年（一八九〇）に完成した琵琶湖疏水の施設が残ることでも知られる。

琵琶湖疏水は、琵琶湖と鴨川を人工の水路やトンネルを開鑿して結び、輸送や発電・灌漑・飲料水などに利用しようとしたもの。当時の京都府知事北垣国道《きたがきくにみち》が、工部大学校（現東京大学）を卒業したばかりの俊英、田辺朔郎《たなべさくお》を抜擢して建設した、明治の近代化の象徴というべき大土木工事であった。

南禅寺境内には、そのアーチ型の橋脚をもつレンガ造りの水路橋（水路閣）が敷設されており、独特の景観をつくり出して、テレビや映画の背景として人気を集めている。

一方、国道一号線（旧東海道）の南には蹴上発電所があり、その国道を挟んだ北側、南禅寺橋近くには、インクライン（傾斜鉄道）が復元されている。

これは、疏水と鴨川に三五メートルの標高差があったため、通行する船を台車にのせ、当初は馬で引き、蹴上発電所の完成後は動力をモーターに切り替えて、船を上下させていたものである。南禅寺橋の北には琵琶湖疏水記念館があって、疏水関係の資料を展示している。

**永観堂と「見返り阿弥陀」**

南禅寺の北方には、浄土宗西山禅林寺派の総本山である禅林寺《ぜんりんじ》、通称「永観堂《えいかんどう》」がある。

仁寿《にんじゅ》三年（八五三）空海の弟子真紹《しんしよう》僧都が、藤原関雄の山荘を買い取って真言宗の道場としたことにはじまるという。貞観五年（八六三）清和天皇より「禅林寺」の寺名が与えられ、のちには寺内に清和上皇の御願寺も建立されて栄えた。

承暦《じようりやく》年間（一〇七七〜八一）当寺中興の祖とされる、七世住持永観律師（「えいかん」と通称されるが、正しくは「ようかん」）のとき、本尊を大日如来から阿弥陀如来に変え、念仏道場となった。

本尊の木造阿弥陀如来立像は、平安時代の作であるが、背を向けて首を左に向け、うしろを見返るという独特の尊容であり、「見返り阿弥陀」の通称で知られる。永観が念仏修法しているとき、本尊阿弥陀仏が示現《じげん》して行道《ぎようどう》を先導し、「永観、おそし」とふり返ったという奇瑞にちなむものである。

また、永観堂の北には、若王子《にやくおうじ》神社が鎮座している。同社は、永暦《えいりやく》元年（一一六〇）、後白河法皇が熊野の那智権現をこの地に勧請したのがはじまりという。禅林寺の鎮守社ともいわれ、禅林寺新《いま》熊野社とも呼ばれた。現在の社名は、祭神の天照大《あまてらすおお》神《みかみ》の別号「若一王子《にゃくいちおうじ》」による。中世には武家の信仰が厚く、源氏や足利将軍家に崇敬されていた。

## 平家打倒「鹿ヶ谷事件」

永観堂や若王子神社の北は鹿ヶ谷《ししがたに》になる。その地名は、智證大師円珍《ちしょうだいしえんちん》がこの地を訪れたとき、一頭の鹿があらわれて案内したことによるものという。もとよりこれは伝説にすぎないが、円珍を開祖とする近江の三井寺（園城寺、滋賀県大津市）は、鹿ヶ谷と、大文字山そして如意ヶ岳を越える山越えの古道「如意越《にょいごえ》」で直結していた。『平家物語』によれば、治承四年（一一八〇）平家打倒に挙兵した以仁王《もちひとおう》は、夜中に京都を脱出して「如意山」に入り、三井寺を頼ったという。また、鹿ヶ谷から少し東へ登った山中には、三井寺の別院如意寺があり、平安末期から鎌倉にかけて栄えていたのである。

その鹿ヶ谷といえば、やはり『平家物語』に描かれた鹿ヶ谷事件が名高い。尼門跡寺院で知られる霊鑑寺《れいかんじ》の東方山中には、かつて法勝寺《ほっしょうじ》執行の俊寛《しゅんかん》僧都の鹿ヶ谷山荘があった。昭和十一年に京都教育会が建てた「此奥俊寛山荘地」の石碑が、往時をしのばせている。安元三年（一一七七）、俊寛は鹿ヶ谷山荘で藤原成経・平康頼らと平家打倒の謀議を進めていたが、密告により発覚、薩摩の鬼界ヶ島《きかいがしま》に流刑となり、同地で没した。俊寛の山荘の地は、この事件により「談合谷《だんごうだに》」と呼ばれるようになった。

黒谷の金戒光明寺

## 黒谷の金戒光明寺

鹿ヶ谷から白川通を隔てた西側は、黒谷《くろだに》と呼ばれる。浄土宗の本山、金戒光明寺《こんかいこうみようじ》の所在する地であり、「黒谷さん」は同寺の別称ともなっている。

これは平安末期、法然上人が浄土宗の弘通《ぐづう》のため、この地に草庵を開き、法然がかつて比叡山延暦寺西塔の黒谷（青龍寺）叡空上人のもとで修行していたのに対して、新黒谷と呼んだのがはじまりという。応仁元年（一四六七）応仁の乱の兵火で焼失したが、永正年間（一五〇四～二一）に復興している。

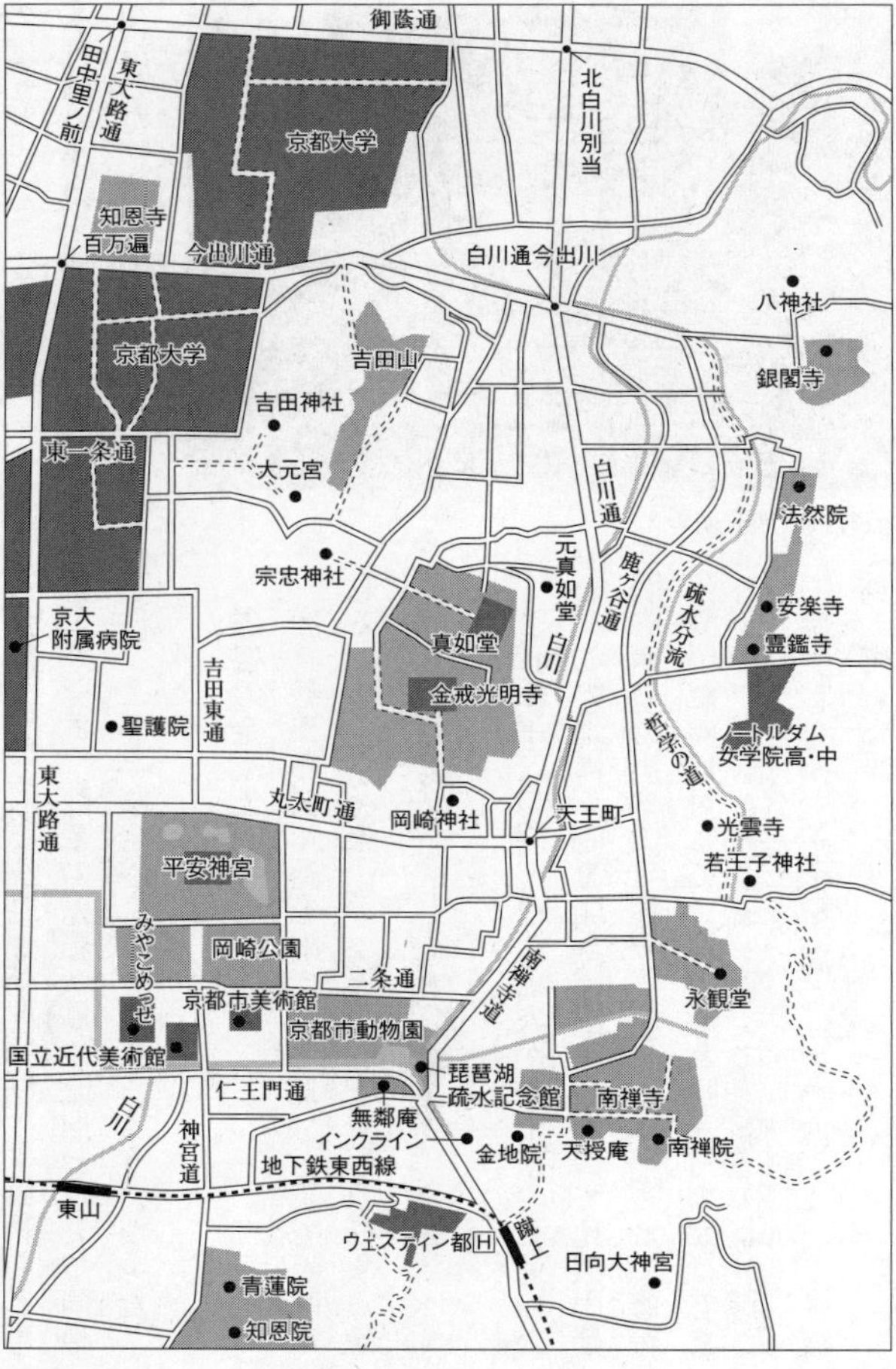
御蔭通
北白川別当
田中里ノ前
東大路通
京都大学
知恩寺
百万遍
今出川通
白川通今出川
八神社
銀閣寺
吉田山
京都大学
吉田神社
東一条通
大元宮
法然院
白川通
宗忠神社
元真如堂
鹿ケ谷通
疏水分流
京大附属病院
安楽寺
霊鑑寺
真如堂
白川
吉田東通
金戒光明寺
聖護院
ノートルダム女学院高・中
哲学の道
東大路通
丸太町通
岡崎神社
天王町
光雲寺
若王子神社
平安神宮
みやこめっせ
岡崎公園
南禅寺道
永観堂
二条通
京都市美術館
京都市動物園
国立近代美術館
琵琶湖疏水記念館
仁王門通
南禅寺
白川
無鄰庵
インクライン
金地院
天授庵
南禅院
神宮道
地下鉄東西線
東山
蹴上
ウェスティン都H
日向大神宮
青蓮院
知恩院

また、『平家物語』一の谷の合戦の、平敦盛《あつもり》とのエピソードで知られる熊谷直実《くまがいなおざね》が、戦いののち、無常を感じて法然上人に帰依して出家し、蓮生《れんじょう》と名乗って同寺の山内に草庵を構え、晩年をすごしたと伝えられている。

なお、同寺に伝来する「絹本著色山越阿弥陀図」（鎌倉時代、重文）は、浄土信仰を絵画化した、来迎図の代表作の一つとして知られている。

## 真如堂の十夜念仏

この金戒光明寺の少し北側には、真如堂《しんにょどう》がある。正式には真正極楽寺《しんしょうごくらくじ》と称する、天台宗の寺院である。

大永《たいえい》四年（一五二四）に制作された「紙本著色真如堂縁起」で、その歴史はよく知られている。それによれば、開基は比叡山の戒算《かいさん》上人で、正暦《しょうりゃく》三年（九九二）、一条天皇の母の東三条院《とうさんじょういん》藤原詮子《せんし》の御願により、延暦寺常行堂にあった阿弥陀如来像を移して一堂を建てたのがはじまりという。同五年には一条天皇の勅願寺となり、天台宗の大寺として栄えた。しかし、応仁二年（一四六八）応仁の乱の兵火によって焼失し、本尊は比叡山西塔黒谷の青龍寺に移された。

その後、近江国坂本の宝光寺などに移り、文明十六年（一四八四）足利義政の寄進により、この地に再興されている。しかし、その後もまた移転を続け、元禄六年（一六九三）現在地に戻った。

なお、現在の真如堂の東北に、真如堂の境外仏堂の念仏堂があるが、その地は平安時代から応仁の乱までの真如堂の旧地といわれ、元真如堂の名がある。また、同寺は、応仁の乱を避けて一時、寺基を延暦寺の黒谷に移したと伝えられるが、黒谷青龍寺は、法然が浄土教を学び、修行した寺院であった。

そのような関係からか、真如堂では毎年十一月五日から十五日まで（古くは旧暦十月五日から十五日まで）、「お十夜《じゅうや》」と呼ばれる、十日十夜にわたり毎夜鉦を打ち鳴らして念仏を唱和する法要がおこなわれている。

これについて、つぎのような縁起が伝わっている。永享九年（一四三七）、平貞国《さだくに》という人が、世の無常を感じて出家を願い、真如堂に参籠したが、三日待てとの夢告があった。三日三夜念仏を唱えて待ったところ、貞国に家督相続の命が下った。もし貞国が待たずに出家していれば、家は絶えるところであったので、感謝した貞国は、さらに七日七夜の念仏を重ねた。

この故事により、十夜念仏を唱えると極楽往生がかなうとされ、浄土教系の寺院では盛んに修されている。

銀閣寺と砂の造形

## 足利義政と銀閣寺

左京区浄《じょう》土《ど》寺《じ》は、北白川の南に位置し、天台座主明救が寛仁《かんにん》二年（一〇一八）に開創したと伝えられる浄土寺にちなむ地名という。

しかし、文明十四年（一四八二）に室町幕府前将軍の足利義政が、その境内地に山荘「東山殿《ひがしやまどの》」を造営することとなったため、浄土寺は相国寺の西に替地を与えられて移転したという。翌文明十五年、義政はこの東山殿に移り、晩年を過ごした。

延徳二年（一四九〇）義政は没し、その遺言により、東山殿は寺院に改められた。現在、銀閣寺と通称される臨済宗相国寺派の寺院、慈照寺《じしょうじ》である。寺名は義政の法号をとったもので、室町時代後期の東山文化を代表する寺院建築として知られている。

同寺の義政時代の遺構は、東求堂《とうぐどう》（国宝）と観音殿《かんのんでん》（銀閣、国宝）である。

東求堂は、持仏堂で、西芳寺《さいほうじ》（苔寺）本堂の西来堂を模範としたものといい、文明十八年（一四八六）の完成。単層、入母屋造り、檜皮葺で、仏間と四畳・四畳半・六畳の小間からなる、書院造りの代表的な建物であり、草庵茶室の源流とされる「同仁斎《どうじんさい》」は、その東北の四畳半の間である。

また、観音殿は、同じく西芳寺の瑠璃殿《るりでん》にならったもので、宝形造り、柿葺《こけらぶき》の二層の楼閣である。禅宗の仏殿と住宅を上下に組み合わせたもので、長享三年（一四八九）に上棟し、義政により、上層の禅寺様式の室は潮音閣《ちょうおんかく》、下層の住宅様式の間は心空殿《しんくうでん》と命名されている。

なお、江戸時代になると、名所記などでは、北山の金閣寺に対応する寺院建築として、観音殿は「銀閣」、慈照寺は「銀閣寺」と呼ばれるようになる。しかし、名所記には銀箔で彩られていたと書かれているが、実際の観音殿には銀箔をほどこした形跡はない。

## 岡崎・聖護院・吉田周辺

### 白河天皇の六勝寺跡

左京区岡崎《おかざき》は、白川の下流に位置し、平安時代は「白河《しらかわ》」と呼ばれ、関白藤原頼通《よりみち》の白河殿をはじめとする貴族の別荘地であった。岡崎の地名があらわれるのは、鎌倉時代初期のことである。白河の地がもっとも発展したのは、平安末期、院政期のことである。白河天皇の造営にはじまり、以後代々これを踏襲した、天皇および皇后の御願の大寺が、約七十年の間に六カ寺造営され、いずれも寺名に「勝」の字がつけられたので「六勝寺《ろくしょうじ》」と通称された。

白河天皇の発願で承暦《じょうりゃく》元年（一〇七七）落慶供養の法勝寺《ほっしょうじ》（現京都市動物園およびその北側付近）、堀河天皇の発願で康和四年（一一〇二）落慶の尊勝寺《そんしょうじ》（現京都会館付近）、鳥羽天皇の発願で元永《げんえい》元年（一一一八）落慶の最勝寺《さいしょうじ》（現岡崎グラウンド付近）、鳥羽天皇の皇后待賢門院《たいけんもんいん》（藤原璋子《しょうし》）の発願で大治三年（一一二八）落慶の円勝寺《えんしょうじ》（現京都市美術館付近）、崇徳天皇の発願で保延五年（一一三九）落慶の成勝寺《じょうしょうじ》（現府立図書館付近）、近衛天皇の発願で久安五年（一一四九）落慶の延勝寺《えんしょうじ》（現みやこめっせ付近）の六カ寺である。

ことに法勝寺は、白河天皇の権威を背景とした壮麗な寺院として知られていた。天台座主慈円《じえん》は、『愚管抄《ぐかんしょう》』のなかで「国王ノウヂデラ（氏寺）」と同寺を呼んでいる。その方四町の広大な寺地は、左大臣藤原師実《もろざね》からの寄進をうけたもので、金堂（本尊・盧遮那仏《るしゃなぶつ》）・講堂・五大堂（不動尊像安置）・阿弥陀堂（九体の阿弥陀仏像安置）・法華堂などの諸堂が建ち並んでいた。

盧遮那仏を安置する金堂は奈良仏教、不動尊像を安置する五大堂は平安の密教、阿弥陀堂は浄土教を受け継いだものと考えられ、従来の仏教を総合した寺院であった。伽藍のなかでもっとも威容を誇ったものは、永保三年（一〇八三）に完成した八角九重の塔であった。その高さは、のちに南北朝時代に再建されたものでも二七丈（約八二メートル）あったというから、創建時はそれ以上の規模であったろうと推定されている。

しかし、この「六勝寺」も室町時代にはしだいに衰え、応仁の乱以後、廃寺となったといい、現在は、円勝寺町・最勝寺町・成勝寺町・法勝寺町といった町名が、その歴史をしのばせるのみである。

## 岡崎公園と平安神宮

現代の岡崎といえば、約八万平方キロメートルの岡崎公園がその多くを占めており、そこには明治以来の各種文化施設が建ち並び、近代京都の文化・芸術を象徴する地域となっている。

平安神宮の神苑

昭和八年開館の京都市美術館、同三十八年開館の京都国立近代美術館、また、昭和三十五年開館の京都会館、また明治三十六年(一九〇三)開園の京都市動物園などである。その岡崎公園じたいは、明治三十七年(一九〇四)に設置された都市公園であるが、その核となったのが、平安神宮であった。

平安神宮は、明治二十八年(一八九五)に平安遷都千百年を記念して建立されたものである。祭神は、平安京を建都した桓武天皇と京都最後の天皇の孝明天皇。社殿は、平安京の大内裏の政庁である朝堂院《ちょうどういん》を、約八分の五の大きさで復元したものであった（本殿はのちに焼失したため、昭和五十一年再建）。

神宮の背後には、小川治兵衛の作庭になる広大な神苑《しんえん》が付属している。その神苑の桜を、谷崎潤一郎は、名作『細雪《ささめゆき》』の上巻で取り上げ、つぎのように書いている。

> 彼女たちがいつも平安神宮行きを最後の日に残して置くのは、この神苑の花が洛《らく》中《ちゅう》に於《お》ける最も美しい、最も見事な花であるからで、円山《まるやま》公園の枝垂桜《しだれざくら》が既に年老い、年々に色褪《いろあ》せて行く今日では、まことに此処《ここ》の花を措《お》いて京洛《きょうらく》の春を代表するものはないと云つてよい。

『細雪』は、のちに谷崎夫人となる森田松子とその姉妹をモデルに、昭和十年代前半の関西の上流家庭の若い女性の暮らしを描いたものであるが、この平安神宮の花見は当時、芦屋に住んでいた松子姉妹の年中行事にもとづくものという。神苑の桜は、戦前から京阪神の人々に知られる桜の名所であり、谷崎にとっては、「京洛の春」を代表するものだったのである。

## 聖護院と銘菓「八ツ橋」

その岡崎の北に位置する地域が、左京区聖《しょう》護《ご》院《いん》である。

この地も古くは「白河」のなかに含まれていたが、室町時代後期から「聖護院」を村名とするようになる。その由来は、天台寺門宗の門跡寺院で、本山修験宗《ほんざんしゅげんしゅう》の大本山を兼ねる聖護院が、当地にあったことによる。

聖護院は、園城寺の開祖智證《ちしょう》大師円珍の草創と伝承されるが、定かでない。寛治四年（一〇九〇）その法脈をひく増誉が、白河上皇の熊野参詣を先達した功により熊野三山検校職に任じられ、修験道を統括した際に、その法務を営むために開いたのが、当院の直接のおこりという。その後、三世覚忠のとき聖護院と号し、四世門主に後白河天皇の皇子静恵法親王が入ってより宮門跡寺院となった。

しかし、応仁二年（一四六八）応仁の乱の兵火によって焼失、愛宕《おたぎ》郡岩倉村長谷《ながたに》の地に移された。その後、近世に入って、豊臣秀吉のとき上京の烏丸上立売に移され、延宝四年（一六七六）、再度、現在地に戻っている。

なお、聖護院といえば、京都の銘菓として名高い「八ツ橋《やつはし》」がある。同寺の南西には、元禄二年（一六八九）創業という聖護院八ツ橋総本家がある。創業の四年前に没した琴の元祖八橋検校をしのんで、琴型の干菓子をつくり、「八ツ橋」と称して、参道の聖護院の森で売ったのがはじまりと伝えている。

## 吉田神社と京都大学

左京区吉田《よしだ》は、東は吉田山とも呼ばれる神楽岡《かぐらおか》から、西は鴨川にかけての一帯である。神楽岡の地名は、神の降臨する神座《かみくら》のあった岡からきたものと考えられるが、平安初期には「康楽岡《かぐらがおか》」とも記される遊猟の地で、周辺は陵墓の地でもあった。

その神楽岡の西麓に鎮座するのが、吉田神社である。社伝によれば、貞観元年（八五九）藤原山蔭《やまかげ》が、奈良の春日神を自邸に勧請して氏神としたことにはじまるという。藤原氏の氏神として崇敬され、御堂《みどう》関白と称されて藤原氏の繁栄の頂点をきわめた藤原道長《みちなが》も、この吉田社を崇敬していた。

当初、現在の吉田二本松町付近にあったが、文明年間（一四六九〜八七）に現在地に遷座したとされる。そして、室町時代後期の文明十六年（一四八四）吉田（卜部《うらべ》）兼倶《かねとも》が、社内に全国の神を合祀して大元宮《だいげんぐう》と称し、神道こそ儒教・仏教の根本であると主張して、唯一神道（吉田神道）を唱えた。そして、同社に一度参詣すれば全国の神に詣でたのと同じ効験があるとして信仰を集めたのである。

今出川通と丸太町通の間（今出川通の北も）に、東大路通を挟んで東西に広大なキャンパスを占める京都大学がある。

京都大学は、明治三十年（一八九七）東京大学につぐ第二の帝国大学として設置されたものである。第二次世界大戦後、その南にあった旧制第三高等学校と併せて、新制の京都大学に改められた。東京大学に比べて、自由な発想を尊ぶ学風といわれ、戦後まもなくの湯川秀樹をはじめ、朝永振一郎・福井謙一・利根川進というノーベル賞学者を輩出するなどしている。

京都の市街が千年の歴史を有する古都の顔をもつとともに、若く華やいだ学生の町の顔ももっているのは、この京都大学をはじめとする大学の存在が大きい。

吉田神社の大元宮

### 百万遍という地名

その吉田の北辺、今出川通と東大路通の交差する付近には、「百万遍《ひゃくまんべん》」というユニークな地名がある。これは、念仏を百万遍（百万回）唱える浄土信仰の法要にちなむものであり、その交差点の東北にある、浄土宗四カ本山（ほかは、知恩院・清浄華《しょうじょうけ》院《いん》・金戒光明寺）の一つの知恩寺《ちおんじ》の異名でもある。

知恩寺は、もとは賀茂社の神宮寺で、現在の上京区の相国寺の北にあって、今出川の釈迦堂、賀茂の河原屋《かわらや》などと呼ばれていた。ここに、浄土宗の開祖法然上人が一時滞在して念仏道場とし、弟子の源智（平重盛《しげもり》の孫）を住持とした。源智は師の法然への報恩の志から、この寺を功徳院《くどくいん》知恩寺と名づけたという。

のちに、元弘元年（一三三一）洛中で疫病が流行した際、知恩寺八世の善阿空円が勅命により七日間の百万遍念仏を修したところ、疫病が鎮まったので、後醍醐天皇から「百万遍」の寺号を賜ったと伝えられている。

なお、現在地への寺地の移転は、寛文二年（一六六二）のことである。

## 下鴨と上賀茂

**平安京以前の古社下鴨神社**

左京区下鴨《しもがも》は、東の高野川《たかのがわ》と西の賀茂川の合流点の北側に形成された沖積地にある。その地名は、下鴨神社が鎮座することによる。

下鴨神社は、上賀茂神社と同じく、『延喜式』神名帳にみえる古社であり、平安遷都より以前に大和国葛木山《かつらぎ》（奈良県御所市）から移住して、当地に居住していた賀茂氏の氏神である。

祭神は賀茂氏の祖神である賀茂建角身命《かものたけつぬみのみこと》とその娘の玉依日売《たまよりひめ》で、正式には賀茂《かも》御《み》祖《おや》神社という。本殿の西殿に賀茂建角身命、東殿に玉依日売を祀る。

下鴨神社は、賀茂別雷《かもわけいかづち》神社（北区上賀茂本山）を上賀茂神社というのに対する通称である。上賀茂・下鴨両社は一体として信仰され、「賀茂社」と称されていた。平安初期の大同二年（八〇七）以来、朝廷から伊勢神宮につぐ社格の神社として崇敬され、伊勢神宮と並んで未婚の内親王が神事を奉仕する斎王《さいおう》（斎院《さいいん》ともいう）に任じられていた。その例祭「賀茂祭」（現在は「葵祭《あおいまつり》」と称して五月十五日に催される）は、京都最大の官祭として知られていた。

また、伊勢神宮と同様に、延暦三年（七八四）以来、二十年に一度、本殿を造替（他の社殿は修理を加える）する式年遷宮がおこなわれていた。南北朝の内乱時代や戦国時代には一時、遅延・断絶もあったが、江戸時代の寛永六年（一六二九）から再開され、文久三年（一八六三）まで、ほぼ三十年間隔で八回、遷宮がなされている。現在の本殿は、その文久三年の造替で、国宝となっている。ほかの社殿は、寛永六年の

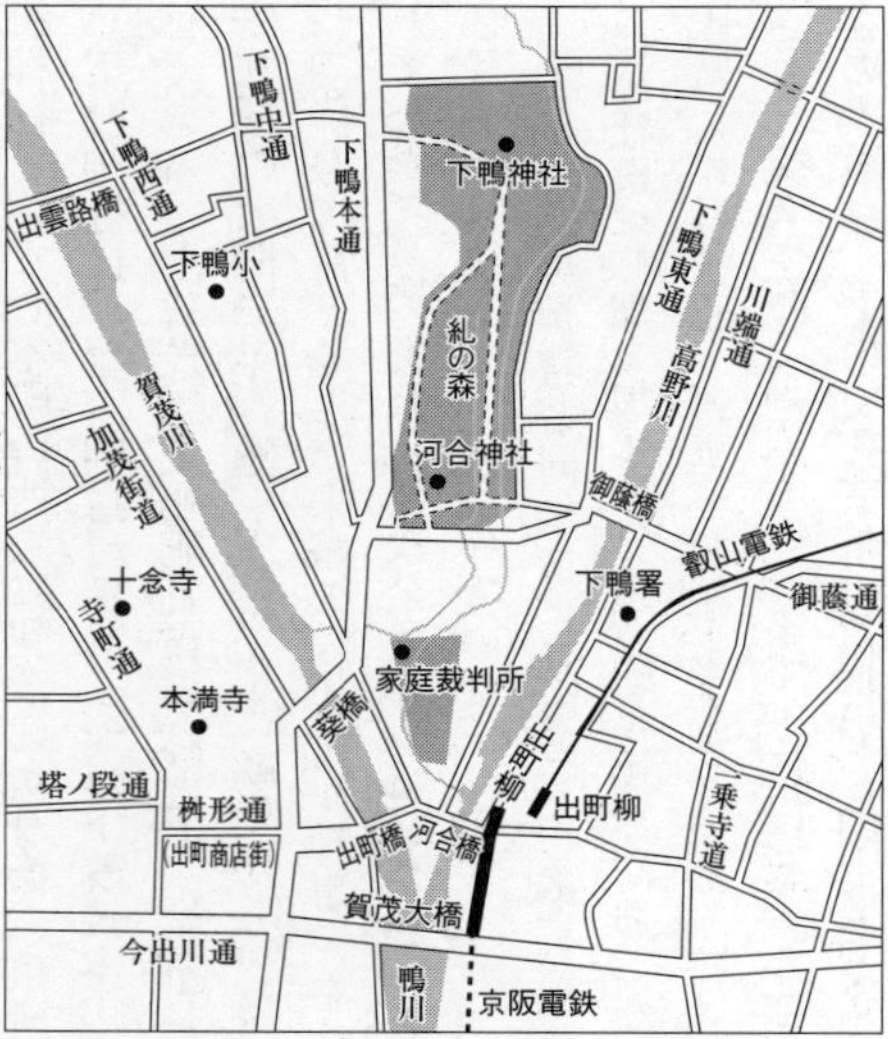


造替で、三十二棟が重要文化財である。

## 神の坐す糺の森

下鴨神社が鎮座する一帯の森は、平安時代以来、「糺《ただす》の森」と呼ばれていた。高野川と賀茂川とが合流する地で、「糺」の名は「只洲《ただす》」が転訛したものという。また、「河合《かわい》の森」とも呼ばれた。その北辺に鎮座する下鴨神社への参道が森の中央を南北に通じており、平安時代以来、禊《みそぎ》の場所として知られ、また「糺」の字義から、さらに転じて、偽りを正す神の座《いま》す森としての信仰も集めた。

江戸時代のはじめから、糺の森は納涼の地としても知られた。夏になると、森を流れる泉川・御手洗《みたらし》川のほとりには水茶屋や煮売屋などが多数仮設されて、夕涼みの人々で賑わい、四条河原の納涼と並んで、京都の夏を代表する風物の一つとなっていた。

その糺の森を、下鴨神社から参道を南に下った、境内の入り口近くに、摂社の河合神社がある。祭神は玉依日売、この社も『延喜式』神名帳にみえる古社である。「河合」の名は、高野・賀茂の両川の合流地にあたることからきたもので、「只洲社」とも記され、また「河合社」と書いても「ただすのやしろ」と読むのが慣例であったようだ。正式名称は小社宅《こそべ》神社といい、賀茂社の社家の屋敷神をさすという。

下鴨神社の社殿

『方丈記』の著者の鴨長明《かものちようめい》は、下鴨社の社家の出身で、後鳥羽上皇が長明をこの河合神社の禰宜《ねぎ》に任命しようとしたが、一族の反対で実現しなかった。これが、長明の遁世《とんせい》の原因であったという。

また、高野川と賀茂川の合流地の河原は、「糺河原《ただすがわら》」と呼ばれた。『太平記』によれば、南北朝時代、糺河原は東方からの敵に対する鴨川沿いの防御線という、軍事上の要衝だったようだ。

さらに、室町時代には、洛中における芸能の勧進興行の場となった。永享五年（一四三三）の観世太夫音阿弥《かんぜだゆうおんなみ》による祇園塔婆勧進猿楽《ぎおんとうばかんじんさるがく》は、将軍義教も見物した。また寛正五年（一四六四）の音阿弥の子の又三郎政盛による鞍馬寺塔婆勧進猿楽は、将軍義政と夫人日野富子をはじめ諸大名らも見物する盛大なもので、六十三間（約一一三メートル）の大桟敷が設けられたという。

## 上賀茂神社と「葵祭」

北区上賀茂《かみがも》は、賀茂川上流の東岸、京都盆地の北辺にあたる地域である。その地名は、上賀茂神社が鎮座することによる。

先に記したように、上賀茂神社は、『延喜式』神名帳にみえる古社であり、平安遷都より以前に大和国葛木山（奈良県御所市）から移住して、当地に居住していた賀茂氏の氏神である。賀茂氏の祖神である賀茂建角身命《かものたけつねみのみこと》の娘、玉依日売の子の賀茂別雷命《かもわけいかづちのみこと》を祭神とし、正式には賀茂別雷神社という。上賀茂神社は、賀茂御祖神社を下鴨神社というのに対する通称である。上賀茂社・下鴨社一体として信仰され、「賀茂社」と称されていた。上賀茂社の祭神は、その名のように雷神、すなわち水神であり、かつての京都の地の農耕神であった。

上賀茂神社の北方約二キロのところに、標高三〇一・五メートルの神山《こうやま》がある。その山頂には、降臨石と呼ぶ上賀茂社の磐座《いわくら》があり、年ごとに神体山《しんたいさん》から神をむかえる御阿礼《みあれ》神事がおこなわれていたという。現在は、五月十二日、上賀茂社と神山の中間の丸山（標高一五三・五メートル）にある御阿礼所で、この神事が催される。

賀茂氏は延暦三年（七八四）の長岡京遷都頃から朝廷との結びつきが生まれ、大同二年（八〇七）には正一位を贈られ、伊勢神宮につぐ神社の地位を与えられて崇敬された。

その結果、祭祀の主体も賀茂氏から朝廷に移り、賀茂氏の後裔の賀茂県主《あがたぬし》氏は、賀茂社の神官に任じられることとなった。祭事を取り仕切る「アレオトメ」も、当初は賀茂県主氏から女子を選定していたが、弘仁元年（八一〇）から、朝廷により未婚の内親王を斎王とすることとなった。

賀茂社の斎王は、その御所を「斎院」と称したことから、斎王自身も「斎院」と呼ばれ、伊勢神宮の斎王を「斎宮《さいぐう》」と呼ぶのと区別した。初代の賀茂斎院は、嵯峨天皇の第九皇女有智子《うちこ》内親王であった。

なお、御所の斎院は、仁寿二年（八五二）四代の文徳天皇皇女の慧子《けいし》内親王のとき

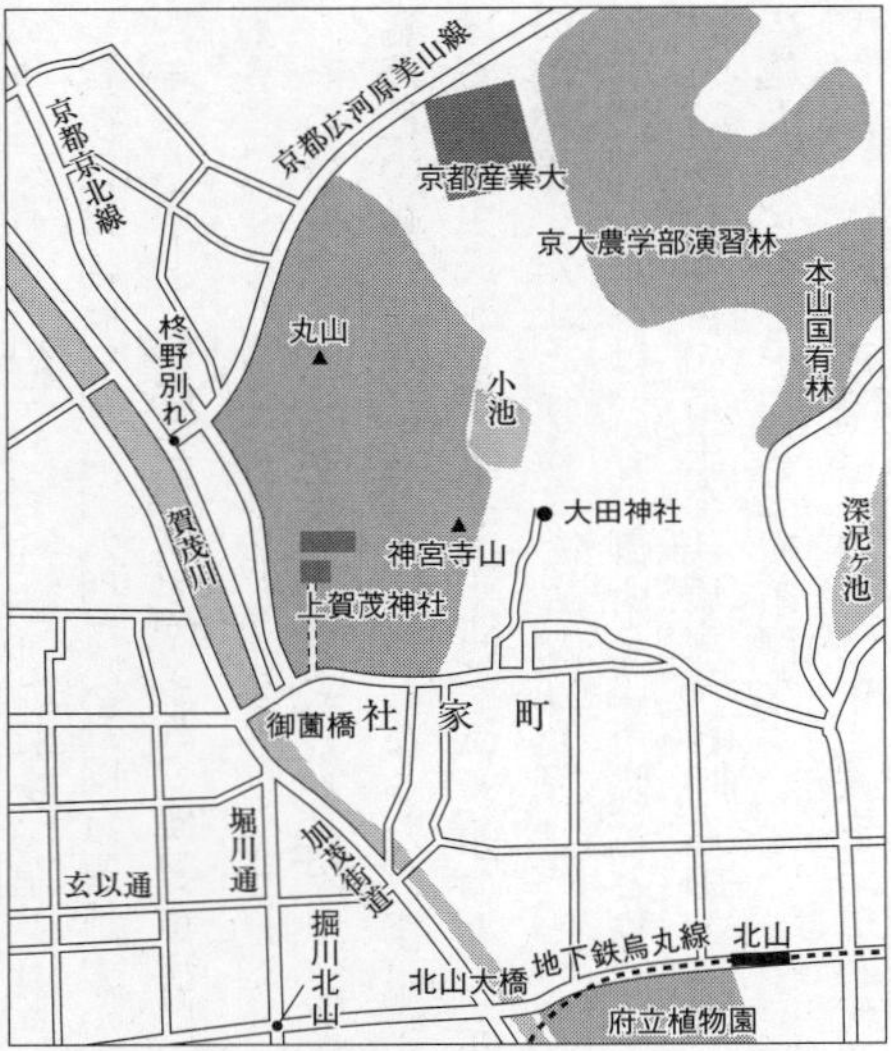


から紫野に設けられ、「紫野斎院」と呼ばれた。

賀茂社の祭としては、勇壮な騎射の行事である「賀茂の競馬《くらべうま》」（現五月五日）と、旧暦四月の中の酉《とり》の日（現五月十五日）に朝廷が主催した例祭「賀茂祭」がある。

平安時代、京都で「祭」といえば、この賀茂祭のことであった。祭の中心は、祭礼に先立ち賀茂河原でおこなわれる斎院の御禊《みそぎ》と、内裏から上賀茂社・下鴨社への斎院の「参向《さんこう》」と「還立《かえりだち》」の華麗な行列であった。その様子は、『源氏物語』の葵《あおい》の巻や、『枕草子』の二百五段などに活写されている。

なお、行列は応仁の乱で中絶していたが、元禄七年（一六九四）徳川幕府の援助で復活した。そして、祭に参加する人々が挿頭《かざし》の花として葵を用いたことから、「葵祭」

と通称されて現在にいたるのである。

## 賀茂氏一族と社家町

上賀茂神社には、賀茂川を水源として、本殿の東側の御物忌《おものい》川と、西側の御手洗《みたらし》川（現明神川）が流れており、本殿西南の橋本社（橋殿）で合流する。その合流点から上賀茂社の境内を出るまでを、「楢《なら》の小川《おがわ》」と呼んでいる。百人一首に採録された藤原家隆《いえたか》の和歌、「風そよぐならの小河の夕暮は御禊ぞ夏のしるしなりける」などに詠まれた歌枕（歌名所）である。その後、境内を出た川は、明神川と再び名を変え、神社の南側に形成された社家町《しゃけまち》を縦貫している。

上賀茂神社の社家町

社家町は、室町時代から上賀茂社の神官の屋敷町として町並が形成されてきたものである。明神川に架かる土橋、川沿いの土塀や門、独特の妻飾りをもった社家の建物、土塀越しの庭の緑などが一体となって、趣のある屋敷町の景観をいまに伝えており、京都市により昭和六十三年、上賀茂伝統的建造物群保存地区に指定されている。

また、社家町の一角には、明神川の守護神の藤木《ふじのき》社が祀られており、その神木は樹齢五百年という楠《くすのき》の大木で、社家町のシンボルとして崇められている。

なお、社家の賀茂氏一族からは、平安時代に『池亭記《ちていき》』や『日本往生極楽記《おうじょうごくらくき》』を著した慶滋《よししげの》(賀茂)保胤《やすたね》や、江戸時代後期の歌人である賀茂季鷹《かものすえたか》、近代の陶芸家で料理通で知られた北大路魯山人などが輩出している。

このほか、上賀茂地域で江戸時代以来著名な名産に、蕪《かぶら》の一種の酸茎《すぐき》の漬物と、丸い形の賀茂茄子があり、現在もわれわれの食卓を楽しませてくれている。

## 一乗寺・松ヶ崎周辺・修学院

### 曼殊院と詩仙堂

左京区一乗寺《いちじょうじ》は比叡山延暦寺の西麓にあたり、修学院とともに「西坂本」と呼ばれた。一乗寺の地名は、平安時代中期から南北朝時代まで、この地にあった天台宗園

門跡寺院の曼殊院

城寺（三井寺・寺門）派の別院、一乗寺に由来する。

一乗寺は十世紀後半に三井寺の末寺として建立され、康平六年（一〇六三）一条天皇の中宮、藤原彰子《しょうし》（上東門院《じょうとうもんいん》、道長の娘）の御願寺となって寺基が整備された。しかし、保安《ほうあん》二年（一一二一）に対立する延暦寺（山門）衆徒の焼き打ちで焼失、その後再興されたが、建武二年（一三三五）南北朝の動乱の兵火で再び焼失している。

現在、一乗寺地域にある歴史的に著名な寺院といえば、修学院離宮の南にある曼殊院《まんしゅいん》があげられよう。同寺は、天台宗延暦寺に属する門跡寺院で、竹内門跡とも称し、江戸時代の明暦二年（一六五六）に移転してきたものである。

曼殊院は、延暦年間（七八二〜八〇六）に最澄が比叡山上に建立した一寺を、天慶《てんぎょう》年間（九三八〜四七）に是算《ぜさん》が西塔北谷に移して東尾坊と称したのにはじまる。天仁年間（一一〇八〜一一〇）

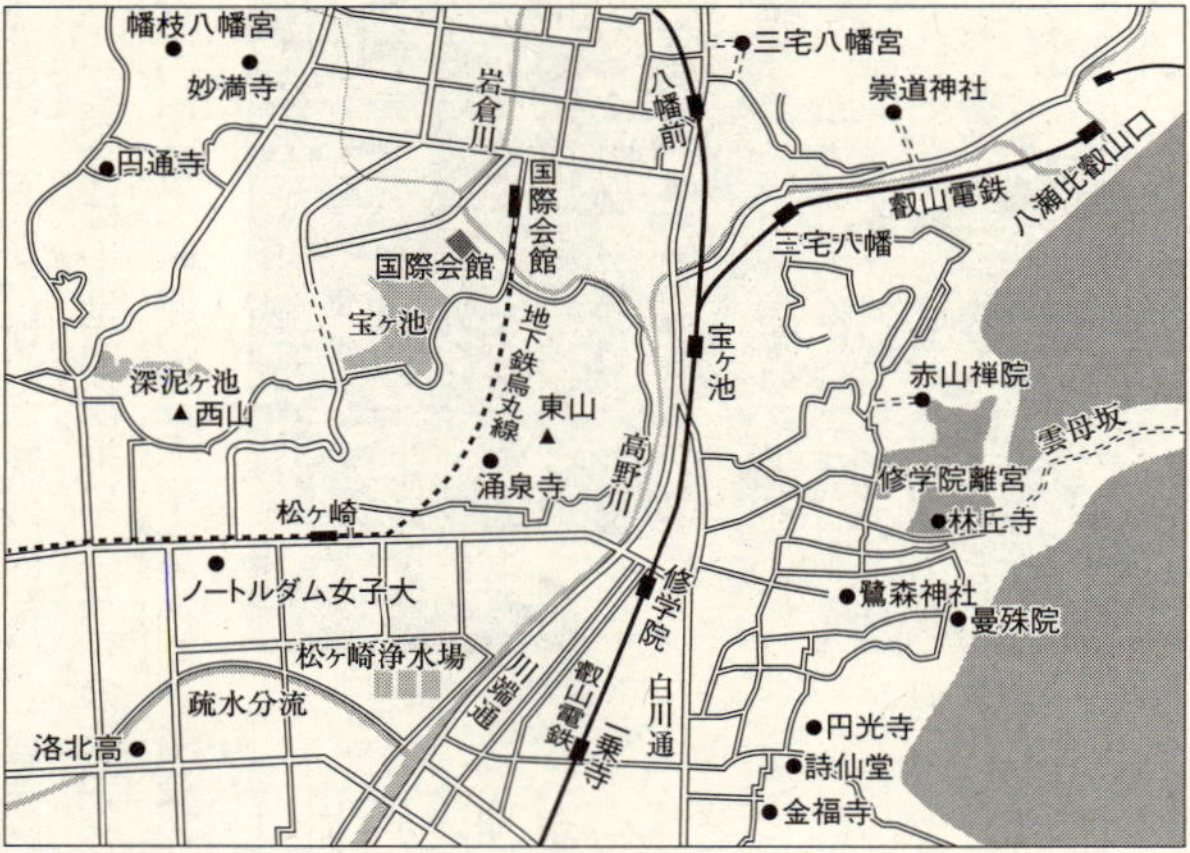


忠尋のときに曼殊院と改めた。

その後、北山に移り、足利義満の北山山荘の造営によって禁裏御所の近くに移された。さらに文明年間（一四六九〜八七）伏見宮貞常親王の皇子慈運法親王が入寺して以後、代々法親王が継承する門跡寺院となった。そして、明暦二年、八条宮《はちじょうのみや》智仁親王の第二皇子良尚法親王が門主のとき、この地に移されたものである。当寺の特色は、代々の門主が北野天満宮の別当職を兼務することであり、平安末期の忠尋の代からとされている。

また、寺宝の平安時代の絹本著色不動明王像は、「黄不動《きふどう》」の異名で知られ、国宝となっている。

宮本武蔵と吉岡憲法一門の決闘の伝説地

として有名な「一乗寺下《さが》り松」の少し東には、江戸時代初期の文人石川丈山《じょうざん》が三十年余隠棲した草庵、詩仙堂《しせんどう》がある。昭和四十一年詩仙堂丈山寺と改めて曹洞宗の寺院となった。国指定史跡でもある。

石川丈山は、三河国碧海郡（愛知県安城市）出身の武士で、徳川家康に仕えて大坂夏の陣に参戦したが、抜け駆けの禁令を犯して処罰され、武士をやめて相国寺に入った。その後、母を養うために広島の浅野家などに仕えたが、母の死後、京都に戻り、この地に隠棲した。

その屋敷を丈山は、凹凸《おうとつ》のある地形から「凹凸窠《か》」と称し、詩仙堂の名は、その一室の「詩仙の間」に由来する。それは、日本の三十六歌仙にならって中国の詩仙三十六人の板絵を掲げたもので、丈山が詩を墨書し、狩野探幽《たんゆう》・尚信《なおのぶ》父子が肖像を描いたものである。

詩仙堂は寛永十八年（一六四一）完成、丈山は寛文十二年（一六七二）に九十歳で没するまで、ここに住んだ。なお、丈山は、儒学者の林羅山とも親交が深く、漢詩や書は深草の元政《げんせい》上人と双璧といわれていた。その墓は、詩仙堂の背後の舞楽寺《ぶがくじ》山頂にある。

### 修学院の寺社と離宮

左京区修学院《しゅうがくいん》は、高野の南、比叡山の西麓にある。修学院の地名は、この地に叡山三千坊の一つの修学院（修学寺）があったことによるという。修学院は、延暦寺の勝算《しょうざん》僧正を開基とし、永延年間（九八七〜八九）一条天皇により官寺とされて、南北朝時代まで存続していたようだ。また、修学院はその南の一乗寺とともに、「西坂本」と呼ばれた。比叡山の西山麓の意味で、東山麓の「東坂本」

詩仙堂の庭園

赤山禅院の参道

(滋賀県大津市坂本)に対する呼称であった。

この地の産土神《うぶすながみ》の鷺森《さぎのもり》神社の北、林丘寺《りんきゅうじ》の南をへて、音羽川《おとわがわ》沿いに比叡山の四明《しめい》ケ岳《がだけ》、延暦寺の根本中堂に登る古道として、雲母坂《きららざか》がある。西坂本から登る道なので、東坂本から登る「本坂(表参道)」に対して、「西坂」とも呼ばれた。延暦寺への天皇の勅使は、この道を用いたので、「勅使坂」とも称されている。延暦寺の僧兵が強訴のために、日吉社の神輿を京都に振り下ろすときにも、この道が用いられた。また、南北朝内乱では、比叡山と京都を結ぶ交通の要所として、しばしば戦場となり、後醍醐天皇(南朝)方の千種忠顕《ちぐさただあき》が雲母坂の「水飲《みずのみ》」で戦死している。

また、延暦寺の別院である、赤山禅院《せきざんぜんいん》がこの地に鎮座している。仁和四年(八八八)慈覚大師円仁の弟子の安慧《あんえ》が、円仁が入唐求法のとき、中国山東省の赤山の神、赤山明神(泰山府君《たいざんふくん》)を円仁の遺言によりこの地に勧請して創建したものである。比叡山東麓の日吉社(大津市坂本)とともに、延暦寺の護法社・鎮守社とされた。なお、陰陽道の流行により、疫病・厄災除けの神としても崇敬され、また近世には商売繁盛の神としても信仰を集めた。

さて、赤山禅院の南の雲母坂の登り口の近くには、後水尾上皇が造営した修学院離宮がある。

かねて洛北の地に山荘の地をもとめていた後水尾上皇は、明暦元年（一六五五）三月に岩倉の長谷《ながたに》御殿への御幸の途中、修学院にある上皇の茶屋の傍らに草庵を結んでいる、第一皇女梅宮《うめのみや》（文智《ぶんち》女王）のもとに立ち寄った。そして、修学院の地の景勝に改めて感じ入り、ここに本格的な離宮を造営することとした。

工事は翌明暦二年にはじまり、万治二年（一六五九）に完成した。当初の離宮は、中の茶屋はなく（明治十八年造営）、上の茶屋と下の茶屋からなり、上の茶屋には音羽川をせき止めた人工池の浴龍池《よくりゆうち》が設けられていた。後水尾上皇は、この離宮の造営にあたっては、庭の一草一木にいたるまで細かく指示して、みずからの好みに合わせたという。桂離宮と並ぶ江戸初期の代表的山荘であった。

この修学院離宮の東に接して、林丘寺がある。臨済宗天龍寺派の尼門跡寺院である。もとは、後水尾上皇が、第八皇女朱宮《あけのみや》光子内親王に与えた山荘で、朱宮御所（音羽御所）と称していた。その後、延宝八年（一六八〇）に後水尾上皇が崩御すると、朱宮は出家落飾して、照山元瑤《しょうざんげんよう》と号し、御所を林丘寺と改めた。なお、寺名は境内の丘陵に松杉が生い茂っていたことにちなむという。

## 松ヶ崎を歩く

左京区松ヶ崎《まつがさき》は、高野川の西、北区上賀茂の東に位置し、妙法山（西山・東山）の南麓に開けた地域である。松ヶ崎の地名は、平安初期、九世紀はじめからみえるが、当初は、松崎川（高野川）における禊の地であったようだ。中世後期には、西に上賀茂社と隣接するところから、同社にも奉仕していた。

ところで、松ヶ崎は、中世の京都における法華宗（日蓮宗）の拠点の一つとして知られる。現在も、涌泉寺《ゆうせんじ》があり、その歴史を伝えている。同寺は、大正七年（一九一八）、妙泉寺《みょうせんじ》と本涌寺《ほんゆうじ》が合併したもので、現在の寺地はかつての本涌寺の寺地にあたり、妙泉寺の旧地は松ヶ崎小学校の校地となっている。

妙泉寺は、京都における最古の法華寺院の一つ。もとは歓喜寺《かんきじ》という天台宗寺院であったが、鎌倉末期の永仁二年（一二九四）日蓮の高弟の日像が関東から入京して布教活動をおこなった際、当時の住職実眼《じつげん》が日像に帰依し、徳治二年（一三〇七）、法華宗に改宗。寺名も妙泉寺と改めて、松ヶ崎一村を法華宗に改宗させたという。以後、同寺は洛外における法華宗の拠点となった。

毎年八月十六日の夜に催される京都を代表する盆行事「五山の送り火（大文字）」のとき、松ヶ崎の妙法山の西山には「妙」が、東山には「法」が点火される。

この「妙法」の送り火は、寺伝によれば、この一村法華宗改宗を記念してはじまったものという。もっとも、送り火の「妙法」の文字の配列は、「妙」が左、「法」が右に位置し、当時の横書きの文字の読み方（右から左に読む）からすれば「法妙」と読むこととなり、不自然である。この送り火は同時につくられたのでなく、まず西山に「妙」がつくられ、のちに「法」がつくられたが、その左側（西側）に適当な山がなかったため、東山につくられたのであろう。

また、涌泉寺では、毎年八月十五日・十六日の夜、「松ヶ崎題目《だいもく》踊」（京都市指定無形民俗文化財）が演じられる。太鼓を中心に男女が二列の輪になり、「南無妙法蓮華経」の題目を唱えながら扇を手に踊るものである。これも同じく、徳治二年の一村法華改宗のとき、歓喜した村人が、太鼓を打ち法華の題目を唱えて踊ったことにはじまると伝えている。

なお、妙泉寺は、天文五年（一五三六）に延暦寺による京都の法華宗の弾圧、つまり天文法華の乱のとき、山門衆徒の松ヶ崎城攻撃で焼失したが、天正三年（一五七五）に再建されている。

一方、本涌寺は、上京区の日蓮宗立本寺に属し、天正二年（一五七四）同宗の学僧日生を開基とする。「松ヶ崎檀林《だんりん》」と称する、日蓮宗の僧侶養成のための学問所であり、江戸時代を通じて京都の日蓮宗の教学の中心として栄えた。

## 宝ヶ池と深泥ヶ池

松ヶ崎の北部を占める山中に、灌漑用の溜池として開鑿されたものに、宝ヶ池《たからがいけ》がある。

東山と西山の間の林山の北側にあり、宝暦十三年（一七六三）の開鑿で、その後二度拡張されており、宝ヶ池と呼ばれるようになったのは、明治末年のことという。昭和四十一年に、池のそばに国立京都国際会館が開館し、国際会議場として世界の人々との交流の場となっている。

また、西山の北側、鞍馬・貴船へと続く鞍馬街道（丹波路）のほとりには、深泥ヶ池《みぞろがいけ》がある。池は、最深部が一・八メートル前後で、池の底には泥が数メートルにわたって堆積しており、池の名もここからおこったという。

その名は、平安初期からみられるが、平安末期には仏教と結びついて有名になった。後白河法皇の編という『梁塵秘抄《りょうじんひしょう》』に、「いずれか貴船へ参る道、賀茂川・箕里《みのさと》・御菩薩池《みぞろいけ》」と歌われている。深泥ヶ池が、「御菩薩池」「仏菩薩池」とも書かれるようになったのは、僧行基がこの地で修法をしたとき、池の上に弥勒菩薩が出現したという伝説によるものといわれる。

また、この池は、室町末期から「河骨《こうほね》」の自生地として知られていた。河骨は、スイレン科の多年草で、泥中にある太い根茎は、「川骨」と呼ばれる強壮・止血の漢方薬として用いられる。

現在も、深泥ヶ池の池中には、河骨や蓴菜《じゅんさい》、そのほかの水生植物が群生し、この池の水生植物群落は天然記念物に指定されている。

## 岩倉・上高野周辺

### 岩倉は磐座信仰から

左京区岩倉《いわくら》は、松ヶ崎の北に開けた集落である。北・東・西の三方を山に囲まれた盆地で、東西に走る叡山電鉄の岩倉駅の北側が、ほぼ旧来の岩倉の地にあたる。

岩倉の地名は、古代の磐座《いわくら》信仰によるものといわれる。

南北に流れる岩倉川の西岸の山すそに鎮座する山住《やまずみ》神社は、かつては石座《いわくら》大明神と呼ばれ、境内には神殿がなく、自然の巨岩を神石とし、古代信仰で神が降臨するという磐座の形態を伝えている。また、平安京遷都のとき、都の東西南北の山上に一切経を納める四つの岩蔵が設けられ、当地もその一つとする伝承もある。

　明治以後は、「石座」の社名を、大雲寺《だいうんじ》の鎮守社の八所・十二所両明神社に譲り、その御旅所へと変わっている。

　さて、岩倉の地が開発され発展したのは、大雲寺の創建と、その南に位置する実相《じっそう》院《いん》門跡の移転であろう。

　まず、大雲寺は、平安中期の天禄二年（九七一）、日野中納言文範《ふみのり》が真覚上人を開山として創建した園城寺の別院と伝えられる。天元三年（九八〇）、円融天皇の御願寺となった。翌四年、寺門（園城寺）派の余慶《よけい》僧正の法性寺座主任命に山門（延暦寺）派が反対したことから両派の闘争となり、余慶は門人数百人とともに比叡山を降りて、大雲寺の観音院に難を避け、以後、大雲寺は寺門派の中心寺院となった（現在は小堂が残るだけ）。

実相院の山門

　余慶はまた、永祚《えいそ》元年（九八九）に天台座主に任命されたが、やはり山門衆徒の反

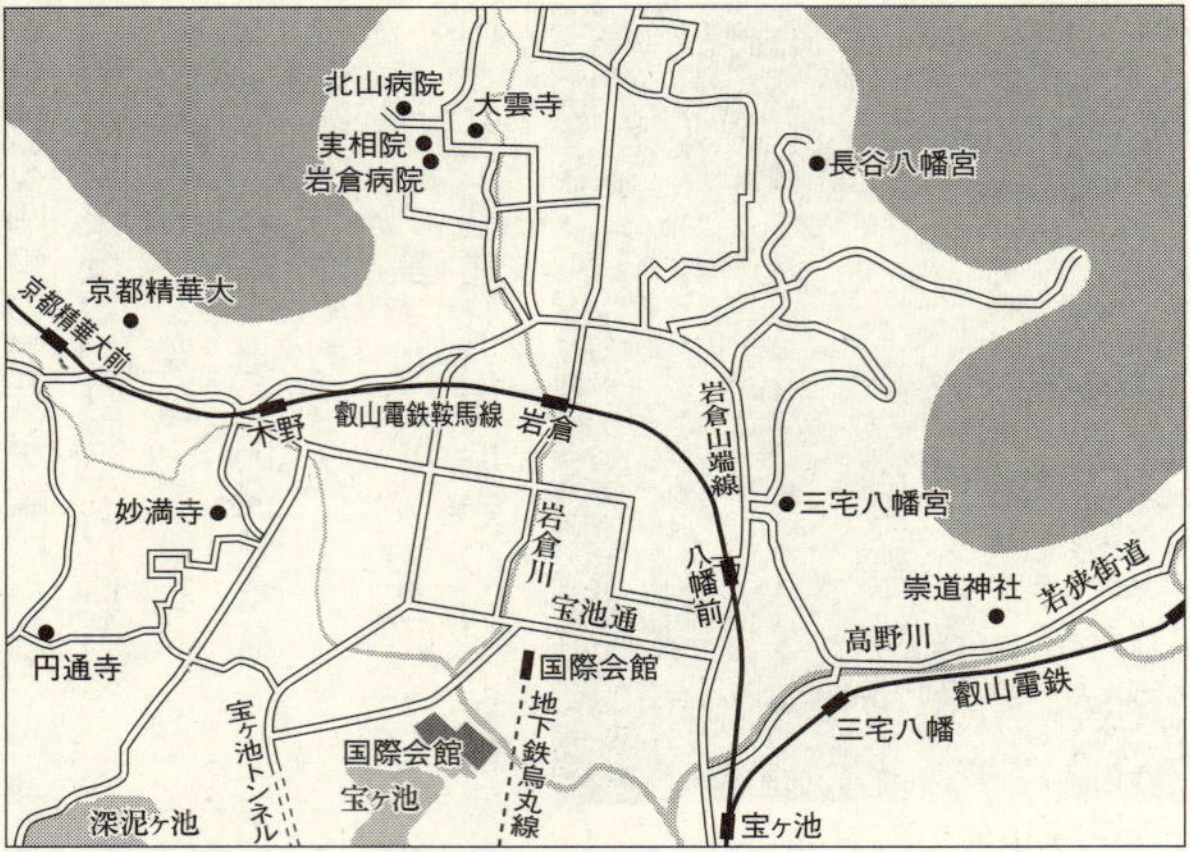


対で登山できず辞任しており、寺門派の悲運を味わった人物であった。正暦二年（九九一）同寺で没した。

一方、実相院門跡（岩倉門跡）は、鎌倉時代の寛喜《かんぎ》元年（一二二九）、関白近衛基《もと》通《みち》の孫の静基僧正が、園城寺に入寺し実相院と号したことにはじまるという。その寺坊は、当初は洛北の紫野、のち洛中の五辻通小川にあったようだが、応仁の乱で戦火にあい、応仁元年（一四六七）、岩倉の大雲寺の子院の成金剛院《じょうこんごういん》へと難を避けたものという。南北朝時代以来、大雲寺の寺務は実相院門跡が管領してきた関係から、移転先に選ばれたものであった。

その後、戦国時代の混乱をへて、寛永年間（一六二四〜四四）、最後の室町幕府将軍足利義昭の孫の義尊が実相院門跡に入寺して、これを復興した。また、義尊のときから大雲寺をも実相院門跡が兼帯することとなった。義尊のあとは、霊元天皇の皇子義延親王が入寺し、以後、法統は皇孫によって継承され、繁栄した。現在の本堂・四脚門は、享保五年（一七二〇）、東山天皇の中宮・承秋門院《しょうしゅうもんいん》の旧殿を移築したものである。

また、実相院門跡の東側、門前近くには、明治維新の元勲と称された、岩倉具視《ともみ》の幽棲旧宅（国指定史跡）がある。

岩倉具視は、中納言堀川康親《やすちか》の次男で、岩倉具慶《ともよし》の養子。はじめ、公武合体論の立場から、文久二年（一八六二）孝明天皇の妹、和宮《かずのみや》の将軍徳川家茂《いえもち》への降嫁に奔走し、これを実現させた。

しかし、同年、朝廷内で公武合体論は尊王攘夷論に敗れ、岩倉は辞官落飾、洛外蟄居を命じられて、この地で五年間隠棲した。その間、討幕論に転じて、薩摩藩の西郷隆盛や大久保利通らと密かに交流して、王政復古の計画を練ったといわれる。

### 早良親王を祀る崇道神社

岩倉の東南には、左京区上高野《かみたかの》が隣接している。集落は、西明寺山の西側と南側に

早良親王を鎮める崇道神社

あり、南側には高野川が東西に流れ、これに沿って若狭街道（竜《りゅう》華《げ》越《ごえ》）の道が縦貫している。高野の名は古く、平安中期の『延喜式』神名帳に「出雲高野神社」がみえている。

上高野の北、西明寺山には、崇道《すどう》神社が鎮座している。同社は、平安京に遷都した桓武天皇の弟、早良《さわら》親王を祀ったもので、貞観年間（八五九～七七）の創建と伝える。

早良親王は反桓武天皇勢力の中心人物で、延暦四年（七八五）、長岡京で発生した藤原種継暗殺事件に連座して逮捕され、乙訓寺《おとくにでら》（長岡京市）に幽閉されたが、飲食を断って憤死し、淡路島に葬られた。しかし、御霊神（怨霊）となって多くの厄災をもたらしたため、桓武天皇は「崇道天皇」の追号を贈り、また御霊会を催して、その霊を鎮めようとした。当社は、その崇道天皇を祀った御霊社の一つであり、高野御霊とも呼ばれた。

その崇道神社の裏山から、慶長十八年（一六一三）、古代の墳墓の石室が発見された。石室内には鋳銅製で鍍金《ときん》された墓誌が副葬されており、遣隋使の小野妹子《おののいもこ》の子で、天武天皇六年（六七七）に没した小野毛人《えみし》の墓であることがわかった。墓誌は、のちに追納されたものと考えられているが、この墳墓の存在は、平安京より百年以上前から、この地に小野氏が勢力を広げていたことを示しているといえよう。

**「虫除けの神」三宅八幡**

西明寺山の西側、岩倉のすぐ東南には、三宅《みやけ》八幡宮が鎮座している。「三宅」の地名は、古代に大和朝廷の直轄地「屯倉《みやけ》」が置かれたことによると考えられている。

社伝によれば、推古天皇十五年（六〇七）、遣隋使の小野妹子が筑紫の地で病み、宇佐八幡に祈願したところ平癒したので、隋から帰朝後に、この地に八幡神を勧請したのがはじまりと伝える。

「虫八幡」ともいわれ、子供の疳《かん》の虫除けの神として、幕末頃からとくに崇敬を集めた。ちなみに、「疳」とは漢方でいう子供の内科の病気の総称。「ひきつけ」などもこの「疳」の病に入る。これを、虫が起こすものとして、虫除けの神が信仰されていたのである。

なお、同社ははじめは田の虫除けの神として信仰され、旧暦七月十五日の稲田虫除祈願祭で知られていたが、のちに子供の虫除けに変わっていったという。

## 八瀬から大原周辺

### 八瀬童子の村

左京区八瀬《やせ》は、高野の北、高野川上流部の通称八瀬川沿いの山間集落である。八瀬の名は、川がこのあたりで山峡の急流となり多くの瀬をつくっていることによるといわれる。

八瀬川沿いに若狭街道（竜華越、国道三六七号線）が走っており、また、比叡山延暦寺の西麓にあたるため、山間地ではあるが早くから開けた。現在も、比叡山の黒谷から西塔にいたる黒谷越（八瀬越）の古道の登山口があり、その交流のあとを示している。平安後期から延暦寺領で、中世には八瀬庄と呼ばれ、同寺に属する青蓮院《しょうれんいん》門跡領の荘園であった。

八瀬庄の住民は、古くから山林の樵夫と薪商売を生業《なりわい》としていたが、そのかたわら

「八瀬童子《どうじ》」と称して、天皇などの輿《こし》をかつぐ駕輿丁《かよちょう》として朝廷に奉仕し、朝廷から課役免除の特権を与えられていた。建武三年（一三三六）足利尊氏の反乱により後醍醐天皇が比叡山に逃れるときに、駕輿丁をつとめた功によるものという。

この地の産土神に八瀬天満宮社があるが、その境内の摂社として、江戸幕府老中の秋元喬知《あきもとたかとも》を祭神とする秋元神社があり、毎年十月十日（古くは旧暦九月十一日）には「赦免地踊《しゃめんちおどり》」が奉納されている。花小袖を着て女装し、透かし彫りをほどこした八角形の切子灯籠《きりこどうろう》を頭上にかざした八人の少年と、花笠をかぶった少女たちが、太鼓と踊り歌に合わせて踊る、念仏系の風流踊である。

この由来は、つぎのように伝えられている。延暦寺の結界改めにより、同寺領の山林への立ち入りを禁じられ、生業の危機に立たされた八瀬村は、幕府老中秋元喬知に愁訴した。その結果、宝永七年（一七一〇）七月、一村を禁裏御料（朝廷の領地）とし、年貢諸役を免除するとの裁決があり、村人の生活は保障された。八瀬村では、秋元喬知の没後、報恩の意味を込めて、喬知を祀る秋元神社を建立し、赦免地踊を奉納して年貢諸役免除を感謝したものと伝えられている。

また、八瀬は「窯風呂《かまぶろ》」でも知られる。窯風呂は蒸し風呂のことで、半円形の窯のなかで青松葉を焚いて熱し、火を引いたあとに水をまき、塩水に浸した筵《むしろ》を敷いて温まるものである。

天武天皇が壬申の乱で背中に矢傷を負い、その傷を八瀬の里人が窯風呂によって治癒させたとの伝承がある。室町時代以降、薬風呂としてよく利用された。茶の湯の千利休も湯治に訪れている。江戸時代には十六軒もの窯風呂があって賑わったが、現在は復元保存された一基を残すのみである。

**大原を歩く**

左京区大原《おおはら》は、八瀬の北、同じく南北に走る高野川上流（大原川）と若狭街道沿いの山間集落である。東西に山が迫り、南北に細長い大原盆地を形成している。大原の地名は古く、平安中期の天徳元年（九五七）、朝廷の牛馬を飼育する「牧《まき》」としてみえている。

平安時代から炭の生産地として知られ、以後、薪・柴・炭などを産物としていた。京の町にこれら産物を売り歩いた「大原女《おはらめ》」は、その名は別として、平安後期からみられたようである。

「大原女」といえば、頭に縫紋様《ぬいもんよう》の手拭をかぶり、藍染の着物に御所染の帯、腰に前垂れ、手には白の手甲《てっこう》と足に脚絆《きゃはん》という姿で知られる。近世以降の風俗と考えられる

三千院の本堂　往生極楽院

が、地元では、かつて寂光院《じゃっこういん》の建礼門院《けんれいもんいん》に仕えた阿波内侍《あわのないし》が山に柴刈りに行く姿をまねたものと伝承されている。

また、大原は延暦寺とのかかわりが深く、三千院など著名な天台寺院が多く建立されている。

まず、勝林院《しょうりんいん》は、天台宗延暦寺の別院。承和二年（八三五）、慈覚大師円仁が、唐から声明《しょうみょう》を将来して、天台声明の根本道場として建立したと伝えられ、長和二年（一〇一三）、大原入道寂源《じゃくげん》が中興して、勝林院と名づけた。以後、代々の住僧が大原流の声明を継承し、また天台宗の談義所・写経所となった。

文治二年（一一八六）顕真《けんしん》が、浄土宗の開祖法然をむかえて催した宗論「大原問答」はとくに有名で、このとき法然は弥陀の本願を説いて聴衆を感嘆させたという。

来迎院《らいごういん》も、同じく天台宗の別院。やはり、慈覚

大師円仁が、仁寿年間（八五一～五四）に、中国天台山の堂塔を模して建立し、天台声明の道場としたものと伝える。その後衰退し、天仁二年（一一〇九）融通念仏の開祖良忍《りょうにん》が再興し、来迎院と称するようになったという。以後、勝林院と並ぶ天台声明の中心地、大原二流の一流となっている。

### 三千院と寂光院

三千院《さんぜんいん》は、同じく天台宗の別院だが、梶《かじ》井門跡《いもんぜき》と呼ばれた門跡寺院であった。妙法院や青蓮院と並ぶ天台宗の三門跡の一つで、明治以前は、この三門跡の内から天台座主が任命されていた。

その創建は、延暦七年（七八八）延暦寺の開祖・最澄が、比叡山東塔南谷に建立した円融房《えんゆう》にはじまるという。その後、東坂本の梶井の里にその里坊が設けられ、大治五年（一一三〇）堀河天皇の皇子・最雲法親王が門主となって以来、代々親王が継承する門跡寺院となり、梶井門跡と称した。

梶井門跡は京都を転々としたが、応仁の乱で船岡山にあった堂舎が焼失したため、大原の地に移転した。さらに元禄十一年（一六九八）御所の東に本坊が建立され、その持仏堂を三千院と称した。以後、門主はここに住み、大原は修行道場とされた。明治四年（一八七一）本坊は再び大原に戻り、寺名も三千院に改められている。

三千院の本堂は往生極楽院《おうじようごくらくいん》と名づけられている。平安末期の久安四年（一一四八）、高松中納言実衡《さねひら》の妻の真如房尼《しんによぼうに》の建立である。堂内には、本尊の丈六の木造阿弥陀如来三尊坐像が安置されている（建物・本尊ともに重文）。また、境内を挟んで北に律《りつ》川、南に呂《ろ》川が流れているが、その川名は声明の音階にちなむものという。

さらに、この三千院・勝林院・来迎院などは、「魚山《ぎよざん》」とも呼ばれる。魚山とは、慈覚大師円仁が声明を学んだ、中国の長安郊外にある天台山の支山の名を「大原《たいげん》魚山」といったことから、名づけられたものという。

なお、これら三寺と大原川を挟んで西側の山麓に、寂光院がある。天台宗延暦寺に属する尼寺で、『平家物語』灌頂《かんじようの》巻にみえる、高倉天皇の中宮、建礼門院平徳子《たいらのとくこ》の隠棲の地として知られる。文治元年（一一八五）、壇ノ浦の戦いで生き残った建礼門院は、寂光院の傍らに草庵を結んで平家一門の菩提を弔う念仏の日々を送り、建久二年（一一九一）この地に没している。

## 鞍馬・貴船周辺

### 鞍馬寺と由岐神社

左京区鞍馬《くらま》は、鞍馬山（標高五六九メートル）の東麓、賀茂川の上流にあたる鞍馬川流域の山間集落である。平安京遷都以後、京都と丹波を結ぶ丹波路（鞍馬街道）の要衝として開け、また鞍馬寺の門前町として栄えた。鞍馬山は古名を「くらぶ山（暗部山）」という説があるが、定かでない。

鞍馬寺は、その鞍馬山の南の中腹に建立された山岳寺院である。平安初期の開創といわれ、当初は東寺に属する真言宗の末寺であったようだが、天永年間（一一一〇～一一一三）に天台座主忠尋により天台宗に改められて延暦寺の末寺となり、京都北方の守護神として朝廷や武家の信仰を集めた。

現在は、松尾山金剛寿命院と称し、毘沙門天を本尊とする、鞍馬弘教《こうきょう》（昭和二十二年開宗）の総本山である。

また、境内には鎮守社の由岐《ゆき》神社がある。同社は靫明神《ゆきみょうじん》ともいい、その名は、天皇の病気や世上騒動の際、社前に靫《うつぼ》（矢を背負う道具）を捧げて平穏を祈ったことによるという。

鞍馬寺の本堂への参道は険しい。山麓の仁王門から約二七〇メートル登ると由岐神社。さらに本堂へは約八〇〇メートルの長いつづら折りの坂道が続く。

由岐神社の割拝殿

現在はケーブルカーがあって楽になったが、徒歩でのぼるには覚悟がいる。清少納言が『枕草子』に「近うて遠きもの」の代表として「鞍馬のつづらをりといふ道」をあげているほどである。

本堂から少しのぼると霊宝殿（鞍馬山博物館）があるが、そのかたわらに、与謝野《よさの》寛《ひろし》（鉄幹《てっかん》）・晶子《あきこ》夫妻の歌碑が並んで立っている。向かって右から、

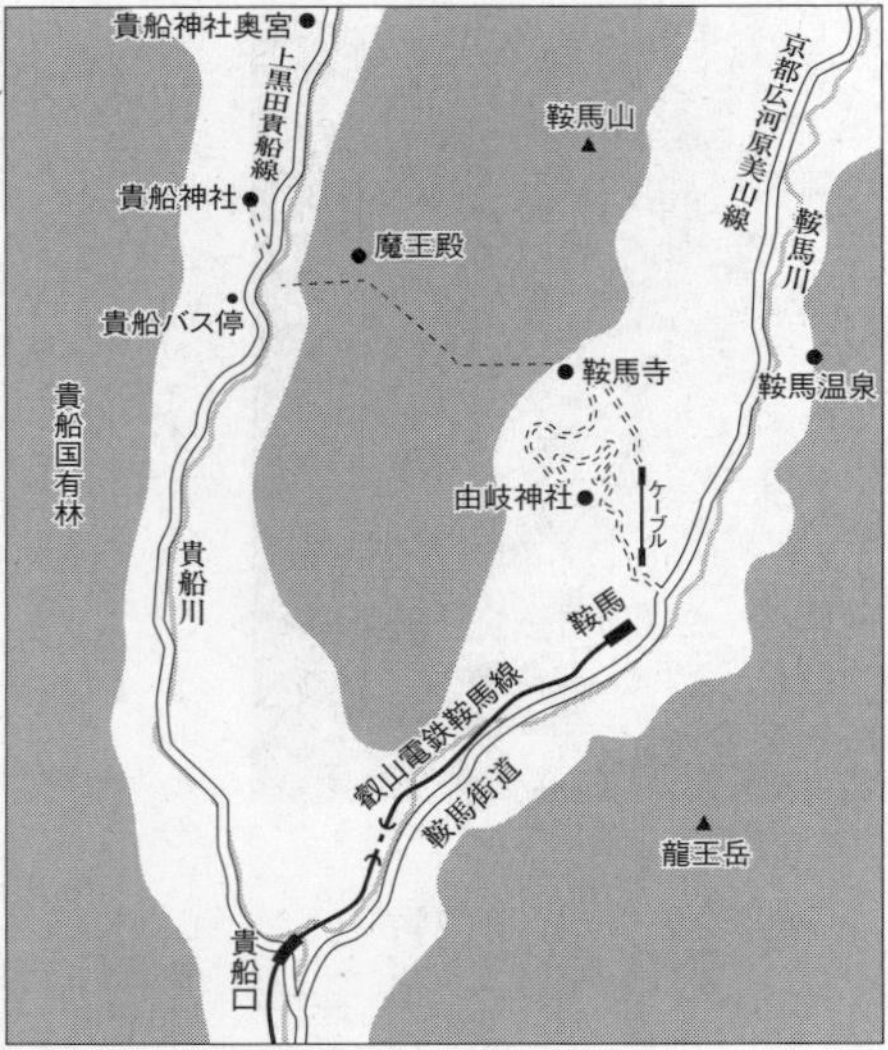


「何となく君にまたるるここちし
ていでし花野の夕月夜かな　晶
子」
「遮那王《しゃなおう》が背くらべ石を山に見て
わがこころなほ明日を待つかな
寛」

の二碑である。また、東京荻窪の与謝野邸に、昭和四年の晶子の五十の賀の祝いに弟子たちが贈った書斎「冬柏亭《とうはくてい》」(昭和五年完成)が移築されている。移築は昭和五十一年のことで、先代管長の信楽《しがらき》香雲《こううん》師が、与謝野鉄幹の歌の門下であった縁によるという。

鉄幹の歌にある「遮那王」とは、少年時代の源義経のことである。『義経記《ぎけいき》』によれば、平治の乱で敗れた源義朝の子の牛若は、鞍馬寺に預けられ、遮那王と呼ばれた。そして、仏道修行のかたわら、師に隠れて夜な夜な僧正谷《そうじょうだに》に赴き、「天狗」に兵法を習ったと伝えられる。

この義経伝説にいう「天狗」とは、山中で修行していた山法師や修験者のことであろう。平安後期の延暦寺は、世俗の大荘園領主でもあり、その権益を守るために多数の武装集団、僧兵を擁していた。鞍馬寺も延暦寺傘下の寺院として僧兵を抱えており、義経は彼らに武術を習ったのではなかろうか。

ちなみに、僧正谷は、鞍馬寺から貴船神社へ向かう山中、鞍馬寺奥の院付近といわれ、現在、僧正が谷不動堂が建っている。また、同じく歌にいう「背くらべ石」も、不動堂にいたる道筋にあり、奥州に下る牛若が名残を惜しんで背丈を比べたものと伝える。

なお、年中行事としては、鞍馬寺の六月二十日の竹伐《き》り会式《えしき》と、由岐神社の十月二十二日（明治以前は旧暦九月九日）の鞍馬の火祭がよく知られている。

竹伐り会式は、山刀を持った僧兵姿の里人が、近江座と丹波座に分かれて、大蛇に見立てた長さ四メートルほどの竹を切る速さを競い、その年の豊作を占うもの。

また、鞍馬の火祭は、氏子各家の若者が大松明をかざして「サイレヤサイリョウ（祭礼や祭礼）」と掛け声をあげながら練り歩き、由岐神社と八所明神の神輿が御旅所へ渡御するものである。天慶三年（九四〇）九月九日の夜、平安京の内裏に祀られていた由岐明神を鞍馬の地に勧請した際、村人が葦の篝火《かがりび》を焚いてむかえた故事にちなむものという。

**貴船神社と貴船川**

一方、左京区貴船《きぶね》は、鞍馬山の西麓、貴船口で鞍馬川と合流する貴船川を北上したところにある山間集落であり、『延喜式』神名帳にみえる古社、貴船神社（『延喜式』では「貴布禰」）が鎮座している。

社伝によれば、その名の由来は「木生根《きふね》（木生嶺）」で、樹木の生い茂る山林の神の意味という。祭神は、水をつかさどる高龗《たかおかみのかみ》神。賀茂川の水源に祀られていたところから、平安京遷都以後は治水の神、祈雨・止雨の神として崇敬され、旱魃《かんばつ》や大雨のあるごとに朝廷から奉幣使が派遣されていた。賀茂川の上流ということで、河上社とも呼ばれた。

元来は、貴船地域の地主神であったとみられるが、平安後期には上賀茂神社の末社となり、寛仁《かんにん》元年（一〇一七）には、下鴨神社の境内社の河合神社とともに、正二位の神位を朝廷から贈られている。

社前を流れる貴船川は、古くから蛍の名所として知られた。貴船の蛍といえば、平安朝の女流歌人・和泉式部の著名な歌がある。二度目の夫の藤原保昌《やすまさ》に疎んぜられて悩み、貴船社に詣でた和泉式部は、「御手洗川《みたらし》（貴船川）」に飛んでいる蛍を見て、貴船の神の社前で、

「もの思へば沢のほたるもわが身よりあくがれ（憧れ）出づるたま（魂）かとぞ見る」

と詠んだ。貴船の神に、沢辺に飛ぶ蛍火は、まるで夫への愛憎に狂おしく思い悩む私の身体から抜け出た魂のようです、と訴えたのである。すると、式部の耳に、

「奥山にたぎりておつる滝つ瀬のたまちる許《ばかり》ものな思ひそ」

という、貴船明神の返歌が聞こえた。激しく流れ落ちる滝の水玉のように、魂が散り飛ぶほど思いつめてはいけませんという、いましめの歌であったという。『後拾遺和歌集』に収録されている和泉式部の和歌にまつわるエピソードである。和泉式部のように、所願成就のために、山深い貴船の神に詣でる人々も多かったのであろう。

なお、貴船川は、江戸時代になっても河鹿《かじか》や蛍の名所として、納涼の客を呼んだようであり、現在でも、夏には川の清流に設けた床《ゆか》で、川風に吹かれて食事を楽しむ納涼客が多い。

## 花背・久多周辺

### 花背の古寺峰定寺

左京区鞍馬《くらま》から鞍馬川を上流へ北上する道がある。京都から若狭(福井県)へ向かう旧道の一つであり、約一二キロメートルで花背峠《はなせ》(標高七五八メートル)にいたる。現在の峠は明治三十二年(一八九九)の開鑿。峠を下ると旧花背村(左京区花背)である。花背村は明治二十二年、別所《べっしょ》・大布施《おおふせ》・八桝《やます》・原地新田《はらちしんでん》の四カ村が合併したものである。

花背峠を北へ下った旧道沿いに曹洞宗の福田寺《ふくでんじ》がある。元来は天台宗で比叡山三千坊の一つと伝えられ、付近の大平谷には、平安時代末期から鎌倉時代初期にかけて花背経塚《きょうづか》群が営まれていた。同寺本堂の本尊脇に安置する金銅毘沙門天立像(重文・平安時代)は、同経塚の出土品である。

一方、花背最北の原地には、寺谷川を東へさかのぼった大悲山《だいひざん》(標高七四七メートル)の中腹に、修験道の古寺峰定寺《ぶじょうじ》がある。江戸時代は修験宗の聖護院派に属し(現在は単立）、南の大峰山《おおみねさん》（奈良県）に対して「北大峰」と呼ばれた。その開基は、久寿《きゅうじゅ》元年（一一五四）鳥羽法皇の勅願により、熊野・大峰の修験者であった観空西念の創建と伝えられる。山麓の仁王門と山腹の懸崖造りの本堂は、南北朝時代の貞和六年（一三五〇）の建築で重要文化財。また、本堂への参道の途中には、平氏政権の打倒を企てた罪により鬼界《きかい》ヶ島へ流刑され、同地で没した俊寛《しゅんかん》僧都の供養塔と伝えられる、室町時代の宝篋印塔がある。俊寛の妻子が、平家の目を逃れてこの地に隠れ住み、その冥福を祈ったものといわれる。

また、この花背の八桝・原地には、「松明《まつ》上《あ》げ」と呼ぶ盆行事が伝承されている。八月十五日の夜、上桂川の川原の「灯籠木場《とうぎば》」には、約千本の小松明が準備され、その中央には、先端に杉の葉を入れた竹組みの大笠を取り付けた、二〇メートルほどの高さの「灯籠木」が立てられる。午後九時、鉦や太鼓を合図に、点火した小松明（上げ松）

峰定寺の仁王門

を、灯籠木の上の大笠めがけて放り上げ、燃やす行事である。
これは、愛宕信仰の火除け、五穀豊穣の祈願と、盆の精霊の送り火を兼ねた行事と伝えられている。なお、この「松明上げ」は、八月二十四日にも、花背の北の左京区広河原《ひろがわら》や、鴨川上流の北区雲ヶ畑《くもがはた》でもおこなわれている。

## 久多の花笠踊

左京区花背から北へ、広河原をへて東に向かうと、左京区久多《くた》にいたる。京都市最北の集落である。久多の歴史は古く、平安後期にはじまる、丹波・近江の国境に接する山間の荘園であった。その地名は、長承《ちようしよう》二年（一一三三）に法成寺領としてみえている。

その久多庄住民の信仰の中心となっていたのが、鎮守社の志古淵《しこぶち》神社（久多中の町）であった。同社伝来の棟札によれば、鎌倉時代の天福年間（一二三三〜三四）にはすでに社殿を構えていたようだ。志古淵神は、久多の東に隣接する、滋賀県大津市葛川から朽木《くつき》村・安曇《あど》川町を北流している安曇川流域で、古くから信仰されていた水神であった。

久多は、安曇川に注ぎこむ支流の一つ、宮谷川に沿った集落であり、安曇川沿いの梅の木（大津市葛川）から宮谷川を西へさかのぼった位置にあたる。江戸時代には、上京区鞍馬口から、左京区深泥ヶ池・幡枝《はたえだ》・鞍馬にいたる鞍馬街道（丹波路）を通り、さらに左京区鞍馬から大見・久多をへて、安曇川沿いの「若狭街道」にいたる街道、「久多越」があったという。現在では、京都市街を遠く離れた辺地となってしまったが、かつては若狭への街道が通じ、安曇川流域の村々と結びついて栄えた地域だったのである。

ところで、同社には、盆の八月二十四日の夜に「花笠踊」が奉納されている。「花笠」と呼ばれているのは、灯籠の木枠に美しく透かし彫りをほどこし、その上に紙や自生植物を使った精巧な造花を飾った花灯籠である。これを手に持って、太鼓と踊り歌に合わせて踊る素朴なものである。久多の五つの集落が二組に分かれて、掛け合いで踊りを奉納する。

「綾の踊り」「塩汲み踊り」などの伝承されている踊り歌は、室町時代に流行した風流踊の姿を現代に伝えるものであり、久多がすでに中世から、京都をはじめ周辺各地との文化交流を深めて発展していたことを示すものと考えてよいだろう。

## 周山街道北行

### 北山杉の里

周山《しゅうざん》街道は、右京区の宇多野《うたの》付近から高雄《たかお》をへて、清滝川沿いに、右京区の周山にいたる道。福井県小浜《おばま》市にいたる国道一六二号線の南の一部にあたる。周山の城山（黒尾山東峰）には、明智光秀が築いた周山城跡がある。「周山」の地名は、天正七年（一五七九）光秀が当地の豪族宇津氏を滅ぼし、城山山頂に城を築いたとき、周《しゅう》の武王《ぶおう》の故事にちなんで「周山城」と名づけたことにはじまると伝える。近世以前は、北区の鷹ケ峰《たかがみね》から杉坂《すぎさか》にいたる「丹波街道」（長坂越）と区別して、「一条街道」と称された。

ところで、周山街道の清滝川上流の中川《なかがわ》・杉坂・小野《おの》付近は、「北山杉の里」として知られ、道の両側の山頂一面にかけて美しく林立した北山杉の姿を見ることができる。北山杉の磨き丸太は、室町時代中期から茶室の建築（数奇屋造り）に用いられて盛んとなり、現在にいたるものという。

この北山杉の村の美しい風景を全国に知らしめたのは、昭和三十六年十月から翌三十七年一月末にかけて、川端康成が朝日新聞に連載した小説『古都《こと》』であった。

「杉山の木末が、雨にざわめき、稲妻のたびに、そのほのおは、地上までひらめき、二人の娘のまわりの、杉の幹まで照らした。美しく真直ぐな幹のむれも、つかのま、不気味である。と思うまもなく、雷鳴である」

京都の呉服問屋の養女・千重子が、北山杉の村で働く、双子の妹の苗子と会う場面である。

## 山国神社と常照皇寺

さて、周山街道は、京都市北区の小野から笠峠（笠トンネル）を越えて周山の山里にいたる。国道一六二号線はさらに北行するが、周山を東にとり、大堰《おおい》川沿いに花背方面をめざせば、そこは旧山国《やまぐに》庄である。

この地は平安時代以来、禁裏御料地として、朝廷との結びつきが深かった。明治維新の際、慶応四年（一八六八）の戊辰《ぼしん》戦争では、地元の郷士が山国隊《やまぐにたい》を組織して官軍に従い、江戸・東北まで転戦した。「山国隊」の名は、岩倉具視の命名という。同年十一月、東征大総督有栖川宮《ありすがわのみや》の凱旋に加わって帰郷。山国隊は、錦の御旗を護衛し、

常照皇寺の九重桜

鼓笛隊による「宮さん宮さん」の軍楽で行進したという。

現在、十月二十二日の時代祭で先頭を行進するのが、山国隊を模した行列である。また、山国庄の一の宮、山国神社では十月十日の例大祭に、また、山国隊の戦死者を祀る山国護国神社では四月二十二日の例大祭に、山国隊の行進がおこなわれている。

山国神社をさらに東へ大堰川沿いにさかのぼると、常照皇寺《じょうしょうこうじ》（臨済宗天龍寺派）がある。南北朝時代、光厳《こうごん》上皇の開基になる寺院である。

光厳天皇は、元徳三年（一三三一）後醍醐天皇が倒幕計画の失敗によって廃位されたとき、鎌倉幕府（北条氏）の推挙によって北朝初代の天皇となった。しかし、元弘三年（一三三三）後醍醐が幕府を滅ぼして再び天皇に返り咲くと、廃位されて上皇に退いた。

その後、建武三年（一三三六）に足利尊氏が後醍醐天皇に反旗をひるがえして室町った。

幕府を開くと、足利氏は北朝の光明《こうみよう》天皇を擁立し、光厳は上皇として院政をおこな

一方、後醍醐は吉野に逃れて南朝をたて、以後六十年近く、南北二つの朝廷が武力で政権を争う内乱の時代となった。

この間、文和元年（一三五二）の南朝軍の京都進攻では、光厳ら北朝の三上皇が南朝軍に拉致され、五年余の幽囚生活を送ることとなった。光厳上皇は、この間に出家。延文三年（一三五八）解放されて帰京後は、夢窓疎石に師事し、貞治元年（一三六二）丹波国山国庄の当地に草庵を結んで隠棲し、二年後の同三年七月七日、五十二歳で没した。内乱の時代に翻弄された、数奇な生涯であった。

その陵墓、山国陵は常照皇寺の裏山にある。光厳上皇の葬儀は、天龍寺の春屋妙葩《しゆんおくみようは》が導師をつとめて、常照皇寺の裏山で荼毘に付したといい、遺骨に盛り土して塚としたのが、山国陵と伝える。

なお、同寺には、光厳上皇の木像・画像を祀る開山堂などがあり、開山堂の庭には光厳上皇の手植えと伝える九重桜（国指定天然記念物）も残されている。

## 紫野と鷹峯周辺

### 紫野・蓮台野・船岡山

紫野《むらさきの》は、平安京の北郊、現在の大徳寺一帯をいう。南に船岡山、その西に蓮台野《れんだいの》があった。紫野は、平安初期は朝廷の遊猟地であったようで、桓武天皇・嵯峨天皇らも行幸している。地名の由来は不明だが、付近に朝廷の薬園があったことに関連しているかもしれない。

その後、紫野は、賀茂社の斎王の御所である「紫野斎院」の地として知られた。賀茂の斎王は、嵯峨天皇が薬子《くすこ》の変のとき、賀茂社に平定を祈願したことにはじまるといい、弘仁元年（八一〇）嵯峨天皇の第九皇女有智子《うちこ》内親王を初代とし、建暦二年（一二一二）まで三十五代にわたり、皇女たちが奉斎してきた。

「紫野斎院」の名が記録にみえるのは、仁寿二年（八五二）四代斎王の文徳天皇皇女の慧子《けいし》内親王のときである。その場所は定かでないが、清少納言は、『枕草子』二百五段などで、賀茂祭への奉仕を終えて紫野斎院へ帰る斎王の「還立《かえりだち》」の行列を「雲《う》林院《りんいん》」付近に牛車を止めて見物しており、斎院は船岡山の東麓にあった雲林院の近くにあったようだ。

雲林院は、淳和《じゅんな》天皇の離宮の紫野院を、のちに僧正遍昭《そうじょうへんじょう》が天台宗の寺としたと伝え、念仏と菩提講で知られた寺院であった。現在は、雲林院町という地名が残るのみである。

ところで、紫野の一部にあたる、船岡山西麓から紙屋《かみや》川にいたる一帯は、蓮台野と呼ばれた。その地名は、同地の定覚《じょうかく》上人が、恵心僧都《えしんそうず》の二十五三昧会をまねて念仏の講を催したところ、仏の世界に咲くという蓮華が生じたという逸話による。

このような地名伝承が生じたのは、この蓮台野が、東の鳥辺野《とりべの》（東山区）・西の化《あだし》野《の》（右京区）と並ぶ、平安京の北郊の葬送の地として知られていたからであろう。浄土から来迎する仏たちが乗る紫雲がたなびく地、そのようなことから紫野の地名が生まれたとも想像される。

また、紫野は、疫病の流行の際に、疫神を鎮めるための「御霊会」がしばしば催されたところでもあった。

「御霊」とは怨霊のことで、奈良時代より続いた朝廷内の政争により、恨みをのんで非業の死をとげた人々の霊魂が、疫神となって祟ると考えられていたのである。正暦

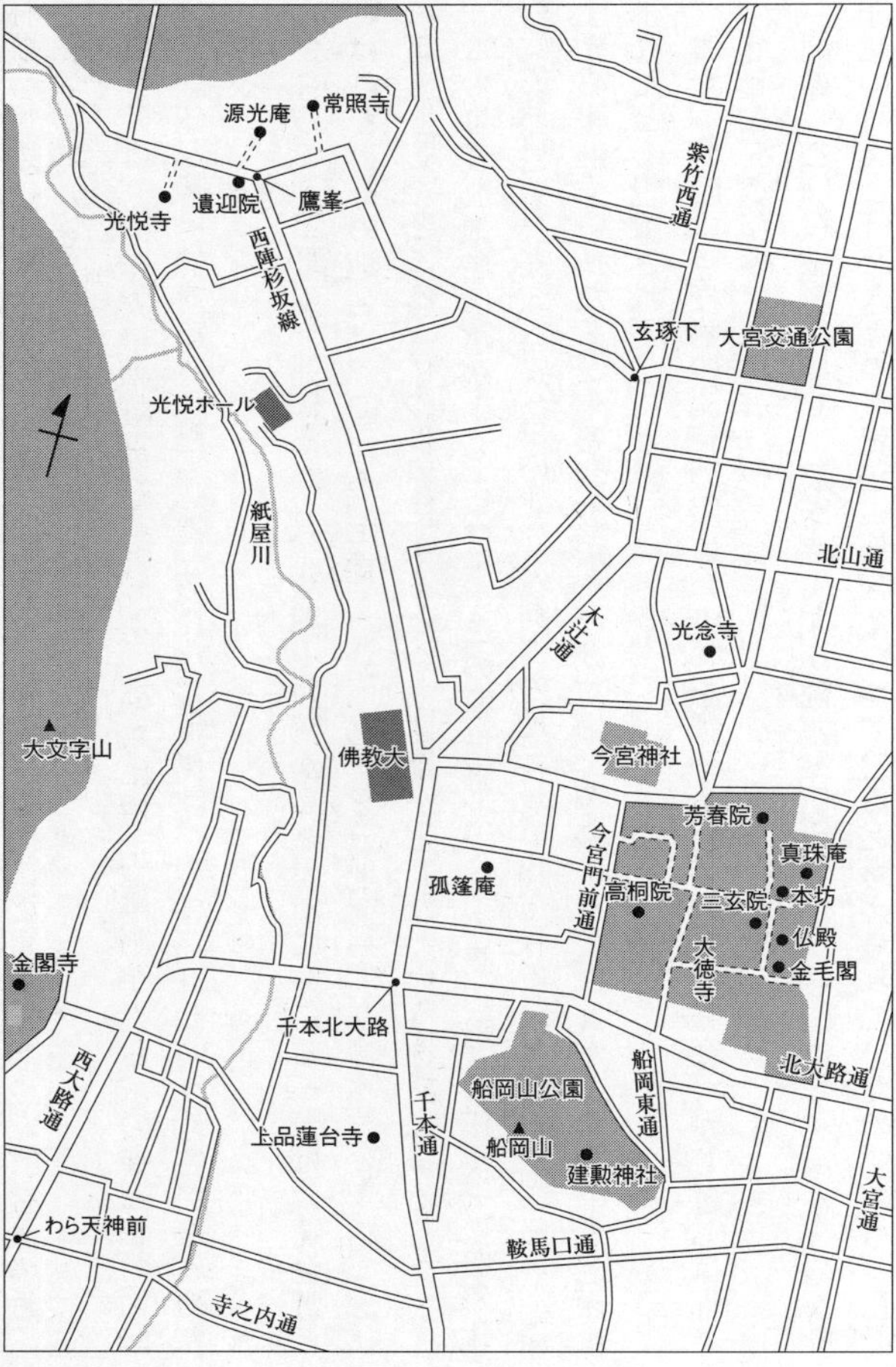
常照寺
源光庵
遺迎院
鷹峯
光悦寺
西陣杉坂線
紫竹西通
玄琢下
大宮交通公園
光悦ホール
紙屋川
北山通
木辻通
光念寺
今宮神社
大文字山
佛教大
芳春院
今宮門前通
真珠庵
孤篷庵
高桐院
三玄院
本坊
仏殿
大徳寺
金毛閣
金閣寺
千本北大路
北大路通
西大路通
船岡東通
船岡山公園
千本通
船岡山
上品蓮台寺
建勲神社
大宮通
わら天神前
鞍馬口通
寺之内通

五年（九九四）には船岡山で、長保三年（一〇〇一）には紫野で、疫神を祀る御霊会がおこなわれている。後者のときは、新たな神殿を建て、「今宮《いまみや》」と名づけた。現在も、大徳寺の北に鎮座する今宮神社のはじまりである。今宮社の創建以後、毎年旧暦五月の「紫野御霊会」が、朝廷のおこなう官祭として定着した。

一方、民間よりおこって、現在、今宮神社の摂社疫神社《えきじんじゃ》の祭礼となっているのが、「やすらい祭」である。旧暦三月十日（現四月第二日曜）、桜や椿の花を飾った風流傘の周りで、鬼に扮した人々が、鞨鼓《かっこ》や鉦・太鼓を打ち鳴らし、「やすらい花や」といった囃子《はやし》言葉に合わせて乱舞するものである。「やすらい祭」は、平安後期の久寿元年（一一五四）三月、京中の男女が「やすらい」と称した風流踊を奉納したことにはじまる。このときは禁止されるが、鎌倉時代初期には、鎮花祭として定着し、現在にいたっている。

今宮神社の社殿

なお、船岡山のあたりは、平安後期、刑場ともなっている。保元元年（一一五六）

七月、保元の乱で敗れた、崇徳上皇方の源為義《ためよし》とその子息五人が、わが子の義朝の手で斬首されたのが、この「船岡山」であった。

敗者の処刑は当然、新たな怨霊を生むが、その鎮魂のために今宮神社が鎮座する紫野付近で御霊会を修したのは、今宮社に祀る御霊神の霊威により、新たな怨霊の慰撫を期待してのことであったと考えられる。

## 大徳寺とその塔頭

中世以降の紫野は、古代以来のイメージを一変させる。それは、現在もその広大な境内地を誇る大徳寺《だいとくじ》の建立である。

大徳寺は、船岡山の北にある臨済宗大徳寺派の大本山。正和四年(一三一五)宗峰《しゅうほう》妙超《みょうちょう》(大燈国師《だいとうこくし》)が、播磨守護の赤松則村《のりむら》の帰依をうけて、雲林院の故地に一寺を建立したのがはじまりという。宗峰は、花園上皇・後醍醐天皇の深い帰依をうけて寺観を整え、元弘三年(一三三三)の建武新政において、大徳寺は南禅寺と並んで五山の第一位とされた。

しかし、足利尊氏の反乱により室町幕府が成立すると、尊氏は宗峰の一門と対立する夢窓疎石に帰依したことから、室町幕府の五山制度では、五山の下位の寺格である十刹《じゅっさつ》の第九位にされた。そこで、永享三年（一四三一）大徳寺は十刹を放棄して「林《りん》下《げ》」と呼ばれる在野の禅寺となった。以後、大徳寺は、幕府と一線を画して、その保護と統制をうけず、独自の禅風を展開していった。

世俗化した禅宗を批判し、奇行と反骨で知られる一休宗純《いっきゅうそうじゅん》が、大徳寺の四十七代住持となったのは、文明六年（一四七四）のことである。一休は、住持就任と同時に退寺し、大徳寺に住むことはなかったが、堺の豪商の尾和宗臨《おわそうりん》らに働きかけ、応仁の乱で焼失した大徳寺の伽藍再建に尽力した。

大徳寺の三門　金毛閣

また、侘び茶の創始者とされる村田珠光《じゅこう》の一休への参禅がきっかけとなって、茶人の大徳寺参禅が続き、安土桃山時代には、大徳寺の「茶づら」という、禅風をあらわすあだ名がつけられるまでになった。その珠光の墓は、一休を開祖とする塔頭・真珠庵にある。

また、千利休が天正十七年（一五八九）に、当寺の三門（金毛閣）に上層を増築し、みずからの木像を安置して、秀吉の怒りを買い、切腹を命じられた出来事も忘れることができない。利休の墓は、大徳寺本坊の裏手にある。

ところで、大徳寺の繁栄は、一休の時代よりさらに一世紀を待たねばならない。それは、天正十年（一五八二）に羽柴（豊臣）秀吉が、本能寺の変で横死した織田信長の葬儀を、ここ大徳寺でおこない、その菩提所として塔頭・総見院《そうけんいん》を建立したことである。これをきっかけに、大名たちの塔頭創建があいつぎ、幕末には塔頭五十六の多きを数えることになるのである。小早川隆景《たかかげ》の黄梅院、石田三成・森忠政・浅野幸長《ゆきなが》の三玄院、細川忠興《ただおき》（三斎）の高桐院、黒田長政の龍光院、蒲生氏郷《がもううじさと》の昌林院、小堀遠州《えんしゅう》の孤篷庵《こほうあん》、前田利家夫人松子の芳春院などである。

## 芸術家村鷹峯

鷹峯《たかがみね》は、大文字山の北方、鷲ヶ峰の北東山麓にあたる集落である。古代には遊猟の地とされていた栗栖野《くるすの》の西北部にあたる。地名の由来は、この地に毎年鷹が来て雛を産んだからとか、網を使って鷹の雛を獲ったからとか伝承されるが、定かでない。

元和元年（一六一五）本阿弥光悦《ほんあみこうえつ》が、この地の東西二百間・南北七町を徳川家康から与えられて「鷹峯光悦町」を開いた。同町は五十五軒からなり、光悦屋敷を中心に、養子の光瑳《こうさ》、孫の光甫《こうほ》、弟の宗知などの本阿弥家の一族とともに、友人の蒔絵師《まきえし》土田了左衛門・土田宗沢、紙屋宗仁、筆屋妙喜、蓮池（俵屋）常有、尾形宗柏（光《こう》琳《りん》・乾山《けんざん》の父）、幕府呉服師の茶屋四郎次郎《ちゃやしろうじろう》らが集住していた。

光悦垣の意匠

　本阿弥家は、刀剣の鑑定や研《と》ぎ・拭いを家業としていたが、光悦は家業のほか、書画・茶の湯・陶芸をきわめ、蒔絵や造園にも通じた、当代きっての芸術家であった。角倉素庵《すみのくらそあん》と組んで出版した、豪華な色紙を料紙とした古活字本の物語や謡本は「光悦本」の名で知られる。

　鷹峯には光悦をはじめ工芸家が多かったことから、「芸術家村」とみる見方もあるが、光悦とその友人たちはいずれも熱心な法華宗（日蓮宗）の信者であり、信仰を紐帯として集住したものと考えられている。

しかし、光悦町は、光悦の死後、元和元年（一六八一）、幕府に収公されて消滅した。そして、光悦が設けた先祖の「位牌所」を、光悦の没後に日蓮宗の光悦寺とした。

光悦寺は、紙屋川を挟んで南西には、北から天ヶ峰・鷲ヶ峰・鷹ヶ峰の鷹ヶ峰三山が見渡せる景勝の地にある。境内には、光悦・光瑳・光甫の三代の墓や、光悦と親交のあった京都所司代板倉勝重《いたくらかつしげ》・重宗《しげむね》父子の墓がある。また、光悦が営んだ茶室を大正四年（一九一五）に復興した「大虚庵《たいきょあん》」などの茶室がある。茶室を囲む竹垣は、親竹を割って丸く束ね、これを半月形に曲げて両端を地面に接し、そのなかに菱格子の竹を組み入れた、独特の形式であり、「光悦垣」と呼ばれている。

鷹峯から長坂越《ながさかごえ》をへて杉坂、周山街道に通じる「丹波街道」の登り口付近は、長坂口と呼ばれて「京の七口」の一つに数えられ、室町時代には通行税を徴収する関も設けられていた。

その長坂越の峠には、「京《きょう》見《み》峠」の名がある。南北朝内乱を描いた軍記物語『太平記』巻十七は、延元元年（一三三六）六月、京都の足利尊氏を攻めるため、後醍醐天皇方の軍勢が、「京中ヲ足ノ下ニ見下」すことのできる京見峠に陣取ったと記しており、その展望が地名の由来となったようである。今は残念ながら樹木が茂って視界はさえぎられている。

《四》
洛西
エリア
貴船神社
鞍馬寺
三千院
左京区
北区
比叡山
延暦寺
上賀茂神社
修学院離宮
愛宕神社
神護寺
右京区
金閣寺
下鴨神社
滋賀県
大津市
上京区
銀閣寺
京都御苑
天龍寺
亀岡市
中京区
東山区
松尾大社
京都駅
毘沙門堂
下京区
西京区
桂離宮
清水寺
山科区
東寺
南区
伏見稲荷大社
醍醐寺
向日市
伏見区
光明寺
長岡京市
長岡天満宮
宇治市
大阪府
離宮八幡宮
大山崎町
久御山町
宇治上神社
平等院
八幡市
石清水八幡宮

## 衣笠の寺社と御室周辺

### 足利義満と金閣寺

金閣寺はあまりにも有名だが、正式名は山号を北山《ほくざん》、寺号を鹿苑寺《ろくおんじ》という。一般に金閣寺といわれるのは代表的な建物である舎利殿（金閣）による。

当寺はもともと鎌倉初期に西園寺《さいおんじ》公経《きんつね》のつくった山荘を室町幕府三代将軍足利義満が西園寺家から譲り受け、造営を応永四年（一三九七）からはじめ、十年ほどをかけて完成させた北山殿《きたやまどの》である。

北山殿は義満の住む北御所、夫人日野康子の南御所、後円融《ごえんゆう》天皇の母崇賢門院《すうけんもんいん》の御所からなっていた。義満の死後、日野康子が住んでいたが、応永二十六年（一四一九）に没すると大半の建物を南禅寺、建仁寺などに移し、舎利殿以下のわずかな建物で足利義持《よしもち》が義満の法号にちなんで鹿苑寺と号する禅宗寺院にした。

応仁の乱で舎利殿を残して焼失したが、近世期に入って住持鳳林承章やその弟子文雅慶彦《けいげん》が堂舎、庭園の再建・整備をおこない、今日の状況がみられるようになった。

しかし、現在の金閣は昭和二十五年の放火によって焼けたのを再建したものである。鏡湖池《きようこち》の畔に建つ舎利殿すなわち金閣は、寝殿造りの初層法水院《ほうすいいん》、書院造りの二層潮音洞《ちようおんどう》、禅宗仏殿風の三層究竟頂《くつきようちよう》からなり、宝形造りの屋根に金銅製の鳳凰《ほうおう》が置かれている。鏡湖池には大小さまざまな島や守護大名の献納した畠山石・赤松石・細川石などがみられる。また境内には安民沢《あんみんたく》・銀河泉《ぎんかせん》・巌下水などの泉や夕佳亭《せつかてい》などの建物がある。

### 夜桜の平野神社

衣笠山の東にある平野《ひらの》神社は延暦十三年（七九四）の平安遷都により、創建された。祭神は今木神《いまきのかみ》・久度神《くどのかみ》・古開神《ふるあきのかみ》と相殿比咩神《ひめがみ》の四座である。今木神は大和国に祀られていたのを平野の地に勧請したと伝えられており、九度神は竈《かまど》の神といわれている。創建以降、しばしば天皇の行幸がみられ、例祭である平野祭には皇太子が奉幣した。

現在の本殿は寛永年間（一六二四〜四四）西洞院時慶の再建した、比翼《ひよく》春日造り（平野造）といわれる独特のものである。なお境内は桜の名所として、毎年出店がつくられ、とくに夜桜が知られ多くの花見客で賑わう。

## 足利家と等持院

衣笠山の南麓の等持院《とうじいん》は臨済宗天龍寺派の禅寺で、山号を万年山と称する。もとは仁和寺《にんなじ》の一院といわれており、延文三年（一三五八）尊氏が死去すると、当院に葬られたため、以後代々足利将軍の葬礼をおこない、等持院は足利家の菩提寺となった。

歴代将軍は毎年七月十五日に参詣する恒例になっており、室町期には幕府の庇護を

等持院の表門

龍安寺の石庭

仁和寺の伽藍遠望

うけていたが、その衰微とともに寺は荒廃するようになった。それを豊臣秀頼が慶長十一年(一六〇六)に寺観を復興させたが、文化五年(一八〇八)に火災にあった。文政元年(一八一八)に妙心寺塔頭海福院《かいふくいん》の建物を移築した。その後、東隣の真如寺《しんによ》の庭を取り込み寺地を整えた。

霊光殿には尊氏以下歴代将軍の木像を並べるが、そのうち尊氏・義詮《よしあきら》・義満の木像の首が文久三年(一八六三)尊皇攘夷派の浪士によって抜き取られ、鴨川三条河原に晒されたことは有名な話である。

**石庭と龍安寺**

石庭で有名な龍安寺《りょうあんじ》は臨済宗妙心寺派の禅寺である。もとこの地には円融天皇が建立した円融寺があり、天皇崩御ののち、寺が衰退していたのを平安期末、左大臣藤原実能《さねよし》が山荘を営み、そのなかに御堂を建てて徳大寺と呼んだ。それを宝徳二年(一四五〇)室町幕府管領《かんれい》細川勝元が譲り受け、妙心寺の義天玄詔《ぎてんげんしょう》を請じて、大雲山龍安寺を創建した。

応仁の乱で兵火をうけて焼失したが、勝元の子政元の招請した特芳禅傑《とくほうぜんけつ》が復興させた。江戸期には多くの塔頭をもち、隆盛を誇ったが、寛政九年(一七九七)に方丈を

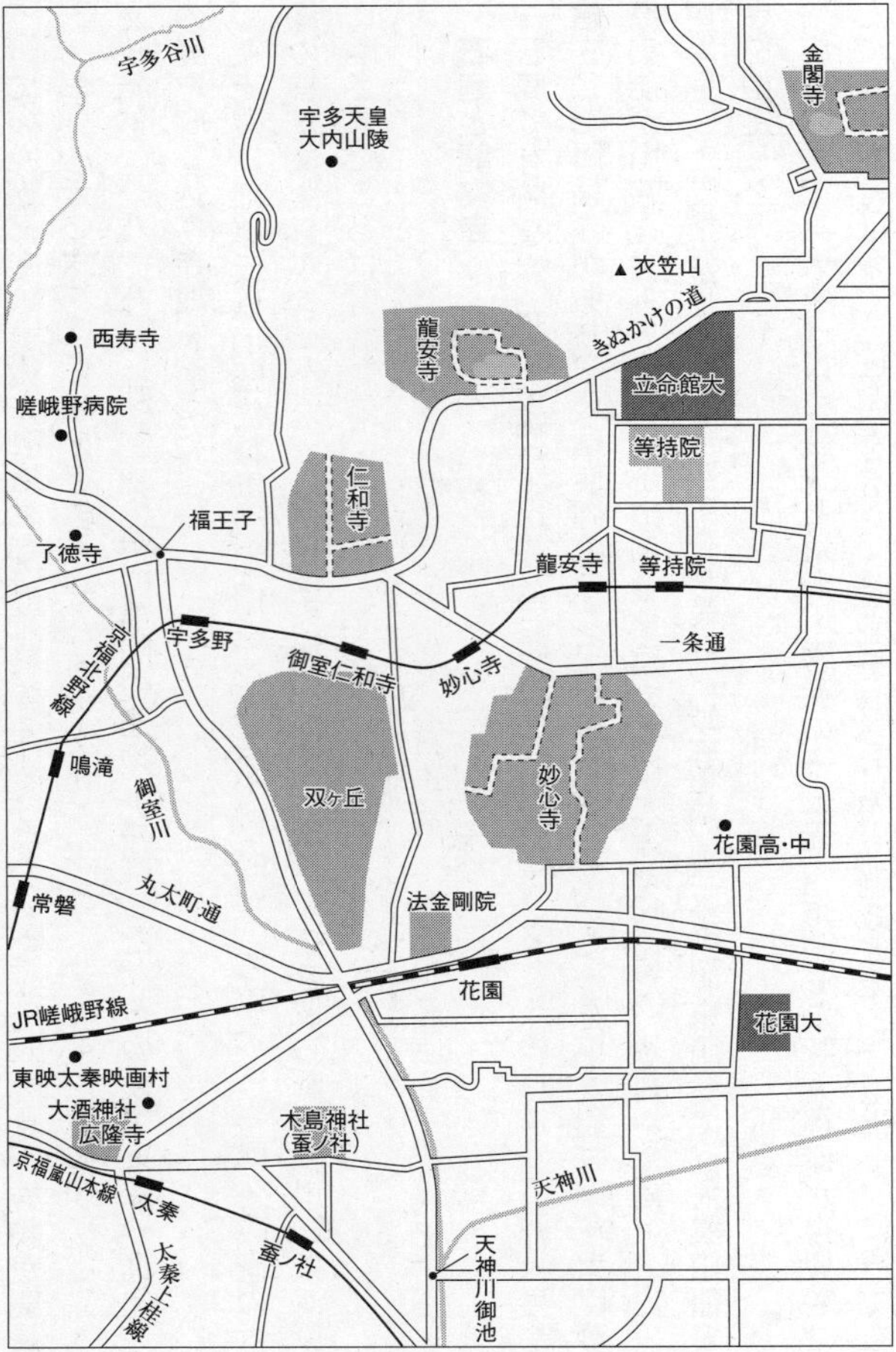
宇多谷川
宇多天皇
大内山陵
金閣寺
衣笠山
きぬかけの道
龍安寺
立命館大
等持院
西寿寺
嵯峨野病院
仁和寺
福王子
了徳寺
龍安寺
等持院
宇多野
京福北野線
御室仁和寺
妙心寺
一条通
鳴滝
御室川
双ヶ丘
妙心寺
花園高・中
常磐
丸太町通
法金剛院
花園
JR嵯峨野線
花園大
東映太秦映画村
大酒神社
広隆寺
木島神社
（蚕ノ社）
京福嵐山本線
太秦
天神川
蚕ノ社
太秦上桂線
天神川御池

残して焼けた。その後、塔頭西源院の慶長十一年（一六〇六）建立の方丈を移築するなどして再建された。

この重要文化財の方丈には釈迦如来像、義天・特芳・細川勝元の像を安置する。方丈南面の枯山水庭園は油土塀で囲まれ、樹木のない白砂のみの地面に十五の石を据えたもので俗に「虎の子渡し」といわれている。ほかにあまり類のないこの庭園の評価は定まらないが、足利義政に仕えた相阿弥作という説がみられる。

**御室の仁和寺**

仁和寺《にんなじ》は真言宗御室《おむろ》派の総本山であり、御室御所仁和寺門跡と称する。仁和二年（八八六）に光孝《こうこう》天皇が当寺の造営を企てたが、成就せずに崩御したので、宇多天皇が父の遺志を継ぎ、完成させて同四年に落慶供養をおこなった。そしてそのときの年号をとって寺号とした。

宇多天皇は譲位すると当寺で出家し、寛平《かんぴょう》法皇といわれた。寺内で天皇のいる室を「御室」と呼んだため、この一帯の地名となったといわれている。

宇多法皇が当寺の第一世で、第二世は三条天皇皇子師明《もろあきら》親王が継ぎ、第三世は白河天皇の皇子覚行《かくぎょう》親王と続き、その後も代々皇族が明治維新まで入寺し、京都では最高の格式ある寺として存在してきた。

平安後期から鎌倉期にかけて、貴族たちの信仰を集め、多くの寺院を配したが、応仁の乱で東軍によって伽藍が焼失した。それによって双ヶ丘《ならびがおか》の地に一時期、移転していたが、その後、再びもとの場所に復興した。

寛永十一年（一六三四）第二十一世後陽成天皇皇子覚深《かくしん》法親王が江戸幕府に再建を申し出て、徳川家光が二一万両を提供した。同十四年には御所の建て替えにともない、その諸殿を下賜して移築し、金堂に紫宸殿、御影堂に清涼殿、宸殿に御常御殿をあてた。また五重塔、経蔵、観音堂などが造営完成したため、正保三年（一六四六）盛大な落慶供養が営まれた。今日みられる文化財指定の建物の多くは当時のものである。

なお、有名な境内の御室桜は別名、お多福桜といわれ、樹高が低く、しかも遅咲きの桜であるため、京人は二度目の花見を楽しみに訪れることも多い。

### 鳴滝と了徳寺

御室の西方、鳴滝《なるたき》は文人墨客に愛された土地である。

古来、貴族の山荘が営まれ、土地を流れる鳴滝川（御室川）の岩場に幾重にも滝をつくって流れる風景が多くの詩歌に詠まれた。

また平安期には滝のまわりで禊《みそぎ》がおこなわれた。この流れの音が鳴り響いたため、鳴滝という地名となったといわれている。

鳴滝の了徳寺《りようとくじ》は大根焚き寺として有名である。建長四年（一二五二）の冬に親鸞聖人が愛宕山月輪寺《がつりんじ》への参詣の途中、この地に立ち寄ると、村人が大根を煮てもてなしたため、聖人はその礼としてススキの穂に「帰命尽十方無碍光如来」と書いて与えた。これを「ススキの名号」といい、のちに蓮如上人が親鸞の跡を訪ねた際に、さらに「南無阿弥陀仏」という六字の名号を記したと伝えられている。

この二上人にちなんで創建されたのが了徳寺で、毎年十二月九、十日の報恩講に大根焚きが参詣者にふるまわれる。これを食べると、年をとっても中風にならないという言い伝えがある。

## 花園と太秦周辺

### 臨済宗最大の妙心寺派

妙心寺は七堂伽藍をもつ妙心寺派の総本山で、開山は関山慧玄《かんざんえげん》（無相大師）、山号は正法山《しょうぼうざん》、本尊は釈迦如来である。妙心寺の開創の年代については諸説がみられ、不詳であるが、寺側では建武四年（一三三七）説をとっている。この年に開基である花園上皇が、以前から参禅していた病に臥す宗峰妙超《しゅうほうみょうちょう》（大燈《だいとう》国師）に、あとに師事する禅僧と自分の離宮を寺にするための山号と寺号を依頼した。それによって、関山慧玄が推薦され、寺の名前が決まった。

関山慧玄は信濃国の生まれで、徳治二年（一三〇七）に建長寺の南浦紹明《なんぽじょうみょう》（大応《だいおう》国師）についた。師の死後からおよそ二十年間の動向は杳《よう》としてわからない。しかし嘉暦《かりゃく》二年（一三二七）建長寺開山蘭渓道隆《らんけいどうりゅう》の五十年忌に参じたとき、宗峰妙超の名を耳にし、その偉大さを聞いて、法要の途中であるにもかかわらず飛び出して、鎌倉から京都へ上り、宗峰妙超に参禅した。師匠から関山の号をうけ、従来の「恵眼」から「慧玄」に名を改め、二年の修行を積んだ。

その後、関山は美濃国伊深《いぶか》に隠遁して、農業に従事する生活を送っていたが、京都から花園上皇の使いが招請にやってきたため、上京して妙心寺で指導にあたった。その間、寺領問題が起こったので、それに嫌気がさしたのか、寺を去り、遠江《とうとうみ》長島に庵を結んだと伝えられている。

関山は観応《かんのう》二年（一三五一）勅命によって再度、住持となり、延文五年（一三六〇）

妙心寺の境内

に寂した。その葬られた微笑庵《みしょうあん》が開山堂である。

関山は禅の歴代高僧のなかで今日、語録や頂相《ちんぞう》（肖像画）も残っていない不明部分の多い僧である。しかし、臨済禅の法燈の主要な流れである〝応《おう》・燈《とう》・関《かん》〟、すなわち大応国師、大燈国師と並ぶ関山慧玄は禅宗史上で大きな存在といえる。妙心寺派の中興であり、禅画に秀でた江戸期の白隠《はくいん》慧鶴《えかく》は関山の系譜に連なる僧である。

創建以来、妙心寺は寺領が加えられ、寺の規則も充実して発展を続けたが、室町幕府三代将軍であった足利義満によって受難が起こった。それは応永六年（一三九九）に大内義弘らが幕府に起こした反乱（応永の乱）に端を発する。大内義弘と妙心寺の住持拙堂宗朴《せつどうそうぼく》が師檀関係にあったため、義満は妙心寺の寺地を取り上げ、青蓮院《しょうれんいん》の義円（将軍義教となる）に託した。その一部は南禅寺徳雲院《とくうんいん》の廷用宗器に付されたが、廷用は竜雲寺と寺の名を変えた。

永享四年（一四三二）廷用から妙心寺の根外宗利《こんがいそうり》に微笑庵の土地が返還されたため、日峰宗舜《にっぽうそうしゅん》が復興に取りかかり、日峰に帰依した管領細川持之《もちゆき》の後援をうけた。その後、応仁の乱で焼失したが、細川勝元《かつもと》・政元《まさもと》の援助によって、日峰の弟子、雪江宗深《せっこうそうしん》が再興した。雪江は関山派の高揚をはかり、寺内の組織化を企てた。

さらに、戦国時代になると、寺域を広げ、各大名による創建で塔頭が増えたが、慶長十九年（一六一四）に豊臣秀頼発願の方広寺大仏殿の鐘銘事件で、海山元珠が豊臣側を弁護したため、徳川家康の怒りにふれ、つぎに紫衣《しえ》事件では幕府の処置に反対する単伝士印《たんでんしいん》、東源慧等《とうげんえとう》が流罪となった。

しかし、近世初頭になると大名たちが菩提寺として創建または再興させた塔頭が多くなり、妙心寺は発展するのである。

明治を迎えて山内の塔頭は廃止・合併によって、現在は四十余寺がみられる。そして、明治九年（一八七六）に妙心寺派として認可され、全国に末寺を多くもつ臨済宗最大の宗派となっている。

## 平安様式の法金剛院庭園

妙心寺の南西に位置し、丸太町通に面している法金剛院《ほうこんごういん》は平安初期の右大臣、清原夏野《なつの》の山荘跡といわれている。彼は漢詩に堪能な学者であった。死後に山荘は寺となり、土地の名にちなんで双丘寺《そうきゅうじ》と名づけられ、また天安寺《てんあんじ》ともいわれた。天安二年（八五八）に文徳天皇が崩御するとその山陵が近くに設けられ、その供養の法会が天安寺で執りおこなわれた。また、応天門を焼失させた伴善男《とものよしお》の没官墾田を元慶三年（八七九）に施入されたため、天安寺は隆盛を誇ることができるようになった。しかし、天延二年（九七四）宝蔵が焼けたのち、久しくこの寺に関する記録がみられなくなり、おそらく荒廃したと考えられる。

平安末期の大治四年（一一二九）鳥羽天皇の中宮待賢門院璋子《たいけんもんいんしょうし》が仁和寺に御願の御堂建立地を選定させたため、天安寺跡と決まった。その場所に翌五年に完成し、鳥羽上皇、待賢門院が臨幸し、仁和寺の覚法《かくほう》法親王を導師とする落慶法要が盛大に催された。のちに法金剛院と名づけられた。

五位山を背後にして広大な池を掘り、池の西に西御堂（阿弥陀堂）、東に女院御所を建て、池に滝をつくった。また北斗堂・三重塔・経蔵・三昧堂などが建立された。

法金剛院の庭園

待賢門院は康治《こうじ》元年（一一四二）に落飾し、三年後の久安元年（一一四五）に死去したため同院の三昧堂下に葬られた。その後も諸堂が建立され、浄土を思わせる景観ができあがった。

しかし、鎌倉期には衰微していたが、唐招提寺の円覚上人が復興をおこなった。上人は当院で念仏会を開き、俗に十万上人と呼ばれるように多くの信者を集めた。

その後、応仁の乱や天正と慶長の二度にわたる震災によって堂舎を失い、元和三年（一六一七）泉涌寺の照珍上人によって本堂などが再建されたが、かつての壮大な寺観を取り戻すことはなかった。

明治になって、山陰線の敷設によって境内を分断され、北側部分のみとなった。さらに昭和四十三年に丸太町通の拡幅にともなって、諸堂を北側に移し、また滝の石組みを掘り起こして、庭園の発掘復元をおこなった。これは京都でも数少ない、実際に目にすることができる平安期の庭園様式である。

本堂に祀られている重要文化財阿弥陀如来坐像は寄木造りで、優美さをもつ格調高い平安仏である。

## 広隆寺の諸仏

広隆寺《こうりゆうじ》は『日本書紀』に記すとおり、推古天皇十一年（六〇三）、この土地に勢力をもっていた秦河勝《はたのかわかつ》が聖徳太子から仏像を賜り、造営したのにはじまる。また、太子が死没した推古天皇三十年（六二二）に、河勝がその供養のために創建したという説もみられる。広隆寺という寺号は河勝の実名「広隆」によるといわれているが、その他、秦公寺、蜂岡寺、葛野寺、桂林寺とも呼ばれた。

創建当初は紙屋川《かみやがわ》上流にあったが、のちに現在地に移転したといわれている。弘仁九年（八一八）に全焼し、承和年間（八三四〜四八）から再建にかかり復興した。その後、久安六年（一一五〇）に再び焼失したが、永万元年（一一六五）にはほぼ再建が完成していたと考えられる。

広隆寺の薬師如来に対する信仰は平安期からみられた。その霊験あらたかなさまは諸本にみえるとおりで、天皇をはじめ、庶民にいたるまで当寺に参籠して願をかけた。また太子信仰が盛んになると、広隆寺奥の院といわれる八角円堂（桂宮院《けいくういん》）が建てられた。現在の国宝八角円堂は建長三年（一二五一）に西大寺の叡尊《えいそん》の弟子である中観が建立し、現在、本尊の聖徳太子半跏《はんか》像のほか、隋の煬帝《ようだい》が太子に献上したといわれる阿弥陀如来像などが安置されている。また、上宮王院《しょうぐうおういん》（太子堂）は享保十五年（一七三〇）に造営され、聖徳太子自作という三十三歳等身像を祀るが、天皇即位に際して着用する黄櫨染御袍《こうろぜんのごほう》をこの像が着けている。これは歴代天皇から贈られたものである。天皇だけが着用できる袍を太子が死後とはいえ、着けているのは摩訶《まか》不思議である。おそらく生前、天皇位につけなかった太子に対して、鎮魂の意味が込められていると考えられる。

いま霊宝館に安置する宝冠弥勒《みろく》菩薩《ぼさつ》半跏《はんか》像《ぞう》（国宝）は木造の飛鳥仏であるが、そのノーブルな顔立ちから愛好家が多い。

広隆寺牛祭《うしまつり》は本来、寺の東、大酒《おおさけ》神社の祭りで、マダラ神が牛に乗って登場し、京都三大奇祭の一つとなっている（現在は中断）。この神社は嘉祥二年（八四九）、従五位下に列せられ、平安前期の『延喜式』神名帳にその名がみえる。もと桂宮院の境内にあってその鎮守社となっていたが、明治維新をへて、現在の場所に移動した。

## 蚕ノ社と太秦界隈

蚕《かいこ》ノ《の》社《やしろ》は正式には木島坐天照《このしまにますあまてる》御魂《みたま》神社（木島《このしま》神社）と呼ぶが、境内にある織物関係者の信仰を集めている蚕養《かいこ》神社がよく知られているため、この名が一般にいわれている。その創建は古く、大宝元年（七〇一）にはすでに存在していたことが記録からわかる。『延喜式』によると、当社は名神大社で、祈雨祭などをあずかっていた。平安期には参拝者が絶えなかったようである。

蚕ノ社の三柱鳥居

この神社の本殿西側の池に建つ、他にあまり例のない、三方とも正面になった三《み》柱《はしら》鳥居は有名である。鳥居の中心に御幣を立てて、三方から拝するようになっている。この池の場所を元糺《もとただす》と呼ぶが、賀茂《かも》御祖《みおや》神社（下鴨神社）の糺《ただす》の森に関係する呼称で、この場所から賀茂の神が移られたため、下鴨に糺の森ができあがったという伝承が残っている。

太秦《うずまさ》の地で有名なのはなんといっても、東映太秦映画村である。この地に大正十五年（一九二六）当時の映画界の人気役者、阪東妻三郎のプロダクションの撮影所が建設された。それに続き、日活、松竹、東映、大映が進出し、日本のハリウッドといわれる時期もあったが、テレビの普及により、映画界が不振になって各社がこの地を撤退するなか、東映だけが残った。

東映太秦映画村は昭和五十年に開設された。場内には江戸時代の町並や武家屋敷などを復元し、臨場感を味わいながら、タイムスリップできるようになっている。

## 嵯峨と嵐山周辺

### もう一つの御所大覚寺

東は太秦、西は小倉山《おぐらやま》麓、南は大堰《おおい》川、北は上嵯峨山麓に囲まれた土地を嵯峨野と呼んでいる。古代には天皇や貴族たちの遊猟地であった。

また、この地に貴族たちが山荘を建てて詩歌管弦を楽しんだが、その山荘のなかで神野《かみの》親王（のちの嵯峨天皇）の嵯峨院が大覚寺《だいかくじ》の前身である。嵯峨院の庭園にあったのが大沢池《おおさわのいけ》で、そのなかに天神島、菊之島があり、その間に立石の庭湖石がみられる。龍頭鷁首《りゅうとうげきす》の船を浮かべて王朝人が楽しんだのがこの池であった。

嵯峨野の北、大沢池の西にある大覚寺は嵯峨山と号し、真言宗大覚寺派の総本山である。

大覚寺と大沢池

貞観十八年（八七六）に嵯峨天皇の離宮を娘の淳和《じゅんな》天皇皇后正子が寺とし、子の恒寂《こうじゃく》法親王を開山とした。当寺は当初、尼僧の病を療治する施設である済治院を経営し、嵯峨上皇、檀林《だんりん》皇后（嵯峨天皇の皇后嘉智子《かちこ》）、淳和太后の三陵と、檀林寺を統括した。

三世を継いだ定昭《じょうしょう》が奈良興福寺の一乗院を創建したため、大覚寺は一乗院の兼帯となったため、この時期、寺勢が振るわなかった。

しかし、文永五年（一二六八）に後嵯峨上皇（二十一世）の入寺、ついで亀山上皇、後宇多上皇が入って隆盛となり、「嵯峨御所」と呼ばれるようになった。とくに後宇多上皇は伽藍の造営をおこない、当寺の中興の祖といわれている。建武三年（一三三六）の兵火によって、諸堂が焼け落ちたが、後宇多天皇皇子性円法親王が再建した。

亀山上皇以降、この皇統は大覚寺に住持したため、大覚寺統といわれ、南北朝期には南朝として、北朝（持明院統《じみょういんとう》）と対立したが、明徳三年（一三九二）の両統の講和で南朝の後亀山天皇は当寺において、北朝の後小松天皇に神器を渡したのち、寺の小倉殿に隠棲した。

大覚寺も他の寺々と同様に、応仁の乱で焼け、荒廃の状況が続くが、寺領を信長、秀吉から寄進され、家康からも安堵され、後水尾天皇から建物の寄進をうけるなどによって、近世期、寺勢の回復がなされた。また後陽成天皇や後水尾天皇の皇弟、皇子を住持にむかえ、門跡寺院として揺るぎない地位をもつようになった。

後水尾天皇から寄進されたと伝えられる宸殿は正面階下に右近の橘、左近の梅（御所でも最初は梅であった）を植えた寝殿造風で、内部は牡丹の間、柳松の間、紅梅の間、鶴の間の四室からなって、絢爛豪華な狩野山楽《さんらく》による桃山様式の金碧画が描かれている。また宸殿と渡り廊下でつながっている客殿には後宇多天皇が院政を執った際や、南北朝講和の際に用いられた御冠の間（のちの建物）をもち、室内に桃山期の襖絵、付書院の金蒔絵（嵯峨蒔絵）など、絵画工芸史上貴重な遺品があり、また後宇多天皇宸翰御手印遺告（国宝）など、寺宝も多い。

## 清涼寺の行事

大覚寺の西、愛宕《あたご》参道にある嵯峨の釈迦堂が清涼寺《せいりょうじ》である。五台山と号し、浄土宗知恩院派の寺であるが、この地はもと左大臣源融《みなもとのとおる》の山荘棲霞観《せいかかん》で、彼の死後、

清涼寺の本堂

常寂光寺の境内

二尊院の本堂と前庭

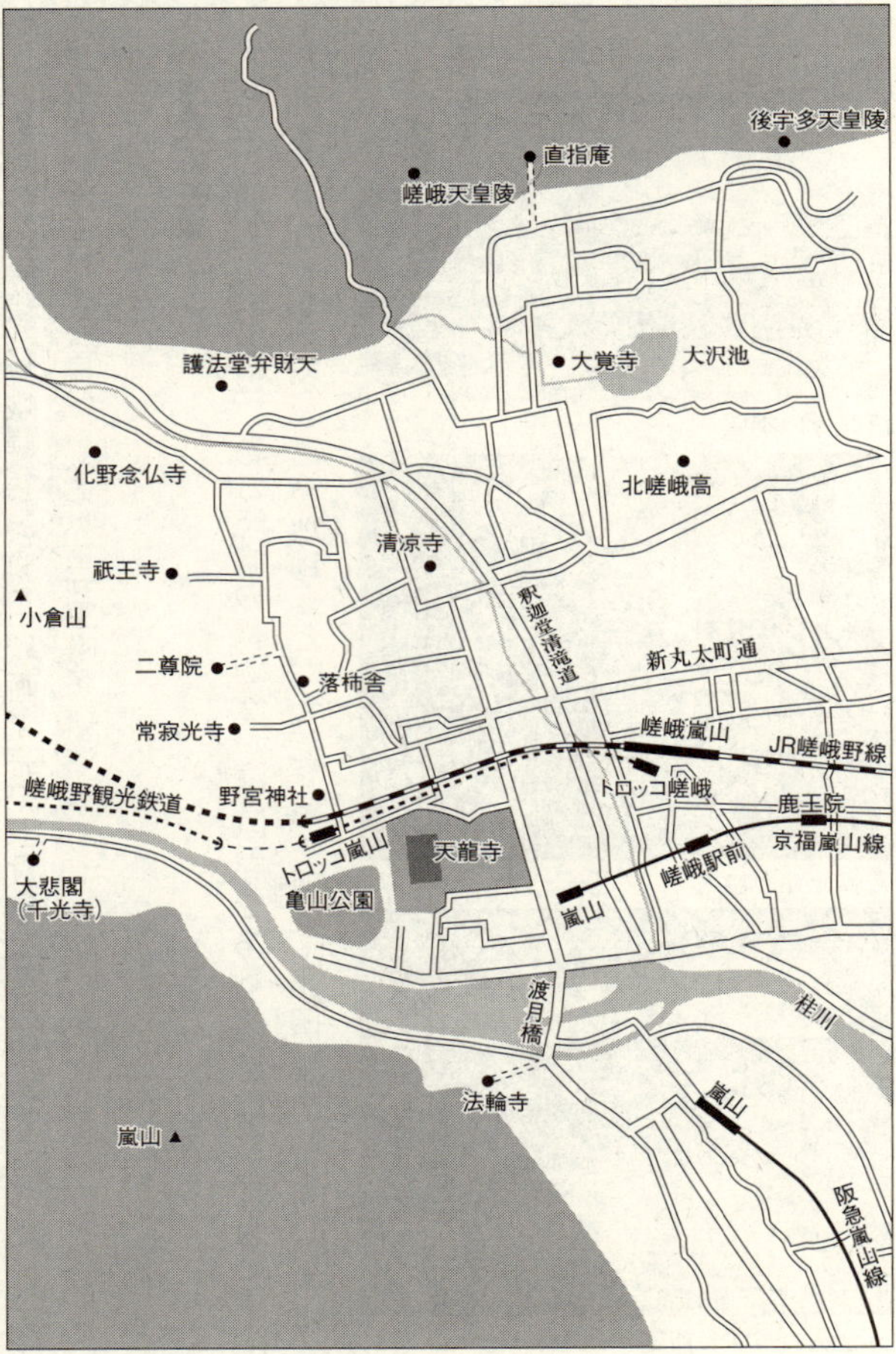

後宇多天皇陵
直指庵
嵯峨天皇陵
大覚寺
大沢池
護法堂弁財天
化野念仏寺
北嵯峨高
清凉寺
祇王寺
小倉山
釈迦堂清滝道
新丸太町通
二尊院
落柿舎
常寂光寺
嵯峨嵐山
JR嵯峨野線
嵯峨野観光鉄道
野宮神社
トロッコ嵯峨
鹿王院
京福嵐山線
トロッコ嵐山
天龍寺
嵯峨駅前
大悲閣
(千光寺)
亀山公園
嵐山
渡月橋
桂川
法輪寺
嵐山
嵐山
阪急嵐山線

寺に改められて棲霞寺となった。天慶八年（九四五）に式部卿宮重明《しげあきら》親王が亡き妻のために御堂を建立して、金色等身釈迦如来一体を祀った。

東大寺の僧奝然《ちょうねん》が寛和《かんな》三年（九八七）に宋から帰国し、その際に持ち帰った釈迦如来像と摺本一切経を安置するために、愛宕山を中国五台山になぞらえ、その麓に大清凉寺を建立しようとした。しかし長和五年（一〇一六）に示寂したため、目的をはたすことがなかった。その遺志を継いだ弟子の盛算は伽藍の建設をあきらめ、棲霞寺境内の釈迦堂に釈迦如来像を安置して五台山清凉寺と号し、華厳宗の寺とした。

その棲霞寺釈迦堂を仮の清凉寺としていたが、平安末期の浄土教信仰の発展とともに釈迦如来に対する信心が増え、天台、真言、念仏宗を兼学する寺となり、やがて融通念仏の大道場となった。このように発展をとげることになって棲霞寺に取って代わり、清凉寺の名が高まり、たびたびの火災にも、そのつど、貴賤の厚い信仰によって再建が繰り返された。

庶民信仰のみられる当寺には特別な年中行事がある。三月十五日に実施される嵯峨お松明《たいまつ》式は大型の松明に点火し、火の強さによってその年の農作物の豊凶を占う。また、四月に実施される大念仏狂言は鎌倉時代、円覚上人がはじめたと伝えられ、鉦、太鼓、笛を鳴らし、狂言が演じられる。

## 常寂光寺と二尊院

大堰川の北岸で、南岸の嵐山と対置する小倉山の中腹にある常寂光寺《じようじやく(つ)こうじ》は、寛永年間（一六二四〜四四）に日蓮宗本圀寺《ほんこくじ》の日禎上人の隠居所として開創したものである。この地が常寂光土のようであることから寺号が名づけられたといわれている。

本堂は伏見桃山城の建物の一部でつくられ、釈迦如来を安置する。仁王門は本圀寺客殿の門を移築したもので、若狭小浜の長源寺から移した仁王像は運慶作と伝えられている。境内には藤原定家、家隆の歌仙祠《かせんし》が建てられているが、定家の小倉山荘がこのあたりにあったことによる。本堂の後方にある美麗な多宝塔は京の町人によって寄進された。

二尊院《にそんいん》は小倉山と号し、釈迦如来と弥陀如来の二尊を本尊とすることから寺号となった。

承和年間（八三四〜四八）、嵯峨天皇が慈覚大師（円仁）に勅して創建させた二尊教院華台寺にはじまるという。その後、荒廃していたが、法然上人の遺跡の当寺を慕って弟子、正信房湛空《たんくう》が復興につとめた。

つぎに叡空《えいくう》のときに、天皇方の帰依によって寺は隆盛したが、応仁の乱によって諸堂が焼失してしまった。乱ののちは三条西実隆《さんじょうにしさねたか》父子の後援によって再興した。近世に入って、豊臣、徳川氏によって寺領が与えられ、また公家や大商人の菩提寺となったために栄え、嵯峨の名刹の一つとなった。

本堂には二尊を安置し、かたわらに藤原兼実《かねざね》が絵師宅磨法眼に描かせたといわれる絹本着色法然上人像（足曳の御影）がある。

その前の庭は龍神遊行の庭といわれ、門前の池にいた龍女が正信房の教化によって昇天したという故事にもとづいて名づけられた。

境内の墓地には天皇の供養塔のほか、三条西実隆、伊藤仁斎をはじめ、最近までの名家、著名人の墓が多い。

## 野宮神社と光源氏

野宮神社《ののみやじんじゃ》は天龍寺から北へ行った竹林の小径の端にある。この神社の黒木、すなわち樹皮のついた鳥居は原初な形を残している。

野宮は未婚の内親王が伊勢神宮に奉仕する前に一年間潔斎《けっさい》のために籠るところで、その場所はそのつど、宮城外の清浄の地を卜定《ぼくじょう》して決め、一定していない。ゆえに、この地がいつの野宮であるかは不明といえる。

雨の渡月橋と嵐山

しかし『源氏物語』賢木《さかき》の巻の、光源氏が、娘の内親王について伊勢へ向かう六条御息所《ろくじょうのみやすんどころ》をしのんで野宮を訪れるシーンを思い浮かべるのに、この神社はぴったりである。

## 大堰川と渡月橋

大堰《おおい》川は「大井川」とも書かれ、嵐山の麓を流れる川で、平安期には天皇の行幸が多く、貴族たちも頻繁に訪れ、その際の歌を勅撰集や私家集に残している。「三船の才」という詩・歌・管弦に万能な人のたとえがあるが、これは寛和二年（九八六）に円融天皇が行幸したときに歌人、藤原公任《きんとう》がわざと遅れてきて和歌の船に乗り、もし詩の船に乗って漢詩をつくればもっと名声が上がったと言ったことから生まれた。

大堰川に架かる橋を渡月橋《とげつきょう》といい、川の近くにある法輪寺《ほうりんじ》にちなみ、法輪寺橋ともいった。渡月橋の名は亀山上皇の「くまなき月の渡るに似る」という言葉から生まれたと伝えられている。平安期の辞書『倭名類聚鈔《わみようるいじゆしよう》』に、このあたりと思われる場所を橋頭郷《はしもと》と呼んでいるため、この橋が平安初期に存在していたことがわかる。『源平盛衰記』によると悲劇の中宮建礼門院《けんれいもんいん》の雑仕《ぞうし》横笛がこの橋のもとで入水したという。この当時の橋は現在の場所より上流にあった。

応仁の乱ではこの場所で東軍と西軍が戦ったため橋が落ち、その後再興したが、出水でたびたび破損した。慶長十一年（一六〇六）に角倉了以《すみのくらりようい》が大堰川上流の保津川開鑿工事の際、現在の地に架け替えた。

## 天龍寺史上の人物

天龍寺《てんりゆうじ》は、南北朝の戦いで敗れ、吉野で死去した後醍醐天皇の菩提を弔うために足利尊氏が夢窓疎石《むそうそせき》を招請して建立した寺である。

もとは嵯峨天皇皇后橘嘉智子（檀林皇后）が承和年間（八三四〜四八）に唐の禅僧義空《ぎくう》を招いて創建した日本で最初の禅寺檀林寺であるが、この寺は平安中期に荒廃した。その跡地に、建長七年（一二五五）後嵯峨上皇によって仙洞亀山殿《せんとうかめやまどの》がつくられ、それを亀山上皇が引き継いだ。『古今著聞集』によると、広大な敷地で、眺望もすぐれたものであった。また『徒然草』には南の嵐山に吉野の桜を移植して花見をおこな

天龍寺の借景庭園

い、庭内の池に大堰川の水を水車で汲み上げたことが記されている。この亀山殿は大覚寺統が伝領し、後醍醐天皇に引き継がれた。

その後、亀山殿の地に天龍寺が創建された。暦応二年（一三三九）には、亀山殿に後醍醐天皇の菩提を弔うための寺を創建するようにとの光厳《こうごん》上皇の院宣が夢窓疎石に下された。夢窓は足利尊氏・直義《ただよし》兄弟の協力を得て、康永三年（一三四四）に天龍寺の建物をほぼ完成させた。その費用には夢窓の助言によって元に派遣された貿易船、天龍寺船の運上金などがあてられた。

その後、比叡山をはじめ、旧仏教側の抵抗があったが、翌貞和元年（一三四五）に後醍醐天皇七回忌と落慶供養が盛大に催された。その間、鎌倉円覚寺《えんがくじ》に準じて、五山第二位になった。なお、至徳三年（一三八六）に南禅寺が五山の上に置かれたため、当寺は第一位に格上げされた。

天龍寺は創建以来、たびたび火災にあい、そのたびに再建されて、現在にいたる。最後の焼失は元治元年（一八六四）、長州藩の宿営となっていたため、蛤《はまぐり》御門《ごもん》の変で敗れた長州藩兵を追ってきた薩摩藩によって焼かれた。

大方丈の背後の庭園は夢窓の作と伝えられるが、その夢窓は「天龍寺十境」を設定し、壮大な景観をもつ庭園を構想した。曹源《そうげん》池《ち》を中心に亀山と嵐山を借景にした、見どころの多い池泉回遊式の庭はその名残である。

## 十三詣の法輪寺

渡月橋の南に位置する智《ち》福山《ふくさん》法輪寺は「嵯峨の虚空蔵《こくぞう》さん」と呼ばれ、十三詣《じゅうさんまいり》や針供養で親しまれている。本尊虚空蔵菩薩は日本三虚空蔵の一つである。

寺伝によると、和銅六年（七一三）に元明《げんめい》天皇の勅願により、行基が創建し、もとは葛《くず》井《い》寺といわれていた。その創建を天平年間（七二九～四九）という説もみられる。

その後、天長六年（八二九）、僧道昌《どうしょう》がこの寺に参籠して虚空蔵法を修していると、虚空蔵地蔵の化身を感得したので、その姿を写して像を刻み本尊とした。それ以後、法輪寺と名を改めた。

天慶年間（九三八～四七）に空也《くうや》が勧進して常行堂を建てた。平安時代の院政期には貴賤の信仰が盛んであったことが諸書にみえる。応仁の乱には諸堂が焼失し、その頃から寺勢が衰微していったが、慶長年間（一五九六〜一六一五）に後陽成天皇が再興勧進の綸旨《りんじ》を発して、堂舎が復興し、また五代将軍綱吉の生母桂昌院《けいしょういん》によって補修がなされた。しかし、元治元年（一八六四）、蛤御門の変の余波で多くの堂舎が焼け落ちた。本堂は明治十七年（一八八四）に再建したのち、ほかの建物も復興し、今日の寺観となった。

毎年春に十三歳の男女が詣る行事は京都内外に有名であり、参詣の帰りに渡月橋を渡る際には授かった福が去るといって、後ろを振り返ってはいけないといわれている。

**大悲閣と角倉了以**

千光寺《せんこうじ》が大悲閣《だいひかく》の正式名である。渡月橋から上流、大堰川南岸の山の中腹にある風光明媚な桜の名所である。芭蕉が「花の山二町上れば大悲閣」と挨拶句を詠んだといわれている。

当寺は慶長年間（一五九六〜一六一五）に保津川《ほづがわ》の開鑿《かいさく》をして、舟や筏《いかだ》を通す大工事を成功させた角倉了以が創建した。彼は巨万の富を積んだが、晩年は仏教に帰依し、この地に移り住んだといわれている。

大悲閣には法体姿で、石割斧を右手に持って立て膝を立てて円座にすわる角倉了以の木像が大堰川を見下すように祀られている。この像は様式化したものでなく、個性的な魅力ある力作である。

なお、保津峡は嵐峡《らんきょう》ともいう。保津川（大堰川）の亀岡から嵐山あたりまでを呼び、その間、岩場の多い急流を巧みに舟を操って進む保津川下りは京都の主要な観光の一つである。渓流と、変化に富む岩の景勝地であるため、江戸時代には文人たちによって詩に詠まれてきた。

## 鳥居本・清滝・愛宕山

### 化野念仏寺と鳥居本

化野《あだしの》は小倉山の東北の山麓部を指し、東山の鳥辺野、北の蓮台野とともに、古代から京都の葬送地であった。

嵯峨から清滝《きよたき》に行く愛宕《あたご》街道沿いの化野念仏寺は、弘法大師（空海）がこの地に葬られた死者たちの菩提を弔うために建てた五智如来寺がはじまりである。法然が念仏

の道場として、念仏寺と改めたといわれている
境内には土中から出てきた室町期を中心とした多くの小石塔を集めている。毎年八月二十四日の地蔵盆に千灯供養がおこなわれ、参詣の人で賑わう。

なお、当寺のある鳥居本《とりいもと》は愛宕山参詣の門前町となっており、江戸時代から続く茅葺の腰掛け茶屋では、名物のしんこ菓子や鮎を賞味することができる。

また、この集落の人たちは近くの曼荼羅山《まんだらやま》において夏の五山送り火の一つ、鳥居形を点すことに奉仕する。

「ほととぎす嵯峨へは一里京へ三里水の清滝夜の明けやすき」

この歌は浪漫派歌人、与謝野晶子が昭和五年に当地で詠んだものだが、清滝は絶景の渓谷と清滝川の清流を慕って、とくに納涼の客が訪れることで知られている。古来、愛宕詣の禊《みそぎ》（水垢離《みずごり》）場であり宿場となっていた。

**愛宕神社は火伏せの神**

京都市内の北西に海抜九二四メートルの愛宕山が立つ。この山は山城国と丹波国の境にあり、山中五つの峰のうち、朝日峰に鎮座するのが愛宕神社である。

その創建は縁起によると、大宝年間（七〇一～〇四）、役行者が泰澄上人とともに愛

宕山に登り、朝廷に奏上して朝日峰に神廟を建立したことによるといわれている。

また一説によると、丹波国桑田郡国分《こくぶ》町に祭祀されていたのを山城国愛宕《おたぎ》郡鷹ケ峰《たかがみね》に移したのち、天応元年（七八一）、僧慶俊が愛宕山に勧請したと伝えられている。

現在は伊弉冉命《いざなみのみこと》をはじめ、諸神を祀るが、そのなかで迦倶槌命《かぐつちのみこと》は主神的な存在である。この神は自身の母である伊弉冉命を焼き殺したが、この神が火にまつわることから、当社は今日まで全国的に火伏せ、火除けの信仰を集めてきた。

この山は山岳信仰の場として修験者の行場となり、この社は神仏習合の流布で愛宕大権現とも称した。本地仏を勝軍《しょうぐん》地蔵とし、寺としての発展がみられ、中世には白雲寺《はくうんじ》と呼ばれていた。

勝軍地蔵に対する信仰は武家の間に盛んで、豊臣秀吉は朝鮮半島への戦勝祈願をおこなっている。武将たちの参詣もしばしばみられ、天正十年（一五八二）に明智光秀が白雲寺内の宿坊、威徳

山頂の愛宕神社への石段

院での連歌の会で「時は今天が下しる五月《さつき》かな」と発句を詠んで信長への謀反をほのめかしたといわれている。

しかし慶応四年（一八六八）に廃仏毀釈令によって寺の形態を廃し、愛宕神社となった。七月三十一日から夜を徹して八月一日に参詣すれば、千日参拝したのと同じ御利益があるという千日詣は有名で、帰りに樒《しきみ》と火除け札を持ち帰る風習がある。

**水尾の里**

水尾《みずお》は愛宕山西側の四方を山に囲まれた集落で、昨今は冬季、各家で沸かした柚《ゆず》入りの風呂に訪れる客が多い。

古くは宝亀《ほうき》三年（七七二）に光仁《こうにん》天皇が南都（奈良）から遠地の水尾（水雄）までやってきたことが文献にみえる。

また平安期に入ると、清和天皇がこの地を終焉の地と定めたことが記録に残っている。そのため物を売りに行くこの土地の女性は、天皇に仕えた女官の緋の袴から転じた赤の三幅前垂れを着けるといわれている。

この土地の人は早朝、樒を採って愛宕神社に供えたのち、参詣者に授与することを日課としてきた。それを拝受した人たちは家の神棚に供えて、火伏せの神花とする。

## 三尾の三名刹

### 高雄の神護寺

高雄《たかお》は高尾とも書く。この地は高雄山の東南山麓、清滝川に沿った地域をさす。この川の流域を北に行くと槇尾《まきのお》と栂尾《とがのお》であり、それらを合わせて三尾《さんび》という。

高尾は中世以来、紅葉の名所として名高かったようで、近世初頭の狩野秀頼《ひでより》画「高雄観楓図《かんぷうず》」屏風には紅葉狩りを楽しむ人とともに、当地の神護寺《じんごじ》の御堂と清滝川の清流が描かれている。

名刹神護寺の創建は和気清麻呂《わけのきよまろ》が九州宇佐八幡の神託にもとづき、宝亀十一年（七八〇）、光仁天皇に奏して寺を建立しようとしたが実現せず、天応二年（七八二）に再び桓武天皇に上奏して、延暦年間（七八二〜八〇六）になって伽藍を建て、神願寺《しんがんじ》としたことによる。

その後、清麻呂の子真綱《まつな》などが、この神願寺と、もともと高雄にあった高雄寺を合併させ、神護国祚真言寺《じんごこくそしんごんじ》と名づけて上の二字をとり、神護寺とした。なお、清麻呂の

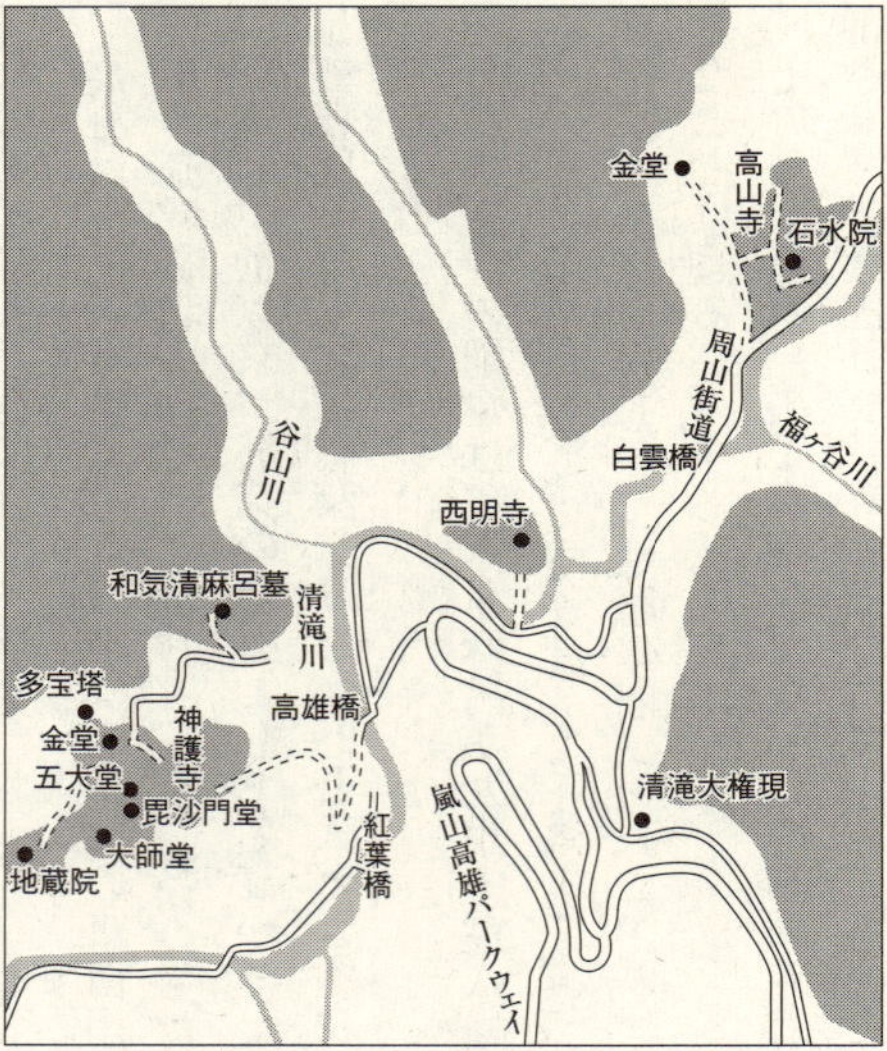


神願寺は河内国に建立されたという説もある。

高雄寺は和気氏の氏寺で、この寺では延暦二十一年（八〇二）に最澄を招き、法華会を修し、南都高僧十名に天台の法門を講じた。また弘仁元年（八一〇）には空海が鎮護国家の修法をおこない、さらに金剛界《こんごうかい》・胎蔵界灌頂《たいぞうかいかんちょう》を修して、最澄などの僧に伝授した。

このように神護寺は空海の力により、真言密教における重要な寺院となった。

空海のあとを弟子の真済《しんさい》が受け継ぎ、寺観を整え、国家鎮護に精進した。しかし、その後、久安五年（一一四九）に災害にあって以降、寺は衰退に傾いた。

その復興に尽力したのが文覚《もんがく》であったが、後白河法皇の法住寺殿《ほうじゅうじどの》に伺候して荘園の寄進を強要したため、伊豆に流された。

のちに許された文覚は神護寺に帰り、再度、後白河法皇に荘園寄進を依頼し、そのときは許されて伽藍の整備をおこなった。

また、源頼朝からも荘園の寄進をうけた。その頼朝の死去後、文覚は後鳥羽上皇によって佐渡国へ流され、そののち許されたものの、みたび対馬国に流罪になって、鎮《ちん》西《ぜい》で亡くなった。

その後、文覚の弟子上覚が寺の伽藍を完成させたが、応仁の乱で荒廃した。近世初頭に豊臣、徳川氏が復興に寄与し、現在の多くの建物は江戸期のものである。

### 槇尾の西明寺

高雄神護寺から清滝川に沿って東北へ行った槇尾《まきのお》に西明寺《さいみょうじ》がある。寺の伝承によると、空海の弟子智泉《ちせん》が、天長年間（八二四～三四）に神護寺の別院として創建したといわれている。

その後、和泉国槇尾山寺の自証が、荒廃していた当寺を建治年間（一二七五～七八）に再興し、正応元年（一二八八）、後宇多上皇が槇尾山平等心王院の院号を与えた。

永禄年間（一五五八～七〇）に兵火によって焼け、一時期、神護寺に併合されたが、その後、神護寺の明忍が慶長七年（一六〇二）に再興した。今日の堂舎は江戸幕府五代将軍綱吉の母、桂昌院による建造と伝えられている。

本尊は鎌倉期の木造釈迦如来立像、脇は平安期の木造千手観音立像で、ともに重要文化財である。

**栂尾の高山寺**

高雄（尾）や槇尾の北になる栂尾《とがのお》の高山寺《こうざんじ》はもともと度賀尾寺《とがのおじ》と称し、天台宗であった。

貞観十八年（八七六）に天台座主となった法性坊尊意が十一歳でこの寺に入り、三年間修行したことが記録にみえる。

度賀尾寺はその後、荒廃したが、平安期の末に神護寺の文覚上人が再建する。しかし、文覚が佐渡へ流されたため、再び荒廃の状況となる。それを再興させたのは明《みょう》恵《え》上人高弁《こうべん》で、建永元年（一二〇六）、後鳥羽上皇の院宣を奉じ華厳宗の道場として再建し、高山寺と号するようになった。

寺地には貞応三年（一二二四）、上皇の賀茂別院の石水院を移築し、春日・住吉大明神を祀った。本殿東のこの建物は何度となく移動し、また改造がなされたが、国宝に指定されている。建築史上重要なものである。中世には寺領が寄進され、隆盛をみたが、応仁の乱で多くの建物が焼失し、衰退した。

なお、明恵上人は、この地に茶を植え、茗園をつくった。「栂尾茶」として知られ、これが中世では「本《ほん》茶」とされ、ほかの茶園産のものは「非《ひ》茶」といわれたほどの質の差があったという。

寺宝には有名な紙本墨書鳥獣人物戯画をはじめ、国宝・重要文化財が多い。

高山寺の境内

## 松尾と桂周辺

### 酒の神松尾大社

松尾《まつお》大社《たいしや》は、桂川の西にして松尾山麓に鎮座する神社である。祭神は大山咋神《おおやまくいのかみ》と市杵島姫命《いちきしまひめのみこと》で、大山咋神は山城と丹波地域を開発した神とい

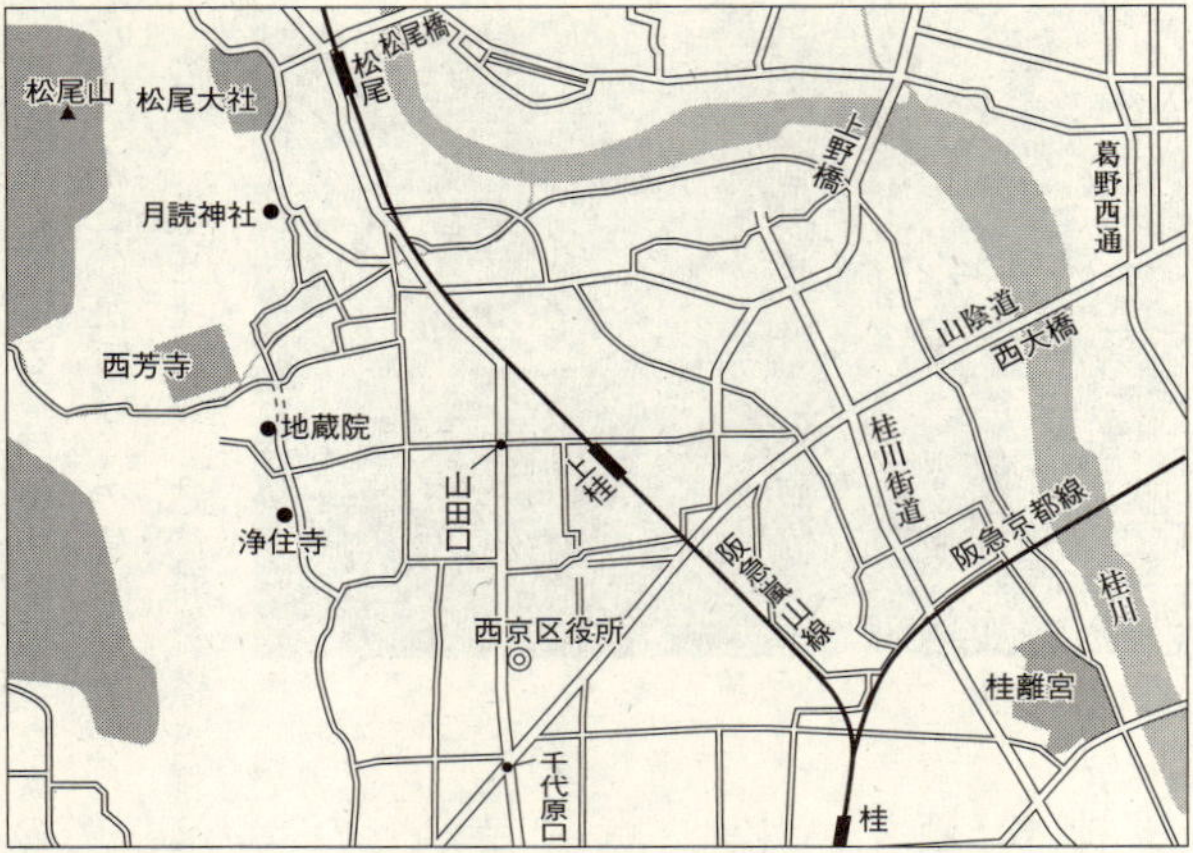


われ、市杵島姫命は宗像の三女神の一つで、海上守護の神といわれている。この神社は大宝元年（七〇一）に秦忌寸都里《はたのいみきとり》が社殿をつくり、その女《むすめ》知満留女を斎女として奉仕させたのにはじまる。

延暦三年（七八四）に桓武天皇は長岡京遷都にあたって当社に奉告し、従五位下に叙した。平安京に遷《うつ》ると王城鎮護の神として、東の賀茂社、西の松尾と並び称された。平安期には位階をあげ、一条天皇をはじめ、しばしば天皇の行幸がみられる。

また、中世から今日まで酒の神として酒造業者の崇敬をうけてきた。

本殿東北にある亀の井の湧き水は、醸造の際に加えると酒が腐らない清泉だといわれてきたためである。

毎年四月から五月にかけておこなわれる松尾祭は、人々を魅了する祭礼である。松尾七社すなわち大宮・四社《よんしや》・衣手《ころもで》・三宮《さんのみや》・宗像《むなかた》・櫟谷《いちだに》・月読《つきよみ》の各社の御輿などが船に乗って桂川を渡御する際には、河原は見物の人々でごった返す。

なお、宝物の男女神は平安期のもので、日本の神像のなかで最古のものである。

**苔庭の西芳寺**

西芳寺《さいほうじ》は、松尾大社の南、西芳寺川の北岸に位置し、苔寺《こけでら》の名で知られている。寺の創建については諸説がみられるが、天平年間（七二九～四九）に行基《ぎようき》が聖武天皇の勅に応えて、創建した畿内四十九院のうちの一つ、西方寺にはじまるという説が『夢窓国師年譜』にあげられている。暦応《りやくおう》二年（一三三九）に夢窓疎石が再興して、名を西方寺から西芳寺に改めた。

有名な苔におおわれた庭園は夢窓の作といわれ、枯山水と池泉回遊式庭園からなり、下の黄金池のなかに島と橋を点在させている。茶室湘南亭《しようなんてい》は重要文化財で、慶長年間（一五九六～一六一五）に千利休の子少庵《しようあん》が再建したといわれている。

なお、西芳寺の見学は事前の申し込みが必要である。

### 桂離宮の庭園と建物

桂川中流の右岸に位置する桂離宮《かつらりきゆう》は明治十六年（一八八三）に皇室の離宮となるが、それ以前は桂宮《かつらのみや》（八条宮《はちじようのみや》）家の別荘であった。この別荘を造営した八条宮智仁《としひと》親王は正親町《おおぎまち》天皇の孫で、一時、豊臣秀吉の猶子《ゆうし》となったが、天正十八年（一五九〇）に宮家をおこした。親王は諸芸に堪能で古典に造詣の深い人物であった。その教養がこの建物にいかされていることはいうまでもない。

この別荘の造営の時期ははっきりしないが、元和《げんな》六年（一六二〇）には普請の記録がみえ、寛永元年（一六二四）には庭園と古書院や中書院の建物ができあがっていたと考えられる。智仁親王の死去ののち、その子智忠《としただ》親王によってさらに増築されて完成した。

広大な一万三千坪ほどの邸内には桂川から引水した池の周りに、古書院・中書院・新御殿を中心に、東岸に松琴亭《しようきんてい》、池の中島に賞花亭《しようか》・園林堂、西南岸に笑意軒《しよういけん》、西北岸に月波楼《げつぱろう》がみられる。

古書院は総柿葺の入母屋造で一の間・二の間を中心に、庭に面した竹簀子《たけすのこ》の月見台が突き出ている。中書院は一の間から三の間からなっているが、古書院に比べて規模が小さい。中書院から新御殿の間にある板張りの床は蹴鞠や弓などを観賞する場所である。新御殿の一の間にみられる上段の違い棚は多くの珍材を用いた精緻なもので、とくに桂棚と呼ばれ、また新御殿の欄間や襖の引き手には斬新な意匠が多い。

桂離宮の松琴亭

松琴亭は田舎家屋の趣をもつ母屋に、茶室と水屋からなっている。とくに床の間や襖には、紺色と白色の奉書紙を石畳模様に貼りつけた奇抜なデザインがみられる。

賞花亭は洛中の八条宮本邸にあったものを移築したといわれ、休息するための茶屋として土間に竈《かまど》がつくられている。紅葉の頃には軒に暖簾《のれん》を吊って、風情を楽しむようになっている。園林堂は本瓦葺宝形造りで、八条宮家などの位牌や木像を安置した御堂である。笑意軒は池の船着き場の茶屋で、中の間の腰張りに天鵞絨《びろうど》を用いていることに特徴がみられる。月波楼は白楽天の西湖の詩から名づけられた。一の間・中の間・膳組の間からなり、料理を用意するための便宜を考えた建物である。

以上の建物のほか、築山や苑路にも工夫がみられ、建築と庭園が一体となった世界に誇るべき造形物といえよう。生活空間を巧みに表現したこのデザインはドイツの建築家、ブルーノ・タウトが絶賛したことで一般に知られるようになった。

## 大原野周辺

### 藤原氏の大原野神社

京都市の南西に位置する大原野《おおはらの》神社は、社伝によると、延暦三年（七八四）の長岡京遷都にともない、桓武天皇の皇后乙牟漏《おとむろ》が奈良春日社の春日明神を新しい都へ勧請したことにはじまるといわれている。

平安遷都後、嘉祥三年（八五〇）に社殿を造営し、地名をとって大原野社と称するようになった。奈良春日社と同様に藤原氏の氏神として崇められ、摂関家はいうにおよばず、天皇や皇后の行幸・行啓がみられ、また伊勢の斎宮や賀茂の斎院にならって斎女が奉仕した。

室町期になると足利氏の信仰によって社領が安堵された。その祭儀は応仁の乱以降、途絶えがちであったが、江戸期になって後水尾天皇の勅により、再興された。

現在、方位を守る神として、また縁結びの神として信仰されている。

特徴ある本殿は奈良の春日大社と同じ四棟の檜皮葺春日造りである。

### 「花の寺」勝持寺

大原野神社の西、小塩《おしお》山麓にある勝持寺《しょうじじ》は桜が寺をうめつくすほどであるため、「花の寺」といわれてきた。

寺伝では白鳳年間（六七二〜八六）に役行者が創建したといわれ、その後、最澄が薬師如来を本尊として安置し、仁寿年間（八五一〜五四）に仏陀《ぶつだ》上人が文徳天皇の帰依によって再興し、大原野社の別当職になった。

中世、足利氏の庇護によって隆盛であったが、応仁の乱によって荒廃した。その後、豊臣氏によって寺領安堵をうけ、ついで江戸期に五代将軍綱吉の生母桂昌院の堂舎修復によって寺観を整えた。

眺望のよい境内は桜の名所として古くから知られており、中世に婆娑羅《ばさら》大名佐々木道誉《どうよ》が大がかりな花見の宴を設けたことは有名である。
なお、桜とゆかりの深い西行が植えたと伝える西行桜が残っている。

**善峰寺と遊龍松**

善峰寺《よしみねでら》は西国三十三ヶ所観音霊場第二十番の札所にあたり、本尊は十一面千手観音である。その創建は恵心僧都《えしんそうず》（源信《げんしん》）の弟子源算《げんさん》が、長元三年（一〇三〇）に伽藍を建てたことによる。
その後、五十余の僧坊が存在し、隆盛を誇っていたが、応仁の乱により衰退するようになる。江戸期に将軍徳川綱吉の生母桂昌院が復興し、今日の寺観ができあがった。多宝塔前の、五葉松が横枝を長く張った「遊龍松《ゆうりゅうのまつ》」は天然記念物に指定されている。

《五》
洛南
エリア
貴船神社
鞍馬寺
三千院
左京区
北区
比叡山
延暦寺
上賀茂神社
愛宕神社
神護寺
修学院離宮
右京区
金閣寺
下鴨神社
滋賀県
大津市
上京区
銀閣寺
京都御苑
天龍寺
亀岡市
中京区
東山区
毘沙門堂
松尾大社
下京区
京都駅
西京区
桂離宮
清水寺
山科区
東寺
南区
伏見稲荷大社
醍醐寺
向日市
光明寺
伏見区
長岡京市
長岡天満宮
宇治市
大阪府
離宮八幡宮
大山崎町
久御山町
宇治上神社
八幡市
平等院
石清水八幡宮

# 吉祥院と鳥羽街道

## 西国への道鳥羽街道

鳥羽《とば》は、京都の市街地の南方、鴨川と桂川の合流地点付近の低湿地に残された地名で、現在の行政区では、上《かみ》鳥羽が南区、下《しも》鳥羽が伏見区となっている。

地名の由来は不明だが、文字のみから想像すると、川面に飛び交う水鳥の羽音から名づけられたのかもしれない。鳥羽は、古来多くの和歌に詠まれている。なかには、鳥羽を、「諸人《もろひと》も千代《ちよ》の御影《みかげ》に宿占めてとはに逢ひ見む松の秋風」（藤原定家）と、その音から「永久《とわ》」にあてたものもみられる。

延暦十三年（七九四）、平安京が営まれると、羅城門から一直線に南下する「鳥羽の作り道」が開かれた。この道は、平安京の諸施設を整備するための物資の輸送に用いられたものだが、鴨川から淀川水運を通じて西国と結ぶ交通の要衝として、鳥羽の地が、古くから重視されたことを示している。この作り道は、のちに鳥羽街道と称されるようになるが、江戸時代には牛車の輸送に便利なように、車石《くるまいし》と呼ばれる平板な敷石が敷設された。

街道の旧道は、いまも国道一号線の西側に残されている。九条通を出発して、ひたすら南に進む。名神高速道路の高架をくぐると小枝橋になる。この付近が、幕末、鳥羽伏見の戦いの戦端が切って落とされたところで、橋のたもとには「鳥羽伏見戦趾」と刻まれた石碑が立っている。

橋を渡り、しばらく行くと、広い公園が見える。このあたりが、白河上皇が営んだ鳥羽離宮跡。公園内に残る「秋の山」という小山は、かつての庭園の築山の跡だと伝えられる。

さらに鴨川沿いの旧道を進むと、桂川との合流点にさしかかるあたりに草津町の町名が残されている。ここが平安時代の草津湊《みなと》で、保元元年（一一五六）、讃岐に流される崇徳《すとく》上皇が、都に恨みを残し、遠島の船に乗り込んだところである。

### 吉祥院天満宮

鳥羽街道の西側にある吉祥院《きっしょういん》の地名は、地域内に菅原道真の霊を祀った吉祥院天満宮が鎮座していることによる。古代、長岡京への遷都に際して、この地域が菅原氏の領地となっており、以後、同家はこの地に別業を営んだという。

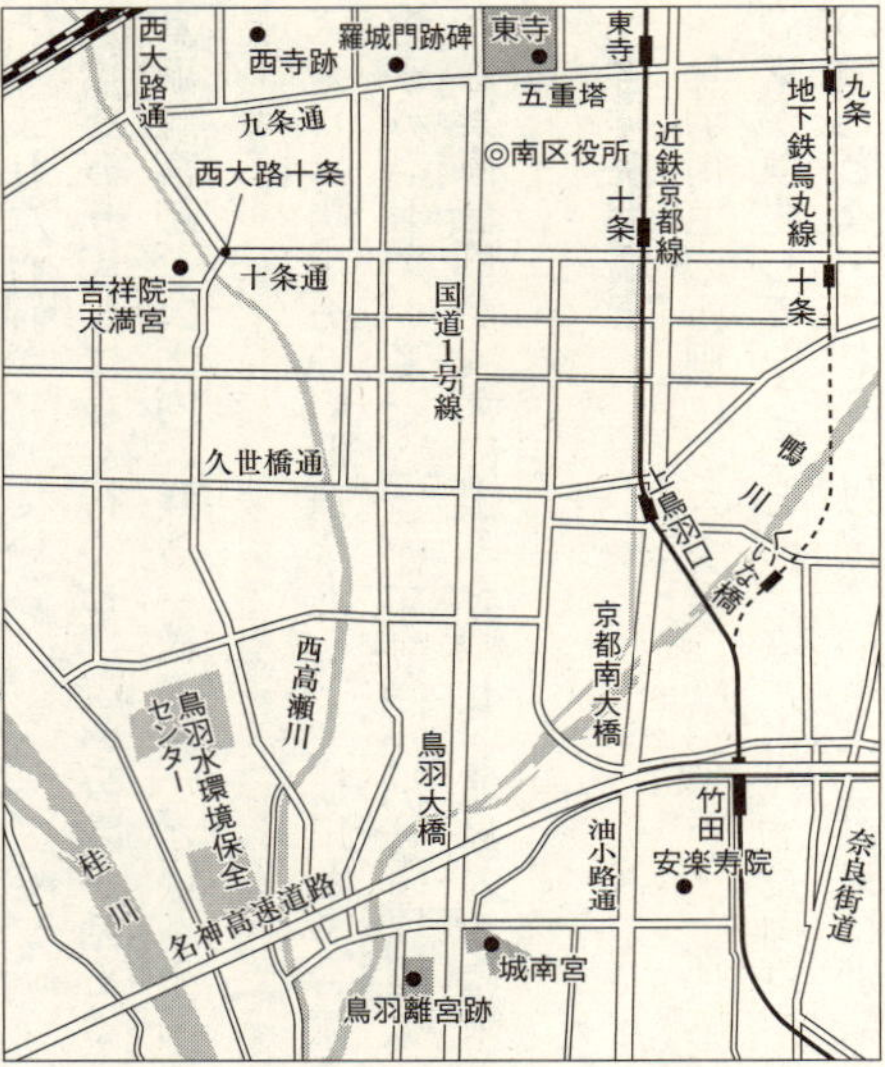


吉祥院も当初は同家の氏寺として建立されたものを、のちに道真の霊を祀り、天神堂が建てられたというのが事実のようだ。毎年八月二十五日夜、天満宮の神楽殿では、空也系の六斎念仏《ろくさいねんぶつ》が奉納されており、浴衣姿の保存会員たちにより、現在十八曲が保存、伝承されている。

**城南宮の「曲水の宴」**

先にふれた鳥羽離宮だが、寛治元年（一〇八七）白河上皇が後院《こういん》として造営した離宮で、仏殿と寝殿を兼ねた華麗な建物と、広大な苑池がつくられた。

この離宮の造営とともに、離宮の鎮守として設けられたのが、城南宮《じょうなんぐう》であった。

古来、方除《かたよ》けの神として信仰を集め、毎年春と秋（四月二十九日と十一月三日）には、

城南宮の神苑

王朝の風俗を再現した「曲水の宴《きょくすい》」が催される。
これは同社の神苑である楽水苑のせせらぎに、羽觴《うしょう》（左右に鳥の羽のような形がついた酒杯）にのせた朱塗りの盃を流し、盃が回るまでに和歌を詠むという、ゆかしい行事である。

城南宮の東に一本の道が通じている。城南宮道と呼ばれる参詣道で、この道の北側には、鳥羽離宮にゆかりのある白河・鳥羽・近衛三天皇の御陵や、鳥羽上皇の勅額と伝えのある北向不動尊、また鳥羽上皇が鳥羽離宮の東殿を仏刹に改めたという安楽寿院《あんらくじゆいん》などが位置している。

一方、城南宮の西側、国道一号線に面した餅屋で、名物おせき餅が売られている。名前の由来は、昔、今村せき女という茶屋の娘が、鳥羽街道を旅する人々に餡餅を売ったことから、いつしか、おせき餅と呼ばれるようになったという。

### 「塔の森」の名

桂川と鴨川の合流点付近に、「塔の森」という地名がある。この地は、古くから「佐比河原《さいのかわら》」と呼ばれていた。平安京の佐比大路を南に延長した地にもあたっていたが、名称は「賽《さい》の河原」にも通じ、古来「百姓葬送之地《ひやくせいさい》」としても古文書に登場する。人々が建立した墓石や卒塔婆《そとば》が、この地一帯に森のように林立していたことから、のちに地名として定着するようになったのかもしれない。

## 深草と伏見稲荷大社

### 墨染寺と藤森神社

伏見区の深草《ふかくさ》は、古代には深草郷と呼ばれた。その範囲は、稲荷から深草大亀谷《おおかめだに》までであった。深草の地名の由来だが、一説に、深草のフカは深田、泥田をさし、クサはフサ・フシ・フセと同様、水辺の低湿地を意味しているという。

京阪本線墨染《すみぞめ》駅の近くに、深草山墨染寺《ぼくせんじ》（桜寺）がある。同寺の本堂に向かって右側に桜の若木があり、その前に「三代目植継墨染桜」と記された標識が立っている。

この墨染桜には一つの言い伝えがある。平安時代の歌人上野岑雄《かんつけのみねお》が藤原基経《もとつね》の死を悼んで「深草の野辺の桜し心あらば今年ばかりは墨染に咲け」と詠んだことから、桜が墨染（薄墨）に咲くようになったといわれ、またそれが地名の由来となったとされている。

師団司令部の建物（現聖母女学院）

ここから、伏見街道を北に歩くと、右手に藤森《ふじのもり》神社が見えてくる。同社の創建年代は不明だが、真幡寸《まはたき》神社・藤尾社・塚本社などの諸社を、中世になって合祀したものと考えられている。社伝によれば、神功《じんぐう》皇后が「三韓征伐」から凱旋ののち、旗と武器を納めたのが当社の最初で、境内にはそれらを埋納した旗塚がある。祭神は、神功皇后・武内宿禰《すくね》など十二柱。社前に「菖蒲の節句発祥の地」と刻まれた石標が立ち、五月五日に武者人形を飾るのは当社にはじまるといわれている。

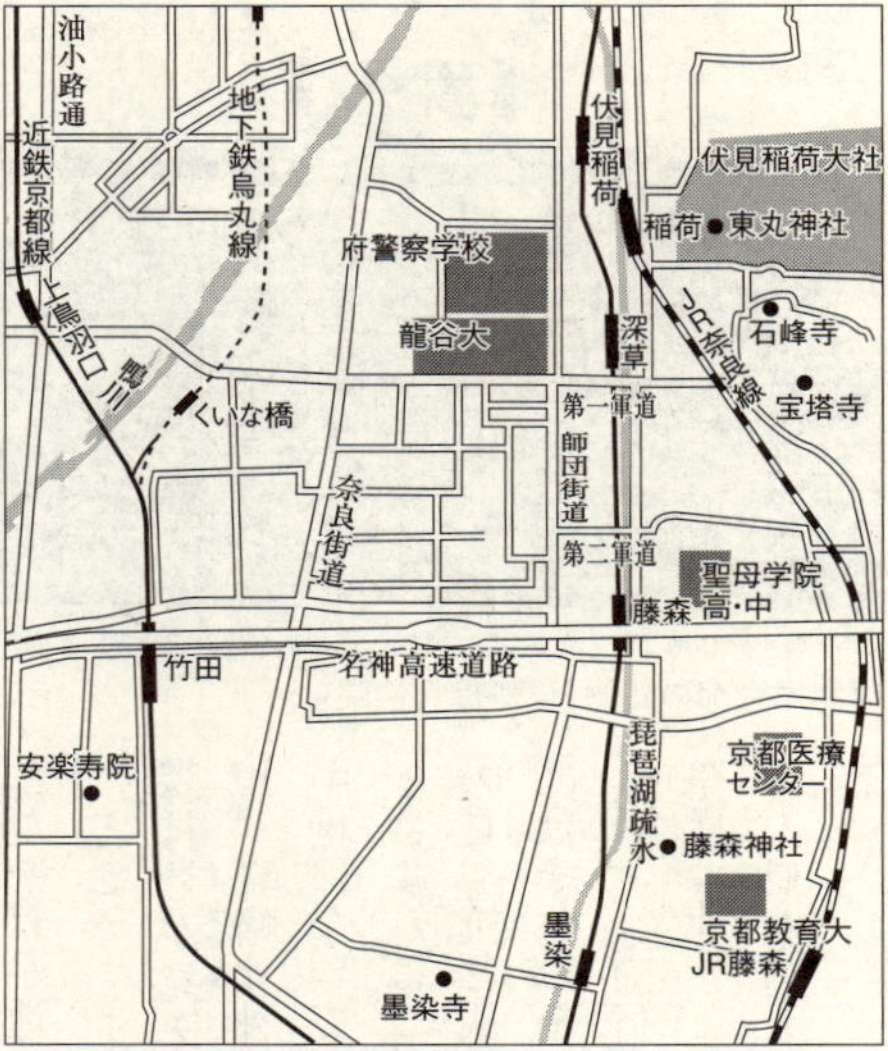


また五月五日には武者行列や神輿渡御とともに、勇壮な駈馬《かけうま》神事が催され、疾走する馬上でさまざまな騎馬の妙技が披露される。

## 師団街道という名

道をさらに北へ辿り、京阪本線藤森駅を過ぎたころ、右手に赤レンガの豪壮な洋館が見えてくる。現在、聖母女学院となっているが、もとは、このあたり一帯に駐屯していた帝国陸軍第十六師団の司令部跡である。伏見街道（本町通）の西側、琵琶湖疏水（鴨川運河）を渡ると、南北に走る道路がある。それが師団街道である。

京都で、軍隊にかかわる地名や通り名が残されているのは珍しい。明治三十八年（一九〇五）のこと、帝国陸軍は、軍備の拡大をはかり、それまでの一二師団編制を一七師団に増強するが、そのうちの第十六師団が、翌三十九年、深草に移駐してきた。移駐部隊は、十六師団管下の第三十八歩兵連隊のほか、騎兵第二十、砲兵第二二、輜重兵《しちょうへい》第十六、工兵第十六の各連隊であった。駐屯地は、現在の龍谷大学と同大体育館をはじめ、観月橋の北側、宇治の木幡《こはた》・黄檗《おうばく》付近に散在していたのである。師団街道から師団司令部に通じる東西の道は、いまも当時のまま第二軍道と呼ばれており、疏水をまたぐ橋脚には、陸軍のシンボルマークである星印が浮き彫りされている。その南北にも、第一軍道から第三軍道までが通っている。師団街道沿いに建つ標識を目にすると、戦後を生き続けてきた戦争史跡の重さに、改めて気づかされる。

## 伏見の「お稲荷さん」

伏見区深草藪ノ内町に鎮座する伏見稲荷大社は、商売繁盛の神様として知られ、全国に四万社はあるといわれる「お稲荷さん」の総社である。

社伝によれば、和銅四年(七一一)、秦伊呂具《はたのいろぐ》が稲荷山の三カ峰に三柱を祀ったのがはじまりといい、別の伝えによれば、伊呂具が餅を的にして矢を射たところ、餅が白鳥となって飛び去り、その鳥のとまった稲荷山の地に稲が生えたので、そこに社殿を営んだというものである。

稲荷の読みは、この故事の「稲生・稲成（イネナリ）」から生じたものであり、神像が稲を荷《にな》っていることから「稲荷」の文字があてられたといわれる。この稲荷山は古代から、神の宿る神奈備山《かんなびやま》として信仰され、五穀豊穣を祈る農耕神が、お稲荷さんのもとの姿であった。

この付近の名物は、なんといっても伏見人形であった。これは素焼きの人形にきれいに彩色をほどこしただけの素朴な郷土玩具で、はじまりは江戸時代初期と伝えられている。代表的な形としては、饅頭喰いや鎧武者《よろいむしゃ》、熊と金時（金太郎）など、素朴な姿が親しまれ、稲荷大社参詣の土産物として人気を博した。

## 伏見・桃山界隈

### 城下町伏見

伏見《ふしみ》の地図を広げると、まず目につくのが、東西南北に走る道路によって見事に区画された町割と、一風変わった町名である。水野左近町（東町・西町）、井伊掃部《いいかもん》町（同）、筒井伊賀町（同）、羽柴長吉町（東町・中町・西町）、桃山町、金森出雲町など。

これらは近代以降の命名ではあるが、かつて伏見の町が城下町であったときの名残であることに間違いはない。

文禄三年（一五九四）頃、秀吉は数年前から建設していた隠居屋敷を造替して、指《し》月《げつ》の森（現観月橋の北側付近）に壮大な城郭を構えたが、不幸にも文禄五年閏七月、大地震によって、城の主要部分や大名屋敷は大きな被害をうけた。

しかし、なにものをも恐れぬ天下人秀吉には、一瞬の迷いもなかった。彼はさっそく、指月の北方、伏見山上に、城郭再建の槌音を響き渡らせた。

それればかりか、大規模な土木工事も開始した。いままで、巨椋池《おぐらいけ》に東から直接流れ込んでいた宇治《うじ》川を、槇島堤《まきしまつつみ》を築いて城下の南側にまで北流させ、さらに、淀まで堤防を築いて宇治川と淀川をつなぎ、大坂への舟運を開いた。さらに、巨椋池のなかに堤防を築いて道を通し、奈良への街道を開くと同時に、城下町に南北の道を通し（現京町通）、京都から伏見を経由して奈良へと通じる陸路を開いた。また、伏見城の建築用材を運ぶ堀として、市街地の西に濠《ほり》川を開鑿し、その水路を城の外堀としても利用した。現在の伏見の原型は、このときに完成したといえる。

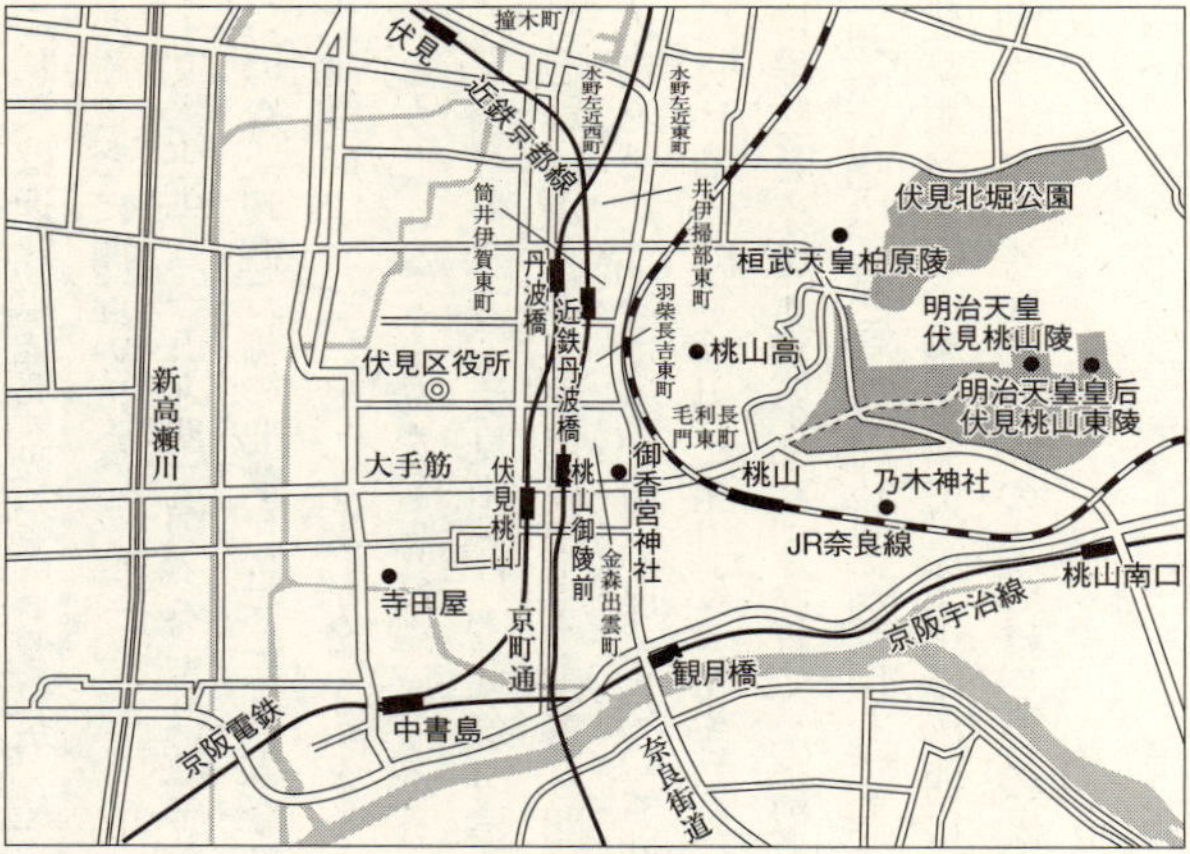


## 桃山の時代へ

伏見城と城下町は、慶長五年（一六〇〇）の関ヶ原合戦に際して戦場となり、城下はことごとく火の海となった。先の大地震、今回の戦災と、伏見は二度の打撃をこうむることになるが、徳川家康は、焦土となった伏見を生き返らせた。

慶長六年、家康は、伏見の地に銀座を設置し、通貨となる銀貨の品位を統一する役割をもたせたのである。銀座といえば江戸（東京）が有名で、全国の繁華街に「何々銀座」という名前がつけられているが、その本家本元は、東京ではなく、じつはこの伏見であった。

しかし大坂冬の陣、夏の陣によって豊臣家が滅亡すると、家康は大坂を商都として位置づけたことから、伏見の地は、政治的、経済的な地位を大坂に譲り、淀川水運と京街道という水陸交通の要衝として、その性格を変えることになったのである。

秀吉時代の伏見城は、伏見山上、現在の明治天皇陵の地あたりに築城されていたものだが、関ヶ原の攻防戦をへて、元和九年（一六二三）廃城となってしまった。その跡地はしばらく荒れるにまかされていたが、いつの頃にか、伏見山一帯に数万本の桃樹が植えられ、十七世紀の中頃には、桃の名所として知られるようになった。かくして伏見山は桃山と通称されるようになったのである。

余談だが、秀吉の時代は、現在、桃山時代と呼び習わされている。しかし秀吉の時代には、桃山はまだ登場していない。ただ、絢爛豪華なイメージの強い秀吉の治世は、まさに後世に登場する華やかな桃山の風景と重なったことから、後世の人々は、時代をさかのぼらせて、そう呼んだのである。

**御香宮神社の名水**

京阪電鉄伏見桃山駅を降りると、すぐに、伏見最大の繁華街・大手筋《おおてすじ》商店街がある。かつて伏見城に通じる大手道であった。

この大手筋を東に行くと、左手に鎮座するのが御香宮《ごこうのみや》神社で、南面する立派な門

御香宮神社の拝殿の装飾

は、伏見城の大手門を移築したもので、重要文化財に指定されている。境内には、日本名水百選に指定されている名水が、いまもこんこんと湧き出ている。

古来、伏見は「伏水」とも記された。桃山丘陵から流れ出る豊富な地下水が伏流水となったもので、これらの名水が、伏見の銘酒を生んだのである。松本酒造の「日出盛」、北川本家の「富翁」、山本本家の「神聖」、名誉冠酒造の「名誉冠」、大倉酒造の「月桂冠」などは、その代表格である。

大手筋の東高瀬川沿いに並ぶ松本酒造の酒蔵と、河原に咲く花々とのコントラストは、伏見を代表する風景だといえよう。城下町の史跡探訪とともに、酒蔵めぐりもまた、伏見を歩く大きな楽しみの一つである。

鳥羽伏見の戦いにおいて御香宮は薩摩軍の屯所となり、対する新選組などの幕府軍は、数百メートル南の伏見奉行所（現市営桃陵団地、東奉行町・西奉行町）に布陣。激しい戦いが繰り返されたが、その痕跡が思わぬところに残っていた。それが、大手筋の南、京町通の老舗魚三楼《うおさぶろう》の表格子で、よく見ると鉄砲玉の跡が残されているのがわかる。

さて、アーケード街を西に行くと、京都中央信用金庫の角に「此付近伏見銀座跡」の碑が立っている。大手筋と交差する道が両替町通だが、この道をまっすぐ北に進み、国道二四号線を越えたあたりが、撞木町《しゆもく》である。赤穂藩元家老の大石内蔵助が、吉良方をあざむくために豪遊した遊廓は、「仮名手本忠臣蔵」では祇園一力《いちりき》になっているが、事実はこの撞木町遊廓であった。いまもその由緒を示す石碑が現地に残されているが、この遊廓の町割がT字型になっていたことから、鉦《かね》をたたく撞木の形になぞらえ町名とされたものである。

一方、市街地の西側を流れる濠川も、伏見の景観の特徴となっている。多くの東西路が濠川と交差しているため、すぐ川に出くわすのだ。この東西路は、濠川を運ばれた伏見城の用材を城内に運びこむために開かれたが、丹波橋通、毛利橋通などは、濠川に架かる橋のたもとに、それぞれ桑山丹波守、毛利長門守《ながとのかみ》の屋敷が置かれていたことによる。ちなみに近鉄や京阪にある丹波橋駅の名称は、この通りのすぐ南側に屋敷が置かれたことによっている。

## 中書島と淀周辺

### 中書島と寺田屋

京阪電鉄中書島《ちゅうしょじま》駅を下車して北のほうに歩いていくと、宇治川から分岐した宇治川派流にぶつかる。そこに架かる蓬莱橋《ほうらいばし》を渡りまっすぐ行くと、伏見大手筋のアーケード街に通じるが、この南北の細い道（納屋町通）は、龍馬通商店街と命名されている。

正確にいえば、納屋町通のうち、油掛《あぶらかけ》通から蓬莱橋まで、もとの南納屋町商店街の区域である。坂本龍馬ゆかりの寺田屋にちなんだものであり、寺田屋で幕吏におそわれたとき、龍馬はこの商店街の通りを駆け抜け、油掛地蔵まで逃げのびたという話もあるそうだ。この商店街の活動は、地元の人々のまちづくりとしておこなわれているもので、通りには「龍馬館」も設置され、空き店舗を活用して伏見の特産品や龍馬グッズなどが販売されている。

さて、宇治川派流と宇治川本流、それと合流する濠川によって囲まれ、島のようになった地区が中書島である。この「中書」という地名は、城下町時代、このあたりに、淡路洲本《すもと》城主脇坂中務《なかつかさ》少輔安治《やすはる》の屋敷があったことによっている。つまり脇坂安治の職名である「中務」の唐名（中国式の呼び方）を「中書」と記したのである。

この地は、伏見城廃城後、江戸時代になると荒地と化したが、元禄十三年（一七〇〇）に遊廓が建設された。昔から、遊廓には柳が植えられており、その地域に柳町という町名のつけられることが多かったようだ。京都市中京区の二条通にあった遊廓も、二条柳町と呼ばれていた。現在、中書島に残る東西柳町の名称も、かつての遊廓の存在と関係が深く、いまもあたりには、遊廓時代をしのばせる建物が残されている。

**坂本龍馬の活動拠点**

さて、この付近に京橋と呼ばれる橋がある。ここは、淀川水運を大坂天満《てんま》からさかのぼってきた物資が荷揚げされたり、三十石船の船客が乗り降りする港であった。三十石船は、全長約一七メートル、幅約二・五メートル、船客の定員は二八名であったという。その船客のための旅館寺田屋が、昔の雰囲気そのままに残っている。

文久二年（一八六二）勤皇倒幕を唱える薩摩藩士の急進派が、公武合体を奉ずる穏健派・島津久光《ひさみつ》の差し向けた討手によって惨殺されるという、悲劇の舞台となったと

寺田屋の建物

ころであり、また幕末の英傑坂本龍馬も、慶応二年（一八六六）、寺田屋に投宿中、幕吏に襲われ、女将お登勢《とせ》の養女お龍《りょう》の機転によって難を逃れたことでも知られる。邸内には、龍馬ゆかりの品々が展示されており、二階の座敷には刀の傷跡もなまなましく残っている。

寺田屋前の水路は、昭和四年の御大典記念事業によって一部埋め立てられ、往時の面影は薄れているが、近年になり、伏見港港湾環境整備事業が実施され、景観が整備された。水路には三十石船が繋留《けいりゅう》され、また濠川と宇治川派流の合流地点には、擬宝珠《ぎぼし》をほどこした「であい橋」が架けられ、市民の憩いの場になっている。この水路にはポケットパークも設けられており、近年では地元の商店街によって「夕涼みコンサート」なども催されている。

## 南浜通と観月橋

寺田屋から宇治川派流に沿って南浜通が観月橋《かんげつきょう》まで通じている。この通りを寺田屋から東に歩いていくと、清酒業界の最大手・大倉酒造（月桂冠）の堂々たる建物群があらわれる。同社は創業が寛永十四年（一六三七）で、曲がり角に建つ元本店の建物は大正八年（一九一九）の建築である。

この付近一帯には、酒蔵が建ち並び、伏見を代表する景観を形づくっている。また、この建物群の一角には、昭和五十七年に大倉記念館がオープンして、屋内に入ると酒造の道具、樽や商標、古文書などが展示され、お酒も試飲できる。

さらに道を進むと、やがて宇治川へと出るが、そこが京阪電鉄宇治線観月橋駅で、いまは国道二四号線の近代的な観月橋が架かっており、しばしば車の渋滞するところとなっている。しかし秀吉の時代、ここに架かる橋から眺める月が、信州姨捨山《うばすてやま》の田《た》毎《ごと》の月に似ているというので名づけられた月の名所だったのである。

## 秀吉の愛妾淀殿の城

淀《よど》は、京都市の南部、桂川と宇治川に挟まれて舌状にのびた平野部一帯をさしている。古代の記録には、「与杼《よど》」「与等」「与渡」などとも表記されている。二つの大きな川が合流することで、水が澱んでいたことからつけられたことは、容易に想像される。

平安京の羅城門からまっすぐ南にのびる「鳥羽の作り道」は、桂川と鴨川の合流地点付近から桂川沿いに斜行し、淀にいたっていた。古来、諸国からの貢物を都に運ぶ幹線ルート上にあり、淀の地が荷揚げ場の役割をはたしていたのである。

荷揚げ場は、「淀津」と呼ばれ、位置は現在の水垂《みずたれ》、大下津《おおしもづ》町から、対岸の納所《のそ》を含む地域と考えられている。港には、荷揚げされた物資を保管する倉庫が置かれたが、それが納所の地名を生んだものと考えられる。また平安時代末期からは「淀魚市」としても歴史に登場し、交易が活発におこなわれていた様子が彷彿《ほうふつ》とされる。なお牛馬の牧場として「美豆《みず》の御牧《みまき》」も古くから登場しており、いまに残る美豆の地名も古くまでさかのぼれる。

さて、淀と聞いて思いつくものは、豊臣秀吉の愛妾淀殿の城か、京都競馬場か。現在、京阪本線淀駅のすぐそばに、堀と石垣の残る城跡がある。しかしこれは、江戸時代になってからの城であり、秀吉の築いた城は、詳細は不明ながら、現在の納所の地と考えられている。それというのも、納所の小字《こあざ》として、北城堀・南城堀の地名が残されているからで、こういった小字の存在は、遺跡を考えるとき軽視できないものがある。

ともかくも、秀吉は淀城を愛妾茶茶《ちゃちゃ》の産所にあてるため、天正十六年（一五八八）、修築に着手した。彼女は、この城内で男子鶴松《つるまつ》を産み、地名を冠して「淀殿」と呼ばれるようになったのである。しかし、淀殿と鶴松が大坂城に移るにおよんで、淀城は衰退し、文禄三年（一五九四）に廃城となった。

それに代わり、元和《げんな》九年（一六二三）に築城されたのが、先の京阪淀駅近くの城であった。同年、松平定綱《さだつな》が入城するや、城下町の整備が着手された。池上町・下津町・新町が城下町とされ、城の北方の水垂町・大下津町・納所の三カ町が城外町となり、あわせて「淀六郷」と称された。

つぎに京都競馬場であるが、京都での競馬場の歴史は古く、明治四十年（一九〇七）、下京区の現大阪ガス京都工場付近に開設された島原競馬場が最初であった。それが大正元年（一九一二）の火災や馬券発売の禁止により閉鎖され、京都府船井郡須知《しゅうち》町に移転。さらに大正十三年（一九二四）再度移転し、現在の京都競馬場が開設されたのである。

# 醍醐寺周辺

## 上醍醐と下醍醐

京都市伏見区の東部、醍醐《だいご》山一帯の地区名で、東側はもう滋賀県境になっている。地名の由来は、醍醐山の山上、上醍醐の清滝宮近くに湧き出る名水にある。

寺伝によれば、醍醐寺の開山聖宝《しようぼう》が、真言布教の霊地をもとめて、この山上にいたったところ、白髪の老翁があらわれ、落葉の下から湧き出る水を汲み、「醍醐味《だいごみ》なり」と感嘆したという。この醍醐とは、牛や羊の乳から精製した濃厚甘美な液汁のことで、薬用に供されたものである。いまも「醍醐味」といった言葉は、日常の会話でも登場するので、音としては耳慣れているだろうが、この寺伝が醍醐の地名由来となったことは、あまり知られていない。

さて、その醍醐寺であるが、現在、醍醐山のふもとに広がる伽藍が下醍醐、山上の堂舎が上醍醐と呼ばれている。醍醐寺は、この上醍醐からはじまった。

貞観十八年（八七六）、理源大師聖宝が、笠取山上（現醍醐山）に堂舎を建立し、准《じゆん》

上醍醐の境内　五大堂

胝《てい》観音・如《によ》意輪《いりん》観音の二体を安置したことにはじまる。これがのちに上醍醐と称される。また延長四年（九二六）山下に釈迦堂、さらに天暦六年（九五二）五重塔が建立され（下醍醐）、繁栄の基礎が築かれることとなったのである。

ずっとのちの慶長三年（一五九八）三月十五日、豊臣秀吉は、同寺で盛大な花見の宴を催した。その日集った者は、寵愛する嫡子秀頼《ひでより》・北政所《きたのまんどころ》・淀君《よどぎみ》および近臣数百名といわれ、このとき詠まれた和歌短冊一三一枚は、花見の会場となった塔頭三宝院に残され、重要文化財に指定されており、また当日の様子をあますところなく描いた「醍醐花見図屏風」も、重要文化財として残されている（国立歴史民俗博物館蔵)。

しかし、この花見が秀吉にとって最後の豪遊であった。花見の二カ月後、彼は病に倒れ、伏見城で没したのである。現在、新暦に直した四月中旬(第二日曜日)、当時の盛大な花見を再現して、太閤花見行列が、満開の桜の下で催されている。

醍醐寺は、修験道の本拠地としても信仰が厚く、また上醍醐の准胝堂は、西国三十三ヶ所観音霊場の第十一番札所としても庶民の信仰を集めている。山上山下合わせて現存七十余棟の伽藍の多くは慶長年間(一五九六~一六一五)以降の再建だが、下醍醐の五重塔と金堂、上醍醐の薬師堂が平安時代、同じく上醍醐の清滝宮拝殿が室町時代の建立であり、いずれも国宝に指定されている。

門前には、大津から奈良に通じる奈良街道(伏見街道)が通じており、古来、交通の要衝であった。また、京都東山からは山科を経由して醍醐道(一部は滑石越《すべりいしごえ》という)が通じている。交通機関としては、いま地下鉄東西線が醍醐までのびているので、参拝は便利になった。

# 《六》洛外エリア

貴船神社
鞍馬寺
三千院
北区
左京区
比叡山
延暦寺
愛宕神社
神護寺
上賀茂神社
修学院離宮
滋賀県
右京区
金閣寺
下鴨神社
大津市
上京区
銀閣寺
京都御苑
天龍寺
亀岡市
中京区
東山区
毘沙門堂
松尾大社
京都駅
下京区
西京区
桂離宮
清水寺
山科区
東寺
南区
伏見稲荷大社
醍醐寺
向日市
光明寺
伏見区
長岡京市
長岡天満宮
宇治市
大阪府
離宮八幡宮
大山崎町
久御山町
宇治上神社
平等院
八幡市
石清水八幡宮

# 宇治川と平等院

## 宇治上神社と宇治神社

宇治《うじ》市は、宇治川流域に形成された地域である。その東半部は笠取《かさとり》・炭山《すみやま》・池尾《いけのお》などの山地が占め、西域にはかつて広大な約七九四ヘクタールの巨椋池《おぐらいけ》（現在は干拓地）があった。琵琶湖から流れ出た瀬田《せた》川は、宇治東部の山地で宇治川と名前を変えるが、その宇治川が山地から平野部に流れ出る谷口に開けたのが、中心集落の宇治地区であった。

宇治の地名は、応神天皇の皇子菟道稚郎子《うじのわきいらつこ》が、宇治川谷口部に桐原日桁宮《きりはらのひけたのみや》を営んだことによると伝承される。

その宮の跡地といわれ、菟道稚郎子を祭神とするのが、宇治川右岸の朝日山西麓に、隣接して鎮座する宇治上《うじがみ》神社と宇治神社である。かつては両社一体で、宇治離《り》宮明神《きゆうみようじん》と称されていた。

宇治上神社の本殿は、桁行五間（約九メートル）、梁行四間（約七・二メートル）、流造・

檜皮葺で、その内部にさらに一間社《いっけんしゃ》流造の内殿が左右に三棟並ぶ構造となっているが、内殿の造立年代は平安時代後期で、神社建築では最古の遺構とされている（国宝）。

また、同社の例祭である宇治離宮祭は、平安時代後期には、平安京の人々にもよく知られた神事であり、競馬《くらべうま》や田楽《でんがく》なども演じられて大いに賑わった。同社の神事芸能に奉仕した宇治猿楽《さるがく》の芸団は、鎌倉時代後期には南山城や大和の興福寺にまでも活動範囲を広げて活躍した。

宇治上神社の社殿

### 宇治川の流れ

宇治地域の中央を南から北に貫流する宇治川は、奈良時代に藤原京や平城京の東大寺造営のための用材を近江国から運ぶ水上輸送路となり、水上交通の幹線として開け、宇治津・岡屋津《おかのやつ》などがその中継港となった。また、宇治川に架かる宇治橋は、京都と奈良を結ぶ陸上交通の要衝であった。

交通ばかりでなく、網代《あじろ》による氷魚《ひうお》（鮎の稚魚）

漁も盛んにおこなわれ、朝廷の内膳《ないぜんの》司《つかさ》に納められた。網代漁は漏斗《ろうと》状の上流に広く下流に狭い木や竹の柵をつくり、狭くなったところに集まる魚を獲るものである。その様子は平等院鳳凰堂の扉絵（平安時代後期）にも描かれており、宇治の名物として京の都の人々も見物に集まったという。また、「宇治丸」の名で知られた鰻も名物で、なれズシにして贈答に用いられていた。

なお、当初の宇治川は、宇治橋下流付近から西方向に三本に分流して巨椋池に流れ込んでいた。いまに残る槇島《まきしま》などの地名は、かつては宇治川の中洲であったことを示している。流路が現在のように固定するのは、文禄三年（一五九四）豊臣秀吉の伏見築城の際に、宇治橋から伏見向島《むかいじま》の間の左岸に槇島堤を設け、流路を一本化して伏見城下に通してからである。

### 戦場となった宇治橋

一方、宇治川の唯一の渡河点であった宇治橋は、古来、交通・戦略の重要拠点であった。古くは、天武天皇元年（六七二）の壬申《じんしん》の乱の際、近江朝廷が宇治の橋守に橋の警護を命じており、すでに橋のあったことが知られる。さらに、平安京が都となると、宇治橋は都の南の出入り口を押さえる軍事的要衝として、ますます重視された。

平等院の藤棚

弘仁《こうにん》元年（八一〇）の薬子《くすこ》の変や承和九年（八四二）の承和の変など、非常時には宇治橋警護の兵が派遣された。また、治承四年（一一八〇）平家打倒の兵をあげたが失敗して平等院に逃れた以仁王《もちひとおう》と源頼政《よりまさ》の軍勢と、これを追う平家の軍勢との宇治橋を挟んでの攻防は、『平家物語』の「橋合戦《はしがっせん》」に描かれて広く知られており、承久の乱（一二二一）の鎌倉幕府軍と後鳥羽上皇軍の戦い、南北朝内乱期の建武三年（一三三六）の足利尊氏軍と後醍醐天皇軍の戦いなどでも、宇治橋はその主戦場となっている。

なお、合戦といえば宇治川では蛍が集団で飛び競う「蛍合戦」も夏の風物詩として知られていた。

ところで、宇治橋の最初の架橋は、宇治橋東詰にある橋寺放生院《はしでらほうじょういん》の本堂前庭に残る、九世紀以前の造立といわれる宇治橋断碑《だんぴ》（重要文化財）の刻銘により、大化二年（六四六）に奈良元興寺《がんごうじ》の僧道登《どうと》・道昭《どうしょう》によるものと考えられている。

しかし、宇治川は急流で洪水も多かったことから、しばしば流失・再架橋をくり返した。著名な架橋では、鎌倉時代後期の弘安九年（一二八六）奈良西大寺《さいだいじ》の僧叡尊《えいそん》の修造が知られる。このとき、叡尊は宇治橋上流の中洲に浮島十三重石塔を建立しており、現在も塔の島に残っている。

## 平等院と極楽浄土

宇治はまた、平安貴族の別業（別荘）の地でもあった。その名残を現在に伝えるもっとも有名なものが、宇治神社の宇治川対岸に造営された平等院《びょうどういん》である。

平等院は、藤原道長《みちなが》の別業宇治殿《うじどの》を、末法《まっぽう》（釈迦の教えが守られなくなる時期）第一年とされた永承七年（一〇五二）、その子藤原頼通《よりみち》が天台宗の寺院としたものである。同年、本堂が落慶した。当初は大日如来を本尊としていた。翌年には、阿弥陀堂（鳳凰堂、国宝）が完成して、仏師定朝《じょうちょう》作の丈六《じょうろく》（一丈六尺、約四・八メートル）の木造阿弥陀如来坐像（国宝）が安置された。この像は、それまでの仏像のもつ威圧感が解消された優美な和様彫刻であり、のちの仏像彫刻の手本とされた、現在の本尊である。

堂内の板壁と扉には九品来迎図《くぼんらいごうず》八面（国宝）などが描かれ（現在は複製を飾る）、長《なげ》押《し》には木造雲中供養菩薩像《うんちゅうくようぼさつ》五一体（国宝）が飾られて（現在は一部複製）、阿弥陀の浄土のさまが再現されており、平安後期の浄土教芸術の頂点を示すものであった。

阿弥陀堂はその後、江戸時代には鳳凰堂と呼ばれることとなる。その名は、中堂《ちゅうどう》と左右の翼廊《よくろう》から構成された堂舎の形が、鳳凰が羽を広げて飛ぶ様子に似ているからとも、棟の両端に据えられた金銅鳳凰によるものともいわれる。

また、鳳凰堂は、その前に池が設けられ、東面して建てられていた。堂の正面格子には丸窓が開かれ、池をへだてて西方から眺めれば、まさに西方浄土におられるという阿弥陀如来の尊顔を拝むことができた。

つまり、寺院全体が、極楽浄土としてつくられていたのである。

平安時代末期のことわざに、「極楽いぶかしくば（疑わしいなら）宇治の御寺《みてら》をゐやまへ（平等院におまいりしなさい）」といわれたほど、その荘厳さは都の人々に広く知られていた。

### 宇治茶の里

宇治といえば、名産の茶を忘れることはできない。宇治に茶の栽培を伝えたのは、栂尾《とがのお》高山寺の明恵《みょうえ》上人で、鎌倉時代のこととされる。五ケ庄《ごかのしょう》の万福寺付近が、その宇治茶の発祥地といわれ、同寺の門前には、明恵の事績を顕彰する「駒蹄影園跡《こまのあしかげえんあと》」の石碑がある。

もっとも当初は、栂尾の茶が「本茶」とされ、宇治茶は「非茶」、つまり本家の栂尾以外の産地の、劣った茶という格付けであった。しかし、宇治茶は室町時代後期、十五世紀後半になると、栂尾に代わって最高の茶という評価をうけるようになり、宇治は日本の茶生産の中心地となっていった。

さらに近世に入ると、茶の湯の流行もあって、豊臣秀吉は宇治の茶業を保護し、ことに茶師の上林《かんばやし》家を代官に取り立てて宇治郷を支配させた。徳川家康もまた、上林家を重用し、江戸幕府の宇治代官とし、宇治の茶業を統括する御茶師《おちゃし》頭取を兼ねさせた。

また、寛永十年（一六三三）からは、将軍への新茶献上が制度化され、毎年初夏には、将軍の命をうけた宇治採茶使が江戸と宇治間を往復する「宇治茶壺道中」が恒例化した。このような、将軍家御用茶の調進は、さらに諸大名の宇治茶の重用につながり、宇治茶はその名声を不動のものにしていったのである。

なお、先の茶壺道中は、大名行列も道を避けるほどの権威があったといい、童謡に残る「茶壺に追われて、トッピンシャン」という歌詞は、行列に迷惑した沿道の庶民を歌ったものといわれている。

# 石清水八幡宮とその周辺

**石清水八幡宮と武家**

八幡《やわた》市は、標高一二三メートルの男山《おとこやま》の山頂に鎮座する、石清水八幡宮《いわしみずはちまんぐう》の門前町として開けた。その八幡の地名は、同社の祭神である応神天皇の神名である「八幡の大神《おおかみ》」に由来する。「八幡」は「はちまん」とも読むが、古称は「やわた」と読んだといい、同社は「やわたのみや」ともいわれた。

社伝によれば、石清水八幡宮の創建はつぎのとおりである。

貞観元年（八五九）南都（奈良）大安寺《だいあんじ》の僧行教《ぎょうきょう》が、豊前国の宇佐宮（現大分県宇佐市）に参詣して、八幡大神の託宣をうけ、都に近い男山に勧請することを、朝廷に奏上した。清和天皇はこれを許し、木工権允《もくごんのすけ》橘《たちばな》良基《よしもと》に命じて、平安京の裏鬼門にあたる男山に社殿を造営し、翌貞観二年、八幡大神を遷座して都の鎮護の神としたという。

その後、天慶二年（九三九）の平将門・藤原純友の乱にあたって、朝廷より平定の祈願があり、無事平定したことから、以後朝廷の厚い崇敬をうけることになった。毎

石清水八幡宮の社殿

年（旧暦）三月の石清水臨時祭は、この天慶の乱平定の報礼の勅使参詣にはじまる官祭であった。

また、毎年（旧暦）八月十五日（現九月十五日）の例祭、石清水祭は、石清水放生会《ほうじょうえ》とも呼ばれ、貞観五年（八六三）、宇佐八幡宮の放生会にならって、国家安泰と生き物の霊を供養するためにはじまったものといい、賀茂祭・春日祭（奈良）とともに、三大勅祭とされている。平安時代の京都では、賀茂祭を「北祭」と呼ぶのに対して、この石清水祭は「南祭」と呼ばれて親しまれた。

また、八幡神は、応神天皇の母にあたる神功皇后の新羅出兵の際に、これを助けたとの伝承から、弓矢の神・戦勝の神として武家に信仰された。ことに、前九年の役で奥州の安倍《あべ》氏征討に活躍した源頼義《よりよし》・義家《よしいえ》父子の頃から、八幡神は源氏の氏神となって、代々崇敬された。頼義は、その長男義家を、石清水八幡宮で元服させてその氏人とし、「八幡太郎」と名乗らせている。

以後、鎌倉幕府を開いた源頼朝もたびたび参詣し、また室町幕府将軍の足利家にも厚く信仰された。歴代将軍では、三代足利義満が一五回、四代義持《よしもち》が三七回も参詣しており、また六代将軍を選ぶくじも当社前でおこなわれ、義教《よしのり》が選ばれている。

現在の社殿のうち、本殿および外殿・幣殿および舞殿・楼門・東門・西門・廻廊は、寛永十一年（一六三四）江戸幕府三代将軍の徳川家光の建立によるもので、重要文化財となっている。本殿とその前の外殿は合の間でつなげられた独特の造りであり、八幡造りと呼ばれている。

## 『徒然草』と高良神社

また、男山の東北麓、石清水八幡宮の裏参道の登り口、二の鳥居の北方に、摂社の高良《こうら》神社が鎮座している。石清水放生会の放魚式がおこなわれた放生川のそばの小高い丘にあったので、当初は「河原《かわら》社」と称したが、のちに筑前国高良《こうら》社（現福岡県久留米市）に社名の音が似通っていることから、高良社と改められたものという。

かつては、その北に八幡宮の別当寺の極楽寺やお旅所の頓宮があり、「下院」と呼ばれる山麓の建物群を形成していた。

吉田兼好の『徒然草』の五十二段には、同社をめぐる面白いエピソードが記されている。

仁和寺のある法師が、年寄るまで石清水八幡宮に参詣できなかったことを残念に思い、あるとき思い立って一人で参詣した。そして、山麓の極楽寺や高良社に詣でて、その荘厳さに、八幡宮はこれだけだと早合点し、参詣人がつぎつぎと山へと登っていくにもかかわらず、山上の本宮には詣でずして帰ってしまったという。なにごとにも先達は必要だという教訓で結ばれている一段であるが、このエピソードは、山下の高良社なども、老法師が本殿と間違うほどに参詣の人々で賑わっていたことを示すものであろう。

## 松花堂庭園

ところで、山上の本殿から裏参道への道を少し下り、分岐点を南へそれたところに、摂社石清水社がある。それを少し下ったところに平坦地があり、「史跡・松花堂およびその跡」という石碑が建っている。このあたりは、「男山四十八坊」と称された石清水八幡宮の宿坊の一つ、泉坊《いずみぼう》の跡地で、江戸時代初期、同社の社僧（滝本坊）の松花堂昭乗《しょうかどうしょうじょう》（一五八二〜一六三九）が、草庵「松花堂」を建立して晩年を過ごしたところとして知られる。

　昭乗は、書画や和歌・茶道などに通じ、とくに書にすぐれて、近衛信尹《このえのぶただ》・本阿弥光《ほんあみこう》悦《えつ》と並んで「寛永の三筆」と称された。その書風は、滝本様《たきもとよう》・松花堂流などと称される。茶道の小堀遠州や、儒学者の林羅山、漢詩人の石川丈山、禅僧の沢庵宗彭《たくあんそうほう》らとの交遊でも知られる。

松花堂庭園と茶室

　その草庵・松花堂（茶室）は、泉坊書院（客殿）とともに、明治二十四年（一八九一）に山麓の現在地に移築されている（国指定史跡）。ちなみに、この地は謡曲「女郎花《おみなえし》」の旧跡で、男山の麓に住む小野頼風《おののよりかぜ》に愛され、のちに捨てられて放生川へ身を投げて死んだ女を祀る女郎花塚（女塚）のあるところでもある。

　松花堂は、昭和五十二年、八幡市の管理となり、松花堂庭園・美術館として公開されている（有料）。庭園は約二万二千平方メートルで、松花堂（茶室）・旧泉坊書院からなる内園と、それを取り囲む外園からなっており、外園には小堀遠州および千宗旦《そうたん》（利休の孫）好みの茶室が再現され、また茶花として珍重される椿約二百種を植栽した椿園などがある。庭園前の美術館は、平成十四年の開館で、八幡の歴史・文化を紹介する情報ホールや、松花堂昭乗の生涯と交遊を映像・パネル展示した展示ホール、収蔵品の特別展示をおこなう展示室がある。

なお、懐石料理の弁当として知られる「松花堂弁当」は、昭乗の考案で、絵の具箱として愛用していた木製四つ切りの入れ物に、料理を盛って茶の客に出したのがはじまりと伝えられている。

## 大山崎周辺

**山崎橋・山崎津**
乙訓《おとくに》郡大山崎《おおやまざき》町大山崎は、八幡《やわた》市の北、桂川・宇治川・木津川の三河川が合流して淀川となる地点の北岸に位置している。

かつては山城国（京都府）の西端にあたり、天王山《てんのうざん》（標高二七〇メートル）を挟んで摂津《せっつ》国（現大阪府）に接していた。

山崎・大山崎の地名は、この天王山が淀川へもっともせり出した場所という意味に由来するといい、西接する大阪府三島郡島本町山崎を含んだ地域をさす地名であった。古代には「山崎」、中世は「大山崎」と呼ばれた。その初見は、『日本書紀』白雉《はくち》四年（六五三）条にみえる孝徳《こうとく》天皇造営の「山碕宮《やまざきのみや》」であるが、天皇が翌年難波豊碕《なにわとよさき》宮《のみや》（現大阪市東区）で没したため、宮居は実際には使用されずに廃絶した。

その後、桓武天皇が、延暦三年（七八四）に長岡京、ついで同十三年（七九四）に平安京と遷都することにより、山崎は、京と西国とを結ぶ水陸交通の要衝として、各種の施設が造営されて繁栄した。

まず、古代には、山陽道の山崎駅家《やまざきのうまや》が置かれていた。また南海道への分岐点で、南海道が淀川を渡る地点、山崎と淀川対岸（現八幡市）の間には、「山崎橋」が架けられていた。その位置の詳細は不明であるが、神亀《じんき》二年（七二五）、僧行基の架橋と伝えられ、のち延暦三年の長岡京造営とともに朝廷が架橋管理を進めた。水流が激しいため、山崎橋はしばしば流失と架橋を繰り返し、十世紀末には廃止されている。

一方、長岡京の造営のために、物資の陸揚げ地として、「山崎津《やまざきのつ》」が設けられた。都が平安京に変わっても、山崎津は淀川水運の集散港として重視され、琵琶湖水運の集散港の大津とともに、平安京の外港として栄えた。

しかし、平安時代末期になって、さらに京都に近接した淀津《よどのつ》（現京都市伏見区）への舟運が開かれたため、山崎津は衰えていった。

## 河陽離宮と離宮八幡宮

このほか、平安前期、山崎には、嵯峨天皇の河陽離宮《かやのりきゅう》が営まれている。

嵯峨天皇は、水無瀬野《みなせの》（現大阪府三島郡島本町）や交野《かたの》（同交野市）で遊猟しているが、この離宮はその足場として設けられたものである。当初は山崎駅家が行宮（天皇の仮宿舎）に利用されていたが、弘仁五年（八一四）には「山碕離宮」が造営され、同十年には「河陽宮」の名で呼ばれた。

河陽とは、「淀川の北」の意味を中国風に表現した言葉という。漢詩集の『文華秀麗集《ぶんかしゅうれい》』や『凌雲集《りょううん》』には、河陽離宮を詠んだ嵯峨天皇の詩が収められている。

その後、離宮は、淳和《じゅんな》・仁明《にんみょう》両天皇にも利用されたが、やがて荒廃し、貞観三年（八六一）には、離宮の名は残したまま山城国府の施設となり、延喜八年（九〇八）には名称も廃止された。

その河陽離宮の跡地付近に鎮座しているのが、離宮八幡宮《りきゅうはちまんぐう》である。JR山崎駅の南西、徒歩二分ほどのところにある。社前をほぼ東西に走る道は、京都の東寺口より向日町《むこうまち》・山崎をへて摂津国にいたる旧西国街道である。

その社名は、河陽離宮の故地にちなむものといわれ、境内には現在、「河陽宮故址」と記された石碑がある。

同社は、石清水八幡宮（八幡市）の末社に属していた。その起源は、貞観元年（八五九）、行教が豊前国宇佐から八幡宮を勧請した際、上京の途中、「山崎離宮」のあたりに泊まったあと、男山に鎮座したという伝承に由来し、八幡宮の元宮として信仰されてきたようだ。

この離宮八幡宮は、鎌倉・室町時代、油座《あぶら》の本所《ほんじょ》（領主）として有名になった。石清水八幡宮の内殿の灯油を奉納していた神人《じんにん》たちが、離宮八幡の地を本拠に、「大山崎神人」と称して油商人として活動をはじめた。

そして、石清水八幡宮の権威を背景にして、鎌倉幕府・室町幕府から関料《せきりょう》・津料《つりょう》（通行税）免除の特権を与えられ、原料の荏胡麻《えごま》を播磨・備前・阿波・伊予・肥後などから大山崎に搬入し、製油して、山城・近江・丹波・摂津・美濃・尾張・和泉・河内など十カ国に独占的な販売権をもって活躍した。しかし、江戸時代になると、大坂などで荏胡麻に代わって菜種・綿などの製油が発達し、大山崎は衰退した。

なお、離宮八幡宮の社殿は、幕末の元治元年（一八六四）、蛤御門の変で敗走する長州軍の屯所となったため、会津藩の攻撃で焼失した。

現在の社殿は昭和の再建であり、往時の隆盛の面影はないが、大正十一年（一九二二）に大阪油商山崎講が建立した「本邦製油発祥地」の石碑が、わずかに中世の油神人の活躍を伝えている。

**秀吉の接客室「待庵」**

離宮八幡宮から西国街道を少し東に戻った、JR山崎駅前には、臨済宗東福寺派の寺院、妙喜庵《みようきあん》がある。江戸時代末期までこの地にあった地蔵寺の塔頭の一つといわれ、明応年間（一四九二〜一五〇二）に連歌師の山崎宗鑑《そうかん》が隠居所として建立したものと伝えられる。

妙喜庵の三世功叔士紡《こうしゆくしぼう》は、茶人としても知られ、千利休と親交があった。その利休が、天正十年（一五八二）六月の山崎合戦の勝利後、羽柴秀吉の命で同寺境内に建造した茶室が、「待庵《たいあん》」である。秀吉の山崎城下における「会所」として接客に利用されたものという。

茶室・待庵は、書院に付属して南向きに建つ。内部は、二畳の茶室に、次の間一畳と勝手一畳が付属している。茶室の北側には隅炉《すみろ》を切り、入隅《いりずみ》から天井までを塗りまわした室床《むろどこ》を備える。また、大きさの異なった下地窓《したじまど》・連子窓《れんじまど》が開かれて、変化をみせている。わずか二畳という極限の狭さのなかにもゆとりの感じられる、草庵風茶室の典型として、国宝に指定されている。

なお、待庵の拝観は予約制だが、JR山崎駅前から旧西国街道を東へ徒歩五分ほど行ったところの、大山崎町歴史資料館では、待庵の原寸大の復元模型を観覧することができる。

## 向日市・長岡京市周辺

### 長岡京跡

向日市《むこうし》は、京都市西京区の南、向日丘陵とその東麓に開けた地域である。その南西には、小畑川をほぼ境に、長岡京市《ながおかきょうし》が位置し、その南は大山崎町に接している。「向日」の地名は、向日丘陵南端に鎮座する延喜式内社の「向神社《むこうじんじゃ》」(現向日神社)に由来する。また、この丘陵は「長岡」とも呼ばれた。その地名は、当地に造営された長岡京に由来する。

延暦三年（七八四）平城京の遷都を計画していた桓武天皇は、藤原種継らを造長岡宮使に任命して、六月から造営を開始、十一月には、早くも天皇は長岡宮に行幸し、翌四年正月には、新京の大極殿で朝賀の儀式をおこなった。しかし、同年九月、遷都・造営の推進の中心人物であった藤原種継が暗殺され、新都の造営は頓挫した。

事件後、桓武天皇の弟で皇太子の早良《さわら》親王が共犯を疑われて、皇太子の地位を剝奪された。乙訓寺《おとくにでら》に幽閉された早良親王は、無実を主張して食を断ち、淡路島へ配流の途中に憤死するという悲劇となった。この話は他項でも述べているが、くり返す。

さらに、水害の多発もあって造都工事は停滞し、一方、延暦八年（七八九）には皇太后高野新笠《たかののにいがさ》が、翌九年には皇后藤原乙牟漏《おとむろ》が病没、また皇太子安殿《あて》親王（のちの平《へい》城《ぜい》天皇）も病気がちと不吉なことが重なり、これはみな、早良親王の怨霊による業と噂された。ここに桓武天皇は、長岡京の造都を断念して、新たに平安京の造営に着手、翌延暦十三年（七九四）に遷都している。

長岡京は廃都後荒廃し、長くその跡地は不明だったが、昭和三十年代からつぎつぎと遺跡発掘が進み、向日市鶏冠井《かいで》町で、都の中心施設である大極殿跡・小安殿《しょうあんでん》跡（国史跡）や朝堂院跡・内裏跡などが発掘されている。大極殿・小安殿跡は、阪急電鉄京都線の西向日駅から北へ三〇〇メートルほどのところに、基壇と柱跡が復元されて史跡公園として整備されており、往時の都をしのぶことができる。

## 南北真経寺と石塔寺

長岡京大極殿跡の少し西には南真経《みなみしんきょう》寺《じ》、阪急電鉄の線路を隔てた東側には北真経寺、また南真経寺から旧西国街道を少し南へ下ったところには石塔寺《せきとうじ》がある。これらはいずれも日蓮宗（法華宗）の寺院である。

南・北真経寺は、当初は一寺で、江戸時代に分立したものである。真経寺は、真言宗寺院であったが、徳治二年（一三〇七）、当時の住職実賢《じつげん》が、日像の教化によって改宗し、寺名も改めたものである。

日像は日蓮の高弟で、関東から京都に日蓮宗をはじめて布教した人物で、以後、真経寺は、深草の宝塔寺、松ヶ崎の妙泉寺（現涌泉寺）などと並んで、法華宗の京都における布教の拠点となった。

江戸時代の承応《じょうおう》三年（一六五四）には、同宗の学問所である京都六壇林の一つが設けられ、その際に寺は二分されて、北は学問所、南は信仰の場となったという。

また、石塔寺は、延慶《えんきょう》三年（一三一〇）に日像が布教のために向日神社の前に建立したといわれる法華題目の石塔婆《いしとうば》を由緒として、文明年間（一四六九～八七）に創建された伝えられる。

同寺では、毎年五月三日、「鶏冠井《かいで》の題目踊《だいもくおどり》」が催される。太鼓と拍子木に合わせて、「南無妙法蓮華経」と唱えながら踊るもので、松ヶ崎涌泉寺の盆行事の「松ヶ崎の題目踊」とともに、中世末の庶民の信仰をいまに伝える民俗行事である。

## 乙訓寺と光明寺

向日市の南西には、長岡京市がある。同市は昭和四十七年の新市名であり、その前身の長岡町も昭和二十四年の新町名で、長岡京跡の所在地とは異なるが、寺院遺跡では当時にさかのぼる歴史をもつものがある。

それは乙訓寺《おとくにでら》である。真言宗の古寺で、入唐求法の旅から帰国した空海（弘法大師）が、弘仁二年（八一一）別当に任命され、修造を命じられて、一年ほど滞在したと伝えられる。また同寺に延暦四年（七八五）長岡京造営の中心人物の藤原種継が暗殺された際、冤罪によって皇太子の地位を剝奪された早良親王が幽閉された。

実際、同寺境内を中心とする一帯では、白鳳期（奈良時代前期）から平安時代にかけての古瓦が多量に出土しており、昭和四十一年の発掘調査では、奈良時代末期の講堂・僧坊・瓦窯などの遺跡が発見されている。

古寺といえば、乙訓寺の西方約一・五キロメートル、京都西山の山麓にある光明《こうみょう》寺《じ》（西山浄土宗総本山）も名高い。京都東山の金戒光明寺《こんかいこうみょうじ》と区別して「粟生《あお》光明寺」と呼ばれる。一の谷の合戦で平敦盛《あつもり》を討った、源氏の武将・熊谷直実《くまがいなおざね》は、建久九年（一一九八）、無常を感じて出家し、浄土宗の開祖法然の弟子となって蓮生《れんじょう》と称した。

光明寺の参道石段

その蓮生が、師の法然を開山と仰いで一寺を創建し、みずからは二代住持となったのがはじまりで、法然により念仏三昧院と名づけられたという。安貞《あんてい》元年（一二二七）、いわゆる「嘉禄《かろく》の法難」により、京都東山大谷にあった法然の墓地が、延暦寺衆徒により破却された際、法然の遺骸は、その弟子たちの手で、太秦広隆寺などをへて、翌二年に当寺に移され、荼毘に付して廟堂を建立したと伝えられる。本堂（御影堂）には、法然の母が手紙を貼り合わせてつくったという法然の像「張《は》抜《ぬき》の御影《みえい》」を安置する。（了）

## 索引●地名など

【あ】
間之町通（あいのまちどおり）……… 135
愛宕山（あたごさん）……………… 322
化野（あだしの）…………………… 321
粟田口（あわたぐち）……………… 206

【い】
出雲路（いずもじ）………………… 100
一乗寺（いちじょうじ）…………… 246
一乗寺下り松（いちじょうじさがりまつ）
……………………………………… 249
稲荷山（いなりやま）……………… 345
岩倉（いわくら）…………………… 256
インクライン〈傾斜鉄道〉（いんくらいん・けいしゃてつどう）……………… 222

【う】
右京（うきょう）…………………… 33, 39
宇治（うじ）……………………… 362, 366
宇治川（うじがわ）……………… 347,363
宇治橋（うじばし）………………… 364
太秦（うずまさ）………………… 26, 308
内野（うちの）……………… 61, 96, 137
右馬寮町（うまりょうちょう）……… 144

【お】
鴨東（おうとう）…………………… 42
大堰川（おおいがわ）……………… 316
大炊御門町（おおいごもんちょう）… 145
大沢池（おおさわのいけ）………… 309
大手筋（おおてすじ）……………… 349
大原（おおはら）…………………… 264
大山崎（おおやまざき）…………… 374
岡崎（おかざき）……………… 231, 233
小川御所（おがわごしょ）………… 137
小川通（おがわどおり）…………… 137
巨椋池（おぐらいけ）…… 31, 347, 364
お小屋（おこや）…………………… 105
御土居（おどい）…… 63, 100,121,154
男山（おとこやま）………………… 369
御前通（おんまえどおり）………… 155

【か】
神楽岡（かぐらおか）……………… 236
桂離宮（かつらりきゅう）………… 332
釜座通（かまんざどおり）………… 136
上賀茂（かみがも）………………… 242
上京（かみぎょう）………… 49, 58, 62
上七軒（かみしちけん）…………… 154
上醍醐（かみだいご）……… 358,360
上高野（かみたかの）……………… 259
上立売通（かみたちうりどおり）…… 150
加茂川・鴨川（かもがわ）……31, 42, 75
烏丸通（からすまどおり）………… 89
唐橋（からはし）…………………… 113
河原町通（かわらまちどおり）… 88, 125
観月橋（かんげつきょう）………… 355

【き】
祇園乙部（ぎおんおつぶ）………… 175
祇園町（ぎおんまち）……………… 174
北野（きたの）……………………… 153
吉祥院（きっしょういん）………… 339
貴船（きぶね）……………………… 272
貴船川（きぶねがわ）……………… 272
木屋町（きやまち）………………… 122
京都駅（きょうとえき）……………92,106
京都御苑（きょうとぎょえん）……… 96
京都御所（きょうとごしょ）………… 96
京都タワー（きょうとたわー）……… 106
京都大学（きょうとだいがく）……… 237
京都府庁旧館（きょうとふちょうきゅうかん）………………………… 102
京都盆地（きょうとぼんち）………… 22
京の七口（きょうのななくち）
……………………………… 100, 290
京見峠（きょうみとおげ）………… 290
魚山（ぎょざん）…………………… 267
清滝（きよたき）…………………… 322
清滝川（きよたきがわ）……………325
清水坂（きよみずざか）…………… 195
清水の舞台（きよみずのぶたい）… 192
雲母坂（きららざか）……………… 251

【く】
久多（くた）………………………… 276
鞍馬（くらま）……………………… 268
鞍馬口（くらまぐち）……………… 100
鞍馬山（くらまやま）……………… 268
車屋町通（くるまやちょうどおり）…… 136
黒谷（くろだに）…………………… 225
黒門通（くろもんどおり）………… 141

【け】
外京（げきょう）…………………… 43

【こ】
荒神口（こうじんぐち）…………… 100
神山（こうやま）…………………… 243
鴻臚館（こうろかん）……………… 113
御幸町通（ごこうまちどおり）……… 135
五条坂（ごじょうざか）…………… 197
衣棚通（ころものたなどおり）……… 136

【さ】
西石垣通（さいせきどおり）……… 124
堺町通（さかいまちどおり）……… 135
嵯峨野（さがの）…………………… 308
左京（さきょう）…………………… 33
左馬寮町（さまりょうちょう）……… 144
三条坊町（さんじょうぼうまち）…… 144
三年坂（さんねんざか）…………… 196
三本木（さんぼんぎ）……………… 99

【し】
式部町（しぎぶちょう）…………… 144
鹿ケ谷（ししがたに）……………… 224
四条町ノ辻（しじょうまちのつじ）… 132

師団街道（しだんかいどう）……… 344
寺内町（じないまち）…………………… 104
四ノ宮（しのみや）…………………… 210
島原（しまばら）………………… 107, 108
下鴨（しもがも）……………………… 238
下京（しもぎょう）…………… 49, 58, 62
下立売通（しもたちうりどおり）…… 150
下醍醐（しもだいご）………………… 358
社家町（しゃけまち）………………… 245
修学院（しゅうがくいん）…………… 250
周山街道（しゅうざんかいどう）…… 278
修学院離宮（しゅがくいんりきゅう）… 251
珠数屋町通（じゅずやまちどおり）… 104
撞木町（しゅもくちょう）……… 217, 351
聚楽城・聚楽第（じゅらくじょう・じゅらくだい）……………………………61,138
聚楽廻（じゅらくまわり）…………… 141
松花堂庭園（しょうかどうていえん）373
聖護院（しょうごいん）……………… 234
浄土寺（じょうどじ）………………… 229
職司町（しょくしちょう）…………… 145
白河（しらかわ）……………… 42, 231
白川（しらかわ）……………………… 206
新京極（しんきょうごく）……… 115,119
神泉苑（しんせんえん）……………… 129
新町通（しんまちどおり）…………… 132

【す】
水路閣（すいろかく）………………… 222
朱雀大路（すざくおおじ）……………………………………33, 36, 40,110, 145
角屋（すみや）……………………… 109

【せ】
聖アグネス教会（せいあぐねすきょうかい）……………………………… 102
千本通（せんぼんどおり）…… 145, 157

【そ】
僧正谷（そうじょうだに）…………… 270

【た】
大悲山（だいひざん）………………… 274
高雄（たかお）……………………… 325
鷹峯（たかがみね）………………… 288
高瀬川（たかせがわ）……………… 121
宝ヶ池（たからがいけ）…………… 255
竹田街道（たけだかいどう）……… 136
糺河原（ただすがわら）…………… 241
糺の森（ただすのもり）……… 240, 307
立売（たちうり）…………………… 150
談合谷（だんごうだに）…………… 225
丹波口（たんばぐち）……………… 108
丹波路〈鞍馬街道〉（たんばじ・くらまかいどう）…………………………… 268

【ち】
中書島（ちゅうしょじま）………… 353
中堂寺（ちゅうどうじ）…………… 147

【つ】
通天橋（つうてんきょう）…………… 204
月輪陵（つきのわりょう）…………… 205

【て】
出町（でまち）……………………… 100
寺田屋（てらだや）…………… 352, 354
寺之内通（てらのうちどおり）……… 115
寺町京極（てらまちきょうごく）…… 119
寺町通（てらまちどおり）……… 115, 119
天王山（てんのうざん）…………… 374

【と】
東寺口（とうじぐち）……………… 113
同志社大学（どうししゃだいがく）… 101
銅駝町（どうだちょう）…………… 145
塔の森（とうのもり）……………… 342
栂尾（とがのお）……………… 328, 368
渡月橋（とげつきょう）…………… 316
鳥羽（とば）……………………… 338
鳥羽の作り道（とばのつくりみち）……
…………………………………… 338, 356
鳥羽離宮跡（とばりきゅうあと） 339,340
富小路通（とみのこうじどおり）…… 135
鳥居本（とりいもと）……………… 322
鳥辺野（とりべの）………………… 43

【な】
中立売通（なかたちうりどおり）…… 150
長岡（ながおか）…………………… 379
長岡京（ながおかきょう）……… 28, 382
長坂口（ながさかぐち）…………… 290
奈良街道〈伏見街道〉（ならかいどう・ふしみかいどう）………………… 360
楢の小川（ならのおがわ）………… 245
鳴滝（なるたき）…………………… 298

【に】
錦小路（にしきこうじ）…………… 151
西陣（にしじん）…………………… 155
西ノ京（にしのきょう）…………… 144
二条大路（にじょうおおじ）……… 42,49
二条城（にじょうじょう）…… 72,81,142
二条陣屋（にじょうじんや）……… 143
二年坂（にねんざか）……………… 197

【は】
花背峠（はなせとうげ）…………… 274
花園（はなぞの）…………………… 114
花の御所（はなのごしょ）………… 53
花見小路（はなみこうじ）………… 175
蛤御門（はまぐりごもん）………… 80

【ひ】
東京極大路（ひがしきょうごくおおじ）
……………………………………42,115
日暮通（ひぐらしどおり）………… 141
日ノ岡峠（ひのおかとうげ）……… 209
百万遍（ひゃくまんべん）………… 237
琵琶湖疏水（びわこそすい）…85, 222

【ふ】
深草（ふかくさ） …………………… 342
伏見（ふしみ）………………………… 346
船岡山（ふなおかやま） ……… 30, 285

【へ】
平安京（へいあんきょう）…… 28, 32, 33,
……………………………………37,110
平安女学院（へいあんじょがくいん）
…………………………………… 102

【ほ】
坊城通（ぼうじょうどおり） ………… 146
鉾町（ほこちょう）…………………… 127
鉾の辻（ほこのつじ） ……………… 132
保津峡（ほづきょう） ……………… 321
堀川小路（ほりかわこうじ） ……… 35
先斗町（ぽんとちょう）……………… 124

【ま】
槇島（まきしま） …………………… 364
槇尾（まきのお） …………………… 327
松ヶ崎（まつがさき） ……………… 253
丸山（まるやま） …………………… 243
円山公園（まるやまこうえん）……… 160
曼荼羅山（まんだらやま） ………… 322

【み】
水尾（みずお） ……………………… 324
深泥ヶ池（みぞろがいけ） ………… 255
壬生（みぶ） ………………………… 146
妙法山（みょうほうさん） …………… 253

【む】
向日（むこう） ……………………… 379
紫野（むらさきの） ………………… 282
室町通（むろまちどおり）…………… 132

【も】
元糺（もとただす） ………………… 307
桃山（ももやま） …………………… 349

【や】
八瀬（やせ） ………………………… 262
山崎道（やまざきみち） …………… 113
やましろ ……………………………… 24
山城（やましろ） …………………… 32
山鉾町（やまほこちょう） … 127,131,134
八幡（やわた） ……………………… 369

【よ】
吉田（よしだ） ……………………… 236
吉水（よしみず） …………………… 164
淀（よど） …………………………… 355
淀六郷（よどろくごう） …………… 357

【ら】
洛外（らくがい） …………… 4, 48,100
洛西（らくせい） …………………… 5
洛中（らくちゅう） ………………… 4, 48

洛東（らくとう）……………………… 5
洛南（らくなん） ……………………… 5
洛北（らくほく）……………………… 5
洛陽（らくよう）………………………… 40
羅城門（らじょうもん）………… 36, 111

【り】
龍谷大学本館（りゅうこくだいがくほんかん）……………………………… 105
両替町通（りょうがえちょうどおり）… 136
霊山（りょうぜん）…………………… 184

【れ】
蓮台野（れんだいの） ……… 158, 283

【ろ】
六波羅（ろくはら） ………… 44, 52,179
六道の辻（ろくどうのつじ）………… 183

【わ】
若狭街道（わかさかいどう） ……… 262
輪違屋（わちがいや） …………… 110

## 索引●寺社名

【あ】
秋元神社（あきもとじんじゃ）……… 263
愛宕神社（あたごじんじゃ） ……… 322
化野念仏寺（あだしのねんぶつじ）… 321
安祥寺（あんしょうじ）……………… 210
安養寺（あんようじ） …………… 162
安楽寿院（あんらくじゅいん）……… 341

【い】
今宮神社（いまみやじんじゃ） …… 285
石清水八幡宮（いわしみずはちまんぐう）……………………………… 369
岩屋寺（いわやでら）……………… 217

【う】
宇治上神社（うじがみじんじゃ） … 362
宇治神社（うじじんじゃ） ………… 362

【え】
永観堂〈禅林寺〉（えいかんどう・ぜんりんじ）………………………… 223
疫神社〈八坂〉（えきじんじゃ） …… 174
疫神社〈今宮〉（えきじんじゃ） …… 285
円勝寺（えんしょうじ）……………43,231
延勝寺（えんしょうじ）……………43,232

【お】
大石神社（おおいしじんじゃ）……217
大酒神社（おおさけじんじゃ）……306
大原野神社（おおはらのじんじゃ）…334
乙訓寺（おとくにでら）………29, 382

【か】
蚕ノ社〈木島神社〉（かいこのやしろ・このしまじんじゃ）…………307
勧修寺（かじゅうじ）…………214
上賀茂神社（かみがもじんじゃ）…242
河合神社（かわいじんじゃ）………241

【き】
北真経寺（きたしんきょうじ）………381
北野天満宮（きたのてんまんぐう）…153
北向不動尊（きたむきふどうそう）…341
吉祥院天満宮（きっしょういんてんまんぐう）…………339
貴船神社（きぶねじんじゃ）………272
経書堂（きょうかくどう）…………195
清水寺（きよみずでら）…………188
金閣（きんかく）…………54
金閣寺（きんかくじ）…………292
銀閣寺（ぎんかくじ）…………229

【く】
鞍馬寺（くらまでら）…………268

【け】
建仁寺（けんにんじ）…………177

【こ】
光悦寺（こうえつじ）…………290
高山寺（こうざんじ）…………328
高台寺（こうだいじ）…………185
革堂（こうどう）…………58
光明寺（こうみょうじ）…………165, 383
高良神社（こうらじんじゃ）…………371
広隆寺（こうりゅうじ）…………305
苔寺〈西芳寺〉（こけでら・さいほうじ）…………331
御香宮神社（ごこうのみやじんじゃ）349
金戒光明寺（こんかいこうみょうじ）…225
護浄院（ごじょういん）…………100
金地院（こんちいん）…………221

【さ】
最勝寺（さいしょうじ）…………43,231
西寺（さいじ）…………111
西芳寺〈苔寺〉（さいほうじ・こけでら）…………331
西明寺（さいみょうじ）…………327
鷺森神社（さぎのもりじんじゃ）……251
三十三間堂（さんじゅうさんげんどう）201
三千院（さんぜんいん）…………266
三宝院（さんぽういん）…………359

【し】


志古淵神社(しこぶちじんじゃ) … 276
地主神社(じしゅじんじゃ)………… 194
慈照寺(じしょうじ)………………… 230
詩仙堂(しせんどう) ……………… 249
実相院(じっそういん) …………… 258
下鴨神社(しもがもじんじゃ) ……… 239
寂光院(じゃっこういん)…………… 267
聖護院(しょうごいん) …………… 235
勝持寺(しょうじじ)………………… 335
常寂光寺(じょうじゃく(っ)こうじ) … 314
常照皇寺(じょうしょうこうじ) ……… 280
成勝寺(じょうしょうじ) …………43,231
城南宮(じょうなんぐう) …………… 340
正法寺(しょうぼうじ) …………… 184
勝林院(しょうりんいん) ………… 265
松林寺(しょうりんじ) …………… 139
青蓮院(しょうれんいん)…………… 207
神護寺(じんごじ) ………………… 325
真如堂〈真正極楽寺〉(しんにょどう·しんしょうごくらくじ) ……………………… 227


【す】


随心院(ずいしんいん) …………… 215
崇道神社(すどうじんじゃ) ……… 260


【せ】


誓願寺(せいがんじ)……………… 117
清凉寺(せいりょうじ)……………… 311
赤山禅院(せきざんぜんいん) …… 251
石塔寺(せきとうじ) ……………… 381
千光寺〈大悲閣〉(せんこうじ·だいひかく) ……………………………… 320
泉涌寺(せんにゅうじ) ……… 66, 204
千本閻魔堂〈引接寺〉(せんぼんえんまどう·いんじょうじ) ……………… 158


【そ】


総見院(そうけんいん) …………… 288
双林院(そうりんいん) …………… 214
尊勝寺(そんしょうじ)……………43,231


【た】


大雲寺(だいうんじ) ……………… 257
大覚寺(だいかくじ) ……………… 309
大元宮(だいげんぐう) …………… 236
醍醐寺(だいごじ)…………… 358, 360
泰産寺(たいさんじ) ……………… 194
大徳寺(だいとくじ) ……………… 286


【ち】


知恩院(ちおんいん)…… 163,166,167
知恩寺(ちおんじ) ………………… 237
長楽寺(ちょうらくじ) …………… 161
珍皇寺(ちんこうじ) ………… 43, 183


【て】


天龍寺(てんりゅうじ)……………… 317

【と】
東寺〈教王護国寺〉(とうじ・きょうおうごこくじ) ………… 111
等持院(とうじいん) ………… 294
東福寺(とうふくじ) ………… 202
豊国神社(とよくにじんじゃ) ………… 201

【な】
南禅寺(なんぜんじ) ………… 67, 83, 220

【に】
西本願寺(にしほんがんじ) … 65, 102
二尊院(にそんいん) ………… 314
若王子神社(にゃくおうじじんじゃ) 223
仁和寺(にんなじ) ………… 64, 297

【の】
野宮神社(ののみやじんじゃ) …… 315

【は】
橋寺放生院(はしでらほうじょういん) ………… 365

【ひ】
東本願寺(ひがしほんがんじ) …… 102
毘沙門堂(びしゃもんどう) ………… 211
平等院(びょうどういん) ………… 366
平野神社(ひらのじんじゃ) ………… 293

【ふ】
福田寺(ふくでんじ) ………… 274
藤森神社(ふじのもりじんじゃ) ……343
伏見稲荷大社(ふしみいなりたいしゃ) ………… 345
峰定寺(ぶじょうじ) ………… 274

【へ】
平安神宮(へいあんじんぐう) … 86, 233

【ほ】
法観寺(ほうかんじ) ………… 197
方広寺(ほうこうじ) ………… 65, 199
法金剛院(ほうこんごういん) …… 303
法輪寺(ほうりんじ) ………… 319
墨染寺〈桜寺〉(ぼくせんじ・さくらでら) ………… 342
法勝寺(ほっしょうじ) ………43,231, 232
本願寺(ほんがんじ) ………65,102
本能寺(ほんのうじ) ………… 60

【ま】
松尾大社(まつおたいしゃ) ……… 329
曼殊院(まんしゅいん) ………… 247

【み】
南真経寺(みなみしんきょうじ) …… 381
壬生寺(みぶでら) ………… 147
三宅八幡宮(みやけはちまんぐう) ………… 261

妙喜庵(みょうきあん) …………… 378
妙心寺(みょうしんじ)………………… 299
妙法院(みょうほういん)……………… 201

【む】
向日神社(むこうじんじゃ)………… 379

【も】
元真如堂(もとしんにょどう) ……… 228

【や】
八坂神社(やさかじんじゃ) …………
…………………………… 160, 171, 173
八坂塔(やさかのとう) ……………… 197
八瀬天満宮社(やせてんまんぐうしゃ) 263
山国神社(やまぐにじんじゃ) …… 280
山科本願寺(やましなほんがんじ) …
……………………………… 103, 217
山住神社(やまずみじんじゃ) …… 256

【ゆ】
涌泉寺(ゆうせんじ) ……………… 253
由岐神社(ゆきじんじゃ) ………… 269

【よ】
吉田神社(よしだじんじゃ) ……… 236
善峰寺(よしみねでら) …………… 336

【ら】
来迎院(らいごういん) …………… 265

【り】
離宮八幡宮(りきゅうはちまんぐう)… 376
龍安寺(りょうあんじ) ……………… 295
霊山護国神社(りょうぜんごこくじんじゃ) ……………………………… 184
了徳寺(りょうとくじ) ……………… 299
林丘寺(りんきゅうじ) ……………… 252

【れ】
霊鑑寺(れいかんじ)……………… 224

【ろ】
鹿苑寺(ろくおんじ) ……………… 292
六勝寺(ろくしょうじ) ……………43,231
六波羅蜜寺(ろくはらみつじ) 179,181
六角堂(ろっかくどう)…………… 50, 58

**芳井敬郎**（よしい　たかお）
1947年、大阪府生まれ。国学院大学文学部卒業。現在、花園大学副学長、文学部文化遺産学科教授。専門は、民俗学、日本文化史。著書に、『織物技術民俗誌』（染織と生活社）、『祇園祭』（編著、京都文庫）、『民俗文化複合体論』（思文閣出版）などがある。本書では、第二部「洛東エリア」「洛西エリア」を担当。

**中森 洋**（なかもり　ひろし）
1949年、三重県生まれ。立命館大学大学院文学研究科修士課程修了。大津市歴史博物館学芸員・副館長を経て、現在、愛知文教大学、京都学園大学非常勤講師。著書に、『京都市の地名』（共著、平凡社）、『ビジュアル・ワイド江戸時代館』（共著、小学館）などがある。本書では、第二部「洛北エリア」「洛外エリア」を担当。

**樋爪 修**（ひづめ　おさむ）
1952年、京都府生まれ。立命館大学大学院文学研究科修士課程修了。現在、大津市歴史博物館学芸員・次長。著書に、『京都の大路小路（正・続）』（共著、小学館）、『近江東海道』（共著、淡海文化を育てる会）などがある。本書では、第二部「洛中エリア」「洛南エリア」を担当。

本書は、2003年6月にPHP研究所より刊行された『地名で読む京の町（上・下）』を改題し、再編集したものです。

著者紹介
**森谷尅久**（もりや　かつひさ）
1934年、京都府生まれ。立命館大学大学院文学研究科修士課程修了。大津市史編纂委員、京都市史編纂所研究員、京都大学人文科学研究所講師を経て、1982年、京都市歴史資料館初代館長に就任。現在、武庫川女子大学名誉教授。専門は中・近世史、京都の祭りの研究。
著書に、『京医師の歴史』（講談社）、『上洛』（角川書店）、『「花」が語る日本史』（河出書房新社）、編著に、『滝沢馬琴』（平凡社）、『京都の祭り暦』（小学館）、『京都暮らしの大百科』（淡交社）などがある。

---

PHP文庫　京都を楽しむ地名・歴史事典

---

2011年3月17日　第1版第1刷

著　者　森谷尅久
発行者　安藤卓
発行所　株式会社PHP研究所
東京本部　〒102-8331　千代田区一番町21
文庫出版部　☎03-3239-6259（編集）
普及一部　☎03-3239-6233（販売）
京都本部　〒601-8411　京都市南区西九条北ノ内町11
PHP INTERFACE　http://www.php.co.jp/
組　版　有限会社エヴリ・シンク
印刷所
製本所　図書印刷株式会社

---


ISBN978-4-569-67600-5

PHP新書好評既刊

［決定版］
# 京都の寺社505を歩く〈下〉
洛西・洛北（西域）・洛南・洛外編

山折哲雄 監修／槇野 修 著

金閣寺から龍安寺、仁和寺へ。紫野、嵐山、嵯峨野に点在する名刹の数々。洛外も含め五百を超える寺社をくまなく歩いて案内する、京都散策の決定版！

定価九六六円
（本体九二〇円）
税五％

PHP新書好評既刊

# 奈良の寺社150を歩く

山折哲雄 監修／槇野 修 著

法隆寺、薬師寺、東大寺、興福寺、春日大社だけでなく県内に点在する古寺、名刹を案内。平城遷都1300年祭で盛り上がった古都を徹底ガイド。

定価九六六円
（本体九二〇円）
税五％